IÖR-Schriften / Band 41

Gérard Hutter, Irene Iwanow, Bernhard Müller (Hrsg.)
Unter Mitarbeit von Benno Brandstetter und Daniel Eichhorn

Demographischer Wandel und Strategien der Bestandsentwicklung in Städten und Regionen

Herausgeber:
Leibniz-Institut für ökologische Raumentwicklung e. V.
Direktor Prof. Dr. Bernhard Müller
Weberplatz 1
D-01217 Dresden
Tel.: (0351) 4679-0
Fax: (0351) 4679-212
E-Mail: Raumentwicklung@ioer.de
Homepage: http://www.ioer.de

© 2003 IÖR

Vorwort

„Wir fahren durch ein Land, in dem sich kein Auge in der Leere des Horizontes verliert: Kein Dorf, kein Mensch, nur Weite. Es gibt sie heute schon – solche Bilder in Deutschland. Wir sind nach Halle an der Saale gefahren. Dieses ganze Bündel von Problemen, die Verwüstungen, die ein Bevölkerungsrückgang hinterlässt, sind in dieser Stadt brutal zu besichtigen. Wer immer die Bevölkerungsabnahme verdrängt, sie ungesteuert hinnimmt, in Halle kann er sich anschauen, was dabei herauskommt.", so Günter Ederer in seinem inzwischen viel zitierten Film „Leeres Land – Sterben die Deutschen aus?"

Zum Umgang mit dem demographischen Wandel wird derzeit an vielen Orten Deutschlands geforscht. Mit der vorliegenden Publikation wollen wir die Kommunikation in der Wissenschaft sowie zwischen Praxis und Wissenschaft intensivieren. Die Beiträge bewegen sich im Spannungsfeld des demographischen Wandels und seinen Folgen für die Wohnungswirtschaft bis hin zu den Strategien der Kommunen und Wohnungsunternehmen sowie des Bundes und der Länder.

Der Band ist aus der IÖR-Tagung „Wohnungswirtschaft und Städtebau stellen sich dem demographischen Wandel – Reichen die bestehenden Handlungsansätze aus?" vom 27. November 2002 hervorgegangen. Im Rahmen dieser Veranstaltung sind die meisten Beiträge mit Vertretern aus Wissenschaft, Politik, Wohnungsunternehmen und Verbänden diskutiert worden.

Für die redaktionelle Überarbeitung und technische Ausgestaltung danken wir vor allem Benno Brandstetter und Daniel Eichhorn, Ludwig Schätzl und Thorsten Wiechmann für die kritisch-konstruktiven Hinweise. Gisela Richter bereitete den Band drucktechnisch in gewohnter Souveränität auf.

Dresden 2003

Gérard Hutter
Irene Iwanow
Bernhard Müller

Inhaltsverzeichnis

Demographischer Wandel und Strategien der Bestandsentwicklung in
Städten und Regionen – Einführung und Überblick über die Beiträge
Irene Iwanow, Gérard Hutter, Bernhard Müller   1

Wohnungsnachfrageveränderungen im Spiegel des demographischen Wandels   11

Der Übergang in die „schrumpfende Gesellschaft".
Räumliche Ausprägung von Wachstums- und Schrumpfungsprozessen
in deutschen Agglomerationsräumen – ein Überblick
Stefan Siedentop, Steffen Kausch   13

Migration – eine Hauptdeterminante ost- und westdeutscher
Bevölkerungsentwicklungen
E.-Jürgen Flöthmann   31

Demographischer Wandel in den Städten und im ländlichen Raum –
am Beispiel von Niedersachsen
Björn-Uwe Tovote   53

Szenarien zur Wohnungsnachfrageentwicklung in ostdeutschen
Kommunen und Regionen
Irene Iwanow   69

Neuinanspruchnahme von Wohnbauflächen und Ressourcen bei
forcierter Innenentwicklung der Städte
Clemens Deilmann   87

**Strategien der Bestandsentwicklung in Städten
und Regionen** **101**

Zwischen spektakulärer Inszenierung und pragmatischem Rückbau –
Umbau von schrumpfenden Stadtregionen in Europa
Thorsten Wiechmann 103

Wettbewerbsstrategien von Kommunen zur Weiterentwicklung
des Wohnungsbestands – am Beispiel von Leipzig und Münster
Gérard Hutter, Christiane Westphal 127

Strategien der Wohnungsunternehmen in schrumpfenden und
wachsenden Märkten
Jan Glatter 149

Implementierungsprobleme des Programms „Stadtumbau Ost"
Peter Franz 173

Wissensbasierte Kooperation von Kommunen und Wohnungsunternehmen
für eine nachhaltige Bestandsentwicklung
Gérard Hutter 187

Verzeichnis der Herausgeber und Autoren 199

Demographischer Wandel und Strategien der Bestandsentwicklung in Städten und Regionen – Einführung und Überblick über die Beiträge

Irene Iwanow, Gérard Hutter, Bernhard Müller

1 Einführung

In den 1990er Jahren unterstellten viele ostdeutsche Kommunen trotz lokaler Bevölkerungsverluste langfristig ein anhaltendes Einwohnerwachstum. Wachstumshoffnungen wurden mit einer nachlassenden *„Stadtflucht"* sowie mit dem Verweis auf wahrscheinliche Wachstumsgewinne infolge der EU-Osterweiterung begründet. Seit Ende der 1990er Jahre zeichnet sich nunmehr ein Gesinnungswandel und ein neuer Umgang mit dem Thema des demographischen Wandels ab: Die Stadt Leipzig legte Ende 2000 ihren Stadtentwicklungsplan *„Wohnungsneubau und Stadterneuerung"* vor, in dem das Thema der Schrumpfung und den hiermit verknüpften Herausforderungen an den städtischen Wohnungsmarkt offensiv behandelt wird. Das Sächsische Staatsministerium des Innern (SMI) formulierte als eines der ersten Landesministerien Förderrichtlinien unter Berücksichtigung von Abrissmaßnahmen. Durch den vom Bundesministerium für Verkehr, Bau- und Wohnungswesen (BMVBW) ausgelobten Wettbewerb *„Integrierte Stadtentwicklungskonzepte"* im Rahmen des Programms *„Stadtumbau Ost"* wurden die ostdeutschen Städte und Gemeinden insgesamt dazu aufgefordert, sich mit dem Thema des demographischen Wandels und des Strukturwandels am Wohnungsmarkt zu beschäftigen. Schrumpfung ist damit im politischen Raum ein diskussionsfähiges Thema. Gefordert wird ein Übergang von der „Theorie zur Praxis" (Thurn 2001). Zahlreiche von politischen Institutionen, Interessenvertretern der Verbände u. a. organisierte Veranstaltungen dienen dazu, nicht mehr das Thema, sondern konkrete Fragen der Umsetzung und Verbesserungsvorschläge zum Umgang mit dem demographischen Wandel zu formulieren.

An vielen Standorten (Berlin, Erkner, Dresden, Halle, Hannover, Leipzig u. a.) wird gegenwärtig zur Schrumpfung geforscht. Zu erwarten ist deshalb ein deutlicher Fortschritt in der wissenschaftlichen Behandlung des Themas *„Demographischer Wandel und Strategien der Bestandsentwicklung in Städten und Regionen"*. Aktuelle Publikationen (Dick, Mäding 2002; Müller 2003; Keim 2001; UFZ 2002) vermitteln einen Einblick in die wissenschaftliche Werkstattpraxis. In diesem Sinne möchte auch der vorliegende Band zum Ergebnisaustausch zwischen Forschungsinstitutionen sowie zwischen Wissenschaft und Praxis beitragen. Der Band vermittelt Forschungsergebnisse des Leibniz-Instituts für ökologische Raumentwicklung e. V. (IÖR), Dresden, des Lehrstuhls für Allgemeine Wirtschafts- und Sozialgeographie der TU Dresden, des Instituts für Bevölkerungsforschung und Sozialpolitik der Universität Bielefeld (IBS), des Instituts für Wirtschaftsforschung Halle (IWH) sowie des Instituts für Entwicklungsplanung und Strukturforschung GmbH an der Universität Hannover (IES).

2   Überblick über die Beiträge

Das Thema dieser Publikation legt eine Gliederung der einzelnen Beiträge in zwei Hauptteile nahe.

Der erste Hauptteil fokussiert auf *„Wohnungsnachfrageveränderungen im Spiegel des demographischen Wandels"*. In diesem Teil des Bandes wird der Spannungsbogen von den demographischen Ursachen der Schrumpfung mit ihren typischen regionalen Unterschieden bis hin zu den Auswirkungen der demographischen Veränderungen auf die Wohnungsnachfrage und die Wohnungsnutzung gezogen. *Stefan Siedentop* und *Steffen Kausch* geben einen Gesamtüberblick über die demographische Entwicklung in Deutschland und markieren damit den Ausgangspunkt für weitere Beiträge. Nach der Erläuterung wichtiger Determinanten der Bevölkerungsentwicklung thematisiert der Beitrag von *E.-Jürgen Flöthmann* Migrationen als eine Hauptursache ost- und westdeutscher Bevölkerungsentwicklungen. Wie differenziert die demographische Entwicklung auch in den westdeutschen Ländern zu betrachten ist, zeigt *Björn-Uwe Tovote* am Beispiel von Niedersachsen. Hier liegen Wachstumsregionen und schrumpfende Regionen dicht beieinander. *Irene Iwanow* behandelt die unmittelbaren Folgen des demographischen Wandels für die Wohnungsnachfrageentwicklung. Hier geht es vor allem um eine Quantifizierung der Nachfrage und ihre Differenzierung nach Bebauungsstrukturtypen. Mittelbare Folgen des demographischen Wandels aus ökologischer Sicht sind das Anliegen des Beitrages von *Clemens Deilmann*.

Der zweite Hauptteil beschäftigt sich mit *„Strategien der Bestandsentwicklung in Städten und Regionen"*. An so unterschiedlichen Beispielen wie Bilbao und Newcastle einerseits sowie den ostdeutschen *„Entwicklungsstädten"* Schwedt und Johanngeorgenstadt andererseits zeigt *Thorsten Wiechmann* die europäische Relevanz von Bestandsstrategien auf. Die Überlegungen münden in ein Plädoyer für einen Übergang zum Planungsparadigma einer nachhaltigen Bestandsentwicklung. Die Darstellung der Wettbewerbsstrategien von Leipzig und Münster für den Wohnungsbestand durch *Gérard Hutter* und *Christiane Westphal* erweitert die kommunalen Strategiebeispiele um großstädtische Bestandsstrategien in West- und Ostdeutschland. Wohnungsunternehmen sind ein zentraler Akteur am städtischen Wohnungsmarkt, die unter förderpolitischen Rahmenbedingungen agieren. Wie differenziert ihr Spektrum an Handlungsansätzen ist, beleuchtet der Beitrag von *Jan Glatter*. *Peter Franz* unterzieht das gegenwärtig in der Diskussion im Vordergrund stehende Programm „*Stadtumbau Ost*" einer kritischen Analyse. Neben aktuellen Ergebnissen soll der Band auch Forschungsperspektiven aufzeigen. Das von *Gérard Hutter* formulierte Thema wissensbasierter Kooperation zwischen Kommunen und Wohnungsunternehmen für eine nachhaltige Bestandsentwicklung eignet sich zur Darstellung von Querbezügen zwischen den Beiträgen des zweiten Hauptteils.

Die einzelnen Beiträge des Bandes werden im Folgenden näher erläutert, um ihren Zusammenhang aber auch offene Fragen zu verdeutlichen.

2.1 Wohnungsnachfrageveränderungen im Spiegel des demographischen Wandels

Der Beitrag „*Der Übergang in die schrumpfende Gesellschaft. Räumliche Ausprägung von Wachstums- und Schrumpfungsprozessen in deutschen Agglomerationen – ein Überblick*" *von Stefan Siedentop und Steffen Kausch* macht deutlich, dass Deutschland in Zukunft von weit stärkeren räumlichen Disparitäten geprägt sein wird als heute. Regionen mit anhaltendem Bevölkerungs- und Beschäftigungswachstum stehen solchen mit stagnierender oder schrumpfender Entwicklungsrichtung gegenüber. Das Ausmaß der regionalen Auseinanderentwicklung wird weiter zunehmen. In Ostdeutschland wird der demographische Schrumpfungsprozess mehr und mehr von der natürlichen Bevölkerungsentwicklung bestimmt, wenngleich auch in Zukunft zum Bevölkerungsverlust Ostdeutschlands die Abwanderungen erheblich mehr als in Westdeutschland beitragen werden. Die Suburbanisierung als Ursache des Bevölkerungsrückgangs wird hingegen in den Städten an Bedeutung verlieren.

Die Kernaussagen des Beitrages „*Migration – eine Hauptdeterminante ost- und westdeutscher Bevölkerungsentwicklungen*" *von E.-Jürgen Flöthmann* belegen, dass sowohl auf nationaler als auch auf regionaler Ebene aufgrund der geringen Geburtenbilanzen in den meisten Industrieländern die Wanderungsbilanzen die zentrale Komponente bilden, die über Wachstum oder Schrumpfung der Bevölkerung entscheidet. Die Auswirkungen der Migration auf die Bevölkerungsentwicklung eines Landes oder einer Teilregion unterscheiden sich in Abhängigkeit von den verschiedenen Wanderungsformen erheblich. Ob junge oder ältere Menschen wandern, ob sie temporär oder langfristig zu- bzw. fortziehen oder ob sie allein oder im Familienverband wandern ist von nachhaltiger Bedeutung für die Bevölkerungsentwicklung der Zu- und Fortzugsregionen. Die ost- und westdeutschen Bevölkerungsentwicklungen weisen sowohl hinsichtlich der Außenmigration als auch im Hinblick auf die Binnenmigration unterschiedliche Wanderungsmuster auf. Im Rahmen der sich abzeichnenden demographischen Veränderungen während der nächsten Jahrzehnte,

d. h. vor allem wegen abnehmender Bevölkerungszahlen und einer sich beschleunigenden demographischen Alterung, wird die Migration als wichtigste Komponente der regionalen Bevölkerungsentwicklung noch weiter an Bedeutung gewinnen.

Die unterschiedlichen regionalen Bevölkerungsentwicklungen stehen im Zentrum des Beitrages „Demographischer Wandel in den Städten und im ländlichen Raum" von Björn-Uwe Tovote und werden am Beispiel der Kreise und kreisfreien Städte Niedersachsens beleuchtet. Im Gegensatz zu den meisten ostdeutschen Ländern hat Niedersachsen weiterhin Einwohner hinzugewonnen. Dabei verlief die Entwicklung regional sehr unterschiedlich. Während einzelne Landkreise bis zu einem Drittel wuchsen, verloren andere kreisfreie Städte oder Landkreise im Osten Niedersachsens Bevölkerung. Die Bevölkerungszuwächse erfolgten primär durch Zuwanderung aus den neuen Ländern und dem Ausland. In einigen Landkreisen trug jedoch die hohe Fertilität deutlich zum Anstieg der Bevölkerung bei. Die Bevölkerungsprognosen von Tovote zeigen, dass sich in Niedersachsen die heterogene Entwicklung der Vergangenheit zukünftig weiter fortsetzen wird, wenn auch in abgeschwächter Form. Ebenso wird die Alterung der Bevölkerung in den niedersächsischen Kreisen weiter anhalten. Städte mit einem guten Angebot an Ausbildungs- und Arbeitsplätzen können parallel dazu zu einer Verjüngung der Bevölkerung beitragen.

Im Beitrag „Szenarien der Wohnungsnachfrageentwicklung in ostdeutschen Kommunen und Regionen" von Irene Iwanow werden insbesondere die Auswirkungen der negativen Bevölkerungsentwicklungen ostdeutscher Kommunen und Regionen auf die zukünftigen Nachfragergruppen thematisiert. Die zu erwartenden Nachfrageveränderungen wurden in Form von quantitativen Szenarien erstellt. In den meisten ostdeutschen Kommunen zeigt sich neben einer negativen Bevölkerungsentwicklung auch eine sinkende Anzahl nachfragender Haushalte. Hier ist vor allem mit einer geringeren Anzahl junger Ein- und Zwei-Personen-Haushalte und Familienhaushalte zu rechnen. Die Anzahl älterer Ein- und Zwei-Personen-Haushalte wird hingegen künftig deutlich ansteigen. Für eine Reihe ostdeutscher Kommunen liegen Szenarien zur Anzahl zukünftig nachgefragter Wohnungen in einzelnen Bebauungsstrukturtypen vor. Am Beispiel der Stadt Bautzen werden Nachfrageentwicklungen für die Ein- und Zweifamilienhausgebiete, die Altbaugebiete, die Zeilenbebauung und die Plattenbaugebiete in Szenarienform prognostiziert. Auf einer aggregierteren regionalen Ebene, den 23 ostdeutschen Raumordnungsregionen, werden Nachfrageentwicklungen in einer Differenzierung nach Ein- und Zweifamilienhäusern und Mehrfamilienhäusern prognostiziert. Es wird deutlich, dass Berlin und seine umliegenden Regionen mit Nachfragezuwächsen in beiden Gebäudetypen rechnen können, während fast alle anderen ostdeutschen Regionen von langfristigen Nachfrageverlusten im Bereich der Mehrfamilienhausbebauung betroffen sein werden.

Die Szenarienergebnisse der Wohnungsnachfrageentwicklung für ostdeutsche Städte und Regionen werden im Beitrag „Neuinanspruchnahme von Wohnbauflächen *und Ressourcen bei forcierter Innenentwicklung der Städte"* von Clemens Deilmann aufgegriffen und hinsichtlich ihrer stofflichen und energetischen Aufwendungen durchleuchtet. Dabei werden verschiedene Varianten der Bestandsentwicklung bis hin zur Bestandsreduktion und dem Wohnungsneubau in Bezug auf die Flächenneuinanspruchnahme verglichen. Die Vorteile der Innenentwicklung hinsichtlich der Entwicklung der neu in Anspruch zu nehmenden Wohnbaulandflächen sind deutlich. Durch die Kopplung der Prognoseergebnisse an eine Baustoffdatenbank sind Einzelauswertungen auch zu einzelnen Bauproduktgruppen möglich.

Demographische Veränderungen und mit ihnen die Verhaltensänderungen der Haushalte – denn unterschiedliche Generationen haben auch verschiedene Wohnbedürfnisse – beeinflussen zwangsläufig die Anforderungen an das Wohnungsangebot. Während in Wachstumsregionen wie bisher die Frage besteht, ob genügend Wohnraum vorhanden ist und ob die Wohnbedürfnisse angemessen befriedigt werden können, stellt sich in schrumpfenden Regionen die Frage der Wohnraumversorgung oder besser der Wohnraumnutzung völlig neu. Eine schrumpfende Bevölkerung führt zur Unternutzung der Bestände. Diese Aussage besitzt einerseits nur für deutlich schrumpfende Regionen ihre Gültigkeit und andererseits wird trotz untergenutzter Bestände Wohnungsneubau weiterhin stattfinden. Für Wohnungsunternehmen und Kommunen ist es deshalb wichtig Anhaltspunkte zu erhalten, in welchen Größenordnungen welche Bestände genutzt oder ungenutzt sind und auf welche Bestandstypen sich diese Entwicklungen konzentrieren. Rückbau, Abriss und Neubau werden deshalb zukünftig nebeneinander zu managen sein und zwar derart, dass die Wohnungsunternehmen und Wohnungsgenossenschaften nicht in ihrer Existenz bedroht sind und die Stadt- und Regionalentwicklung sich auf die Bedürfnisse der Menschen im neuen Jahrhundert einstellt.

2.2 Strategien der Bestandsentwicklung in Städten und Regionen

Die Folgen des demographischen Wandels für die Wohnungswirtschaft und Umweltqualität in Städten und Regionen diskutiert man in Deutschland vor allem am Beispiel ostdeutscher Kommunen. Zunehmend wird deutlich, dass auch die westdeutschen Kommunen Strategien für den Umgang mit dem demographischen Wandel entwickeln müssen. Die Kategorien *„Ostdeutschland"* und *„Westdeutschland"* als grobe Orientierungen verlieren an Bedeutung, wichtiger wird eine kleinräumigere regionale und kommunale Differenzierung. Für einen neuen Umgang mit demographischem Wandel, insbesondere Schrumpfung, ist eine weitere Ausdehnung und Differenzierung des Analysehorizontes notwendig. Mit dem Beitrag *„Zwischen spektakulärer Inszenierung und pragmatischem Rückbau – Umbau von schrumpfenden Stadtregionen in Europa"* zeigt Thorsten Wiechmann am Beispiel so unterschiedlicher Städte wie Bilbao, Newcastle, Johanngeorgenstadt und Schwedt die Spannweite eines strategischen Umgangs mit den tief greifenden Veränderungsprozessen von

Städten und Regionen im europäischen Kontext auf. Er betont, dass Schrumpfungsprozesse im 21. Jahrhundert ein normaler Vorgang gesellschaftlicher Entwicklung und ein wichtiger Trend in der europäischen Stadtentwicklung sein werden, auf den die Raumplanung in der Praxis noch nicht ausreichend vorbereitet sei. Oftmals orientiere sich das kommunalpolitische Instrumentarium noch an Wachstumszielen. Die vier Strategiebeispiele zeigen jedoch die Möglichkeiten einer Umorientierung von Wachstums- auf Schrumpfungsprozesse und das damit verknüpfte stärker prozess- und bestandsorientierte Verständnis von Planung. Änderungen dieser Art seien ersichtlich nicht von Gemeindegröße und institutionellen Rahmenbedingungen abhängig. Thorsten Wiechmann fasst seine Überlegungen in der Vorstellung eines Wandels vom traditionellen Planungsverständnis als Wachstumsplanung zum Paradigma einer nachhaltigen Bestandsentwicklung zusammen. Dieses sei charakterisiert durch die Kernelemente Bestandsentwicklung, Stabilisierung, Regeneration, qualitative Entwicklung und Prozesssteuerung mittels eines differenzierten Spektrums an Handlungsansätzen.

Das Spektrum an Beispielen kommunaler Bestandsstrategien wird durch den Beitrag *„Wettbewerbsstrategien von Kommunen zur Weiterentwicklung des Wohnungsbestands – am Beispiel von Leipzig und Münster"* von Gérard Hutter und Christiane Westphal abgerundet. Die Autoren gehen davon aus, dass die demographische Entwicklung die Kommunen vor die Herausforderung stelle, Strategien mit einer stärkeren Zielgruppenorientierung als bisher zu formulieren, nicht zuletzt zur Koordination kommunaler Bestrebungen mit den Vorhaben von Wohnungsunternehmen. Die ausführliche Darstellung der Strategiebeispiele Leipzig und Münster zeigt, dass Großstädte in Ost- und Westdeutschland mit Wettbewerbsstrategien den demographischen Wandel sowie den hiermit verknüpften Strukturwandel des Wohnungsmarktes auch als Chance zur Herausarbeitung ihrer unterscheidenden Kompetenzen begreifen, nicht zuletzt gegenüber dem Umland mit seinen Alternativstandorten für mobile Privathaushalte und Unternehmen. Die Autoren skizzieren das komplexe Ziel- und Maßnahmenbündel solcher Strategien, zeigen die Verschränkung von gesamt- und teilstädtischen Handlungsansätzen auf und betonen die Notwendigkeit, großstädtische Wettbewerbsstrategien auch als Chance zur regionalen Koordination kommunaler Strategien zu verstehen. Offen sei dabei die Frage, wie eine regionale Bestandsstrategie unter den verschiedenen institutionellen und sozioökonomischen Rahmenbedingungen in Deutschland formuliert werden könne.

Im Zusammenhang mit der Wohnungsleerstandssituation in Ostdeutschland ist immer wieder die Rede von Wohnungsabriss und Wohnungsrückbau. Es scheint gerade so, als wäre der Abriss von Wohnungen die einzige Möglichkeit einer angemessenen Reaktion auf zunehmende Wohnungsleerstände. Dies entspricht jedoch nicht der Sichtweise der Wohnungsunternehmen. In dem Beitrag *„Strategien der Wohnungsunternehmen in schrumpfenden und wachsenden Märkten"* verdeutlicht *Jan Glatter* das weitaus größere Spektrum an Strategien und Handlungsansätzen von

Einführung und Überblick

Wohnungsunternehmen, in Hinblick auf Mietermärkte pro-aktive Strategien zu formulieren. Er unterscheidet hierfür zwischen Ansätzen der Problembewertung und Kommunikation, der Marktanalyse, des Marketing, der Bestandsentwicklung und der Unternehmensstruktur und ordnet diesen Bereichen konkrete Ansätze und sehr anschauliche Beispiele von Wohnungsunternehmen zu. Zu den Strategien von Wohnungsunternehmen liegen bisher nur wenige wissenschaftliche Studien vor. Der Aufsatz trägt zur Schließung dieser eigentlich offensichtlichen, aber bisher wenig beachteten Forschungslücke bei.

Mit der Verabschiedung des Programms *„Stadtumbau Ost"* hat die Bundesregierung auf die Leerstandsproblematik in den ostdeutschen Städten reagiert. *Peter Franz* formuliert in seinem Beitrag *„Implementierungsprobleme des Programms ‚Stadtumbau Ost'"* eine Momentaufnahme zum Jahresende 2002. Er betont, die Arbeit wolle nicht einer wissenschaftlichen Programmevaluierung vorgreifen, sondern Anregungen zur Verbesserung der Programmformulierung geben, denn Rückmeldungen dieser Art könnten in politischen Prozessen wertvolle Orientierungshilfen darstellen. Das Ergebnis seiner Analyse ist allerdings ernüchternd: Peter Franz arbeitet heraus, dass das Tempo zur Erstellung der geforderten Integrierten Stadtentwicklungskonzepte zu gering sei, um den Entwicklungspfad des Wohnungsmarktes früh genug zu steuern, auch stehe das Kreditprogramm auf unsicheren Füßen. Positiv dagegen sei die im Programm *„Stadtumbau Ost"* erkennbare regionale Differenzierung des wohnungspolitischen Instrumentariums. Ansätze dieser Art sollten gestärkt werden, indem der Bund den Kommunen und Ländern durch Einführung einer einheitlichen Investitionszulage größere Handlungsspielräume bei der Formulierung und Umsetzung des Programms einräumt, schließlich verfügten diese Akteure über das genauere Wissen hinsichtlich der Möglichkeiten eines *„Stadtumbau Ost"*.

Die Antworten auf den demographischen Wandel werden vielfältig sein, je nach den spezifischen lokalen und regionalen Rahmenbedingungen sowie dem Verständnis öffentlicher und privater Akteure hinsichtlich der Ausgestaltung von Strategien mit hohen Erfolgschancen. Der vorliegende Band zeigt die Vielfalt möglicher Strategien der Bestandsentwicklung bei demographischem Wandel auf. Für Einschätzungen, unter welchen Rahmenbedingungen eine bestimmte Strategie die höchsten Erfolgsaussichten hat, ist es noch zu früh. Gegenwärtig sollten die vielfältigen Strategien der Bestandsentwicklung im Einzelnen erfasst und auf übergeordnete Forschungsperspektiven bezogen werden. Der Beitrag *„Wissensbasierte Kooperation von Kommunen und Wohnungsunternehmen für eine nachhaltige Bestandsentwicklung"* von *Gérard Hutter* entwickelt das Thema einer möglichen Forschungsperspektive. Ausgangspunkt ist ein Verständnis nachhaltiger Bestandsentwicklung als Wandel des dominanten Planungsparadigmas öffentlicher und privater Akteure. Mit einem solchen Wandel sind notwendigerweise sozioökonomische Probleme, wie der Beitrag von Peter Franz zeigt, aber auch kognitive Unsicherheiten verknüpft. Wissensbasierte Kooperation ist ein Weg, mit kognitiven Unsicherheiten umzugehen und

Wissen von Kommunen und Unternehmen zur Entwicklung von Ansätzen der Bestandsentwicklung zu kombinieren. Kooperative Steuerungsmuster dieser Art beziehen sich auf unterschiedliche Typen von Siedlungsbeständen und verschiedene Akteurskonstellationen. Aufgabe der Wissenschaft sei es dabei, Steuerungsmuster der Kooperation zwischen Wohnungsunternehmen und Kommunen komplex zu beschreiben und Alternativen der Strategieformulierung aufzuzeigen.

3 Schlussbemerkung

Der vorliegende Tagungsband kann und will den Zusammenhang von demographischem Wandel, Konsequenzen für die Wohnungswirtschaft und Umwelt sowie den Strategien lokaler Akteure nicht vollständig erfassen. Er leistet jedoch einen strukturierten Beitrag zu diesem übergeordneten Forschungsthema. Dabei werden insbesondere die regionale Differenziertheit der Bevölkerungs- und Wohnungsnachfrageentwicklungen sowie die Strategieoptionen der Unternehmen und Kommunen hervorgehoben. In der Praxis wird es neben angemessenen gesamtwirtschaftlichen Rahmenbedingungen insbesondere auf das realistische Augenmaß, das Tempo des Stadtumbaus und die gute Zusammenarbeit von Kommunen und Unternehmen ankommen, ob die zur Verfügung stehenden Strategien zum Erfolg führen.

Der Band sucht aktuelle Forschungsergebnisse vorrangig im Kontext der Forschungslandschaft Deutschlands zu thematisieren. Gleichwohl klingt die europäische Dimension der Thematik immer wieder an. Der Zusammenhang zwischen dem demographischen Wandel und Strategien der Bestandsentwicklung wird auf der europäischen Ebene zunehmend von Bedeutung sein. Dies verdeutlicht vor allem der Bericht *„Einheit Europas. Solidarität der Völker. Vielfalt der Regionen. Zweiter Bericht über den wirtschaftlichen und sozialen Zusammenhang"* der Europäischen Kommission (2001). Erkenntnisgewinne sind vor allem von systematisch vergleichender Forschung zu Strategien von Städten und Regionen in sehr verschiedenen Kontexten zu erwarten. Für solche Untersuchungen bedarf es eines übergeordneten theoretischen Bezugsrahmens, wie er beispielsweise in der internationalen Forschung zum Lernen von Organisationen zu finden ist (Dierkes et al. 2001). Zudem bedarf es vergleichend angelegter Forschungsprojekte im europäischen Zusammenhang, die im Ansatz den Kontakt zur Praxis suchen und Praxispartner in den Forschungsprozess integrieren (Mathey, Smaniotto Costa 2002).

Literatur

Dick, Eugen; Mäding, Heinrich (Hrsg.) (2002): Bevölkerungsschwund und Zuwanderungsdruck in den Regionen. Mit welchen Programmen antwortet die Politik. Ein Werkstattbericht. Münster u. a.

Dierkes, Meinolf; Berthoin Antal, Ariane; Child, John; Nonaka, Ikujiro (Hrsg.) (2001): Handbook of Organizational Learning and Knowledge. Oxford.

Europäische Kommission (2001): Einheit Europas. Solidarität der Völker. Vielfalt der Regionen. Zweiter Bericht über den wirtschaftlichen und sozialen Zusammenhalt. Luxemburg.

Keim, Karl-Dieter (Hrsg.) (2001): Regenerierung schrumpfender Städte – zur Umbaudebatte in Ostdeutschland. Erkner.

Mathey, Juliane; Smaniotto Costa, Carlos (2002): Grünplanung aus paneuropäischer Sicht – das EU-Projekt „URGE". In: Natur und Landschaft, Jg. 77, H. 9/10, S. 415-417.

Müller, Bernhard (2003): Regionalentwicklung unter Schrumpfungsbedingungen. Herausforderungen für die Raumplanung in Deutschland. In: Raumforschung und Raumordnung (RuR), Jg. 61, H. 1/2, S. 28-42.

Thurn, Thomas (2001): Stadtumbau – von der Theorie zur Praxis. In: Die Wohnungswirtschaft, 54. Jg., Nr. 12, S. 28.

Umweltforschungszentrum Leipzig-Halle GmbH (UFZ) (Hrsg.) (2002): Nachhaltige Stadtentwicklung. Integrierte Strategien zum Umgang mit dem Wohnungsleerstand. Dokumentation des Workshops – Leipzig – 5. Juni 2002. Leipzig.

Wohnungsnachfrageveränderungen im Spiegel des demographischen Wandels

Der Übergang in die „schrumpfende Gesellschaft"

Räumliche Ausprägung von Wachstums- und Schrumpfungsprozessen in deutschen Agglomerationsräumen – ein Überblick

Stefan Siedentop, Steffen Kausch

1 Einleitung

Die Bundesrepublik erlebte Ende der 1980er und Anfang der 1990er Jahre ein Bevölkerungswachstum, dessen Intensität kaum vorhersehbar war und selbst Fachleute überrascht hat. Zwischen 1988 und 1992 stieg die Bevölkerungszahl Deutschlands jährlich um über 500 000 Personen an, und auch die nachfolgenden Jahre waren in den meisten Regionen von deutlichen Bevölkerungszuwächsen geprägt, gespeist vor allem durch Außenwanderungsgewinne. Mit einem Nettozuwachs in Höhe von fast drei Millionen Einwohnern erreichte das Bevölkerungswachstum in den 1990er Jahren ein die Wachstumsraten der 1970er und 1980er Jahre weit übersteigendes Niveau (Abb. 1).

Dieser Wachstumsschub konnte aber den Blick auf die raumordnerischen und städtebaulichen Herausforderungen der Zukunft nur kurz verstellen. Denn seit 1992 ist die Dynamik des Bevölkerungszuwachses rückläufig, was vor allem auf die sinkenden Außenwanderungsgewinne zurückgeht. Für die kommenden 20 Jahre wird für Gesamtdeutschland mit sinkenden Bevölkerungszahlen gerechnet (Abb. 1). Gleichzeitig gewinnen räumliche Disparitäten der Bevölkerungsentwicklung an Dynamik. Schon in den 1990er Jahren standen dem flächenhaften Bevölkerungszuwachs in Westdeutschland hohe Bevölkerungsverluste in Ostdeutschland gegenüber. Bis 2015 wird mit einer weiteren Abnahme der ostdeutschen Bevölkerungszahl von über 1 Mio. gerechnet. Im europäischen Vergleich wird die Brisanz der Entwicklung besonders deutlich: Von 209 EU-Regionen gehören sechs ostdeutsche Regionen zu den zehn vom Bevölkerungsrückgang am stärksten betroffenen Regionen Europas (BBR 2002a). Aber auch in vielen westdeutschen Regionen sind Bevölkerungsverluste längst Realität. In seiner neuen Raumordnungsprognose erwartet das Bundesamt für Bauwesen und Raumordnung, dass bis zum Jahr 2020 bereits drei Viertel aller kreisfreien Städte und jeder zweite Landkreis Deutschlands mit Bevölkerungsrückgängen konfrontiert sein werden (eigene Berechnungen auf Grundlage von Daten aus BBR 2002b).

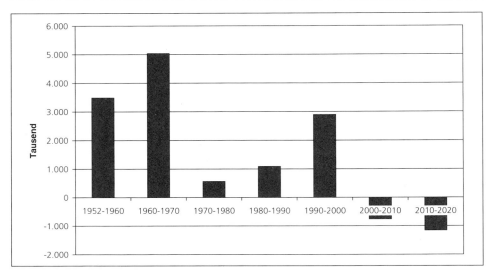

Abb. 1: Übergang in die Schrumpfungsphase – Nettoveränderung der Bevölkerungszahl Deutschlands nach Dekaden
(Quelle: Eigene Berechnungen nach Daten des Statistischen Bundesamtes; Prognose aus Statistisches Bundesamt 2000, Variante 2 mit hoher Zuwanderung)

Bereits in den 1990er Jahren war die räumliche Entwicklung Deutschlands von Polarisierungstendenzen geprägt. Für die Zukunft muss mit einer noch stärkeren Kluft zwischen weiterem Wachstum und Schrumpfung gerechnet werden – dies keinesfalls nur im interregionalen Maßstab. Das räumliche Nebeneinander von Wachstum und Schrumpfung wird auf allen Maßstabsebenen zu beobachten sein – zwischen Kernstadt und Umland, zwischen den Umlandgemeinden, aber auch innerhalb der Städte und Gemeinden.

In Ostdeutschland konnte dieser Restrukturierungsprozess der regionalen Siedlungsstruktur in Ansätzen bereits in den 1990er Jahren beobachtet werden. Unter gesamträumlichen Schrumpfungsprozessen kam es hier zu völlig gegenläufigen Entwicklungsmustern, gemessen am siedlungsstrukturellen Entwicklungspfad Westdeutschlands. Anliegen dieses Beitrages ist es, diese spezifischen Trends der west- und ostdeutschen Bevölkerungsentwicklung im Deutschland der 1990er Jahre nachzuzeichnen und auf dieser Grundlage Schlussfolgerungen für die zukünftige Siedlungsentwicklung in einem „schrumpfenden Deutschland" zu ziehen.[1]

---

[1] Dabei wird auch auf Ergebnisse des Forschungsvorhabens „Siedlungsstrukturelle Veränderungen im Umland der Agglomerationsräume" zurückgegriffen, welches vom Institut für ökologische Raumentwicklung im Auftrag des Bundesamtes für Bauwesen und Raumordnung sowie des Bundesministeriums für Verkehr, Bau- und Wohnungswesen durchgeführt wurde (Siedentop u. a. 2003). Anliegen dieses Projekts war es, die Entwicklungspfade aller deutschen Agglomerationsräume in den 1990er Jahren vergleichend zu analysieren, deren gesellschaftlich relevante Folgen abzuschätzen und zu bewerten und basierend auf den empirischen Ergebnissen Schlussfolgerungen für die zukünftige Siedlungs- und Raumordnungspolitik zu formulieren.

Im Folgenden werden nach einer kurzen Erläuterung des Agglomerationsraumbegriffes, welcher den weiteren Ausführungen zugrunde liegt, die wesentlichen Trends der Bevölkerungsentwicklung Deutschlands skizziert. Ein besonderer Schwerpunkt liegt dabei auf den Suburbanisierungs- und Dispersionsprozessen, welche die Bevölkerungsentwicklung in West- wie auch in Ostdeutschland maßgeblich prägten. Der Beitrag schließt mit dem Versuch eines Ausblicks auf die siedlungsstrukturellen Trends der näheren Zukunft.

2 Abgrenzung und Gliederung der Agglomerationsräume

Für die Zwecke der o. g. Studie wurde ein eigener Raumbezug entwickelt, welcher nicht deckungsgleich mit dem Agglomerationsraumbegriff des Bundesamtes für Bauwesen und Raumordnung ist. Zum Einsatz kam eine deutlich weitere Agglomerationsraumabgrenzung – die Agglomerationsräume wurden durch einen gemeindescharf ausgebildeten 60-km-Puffer um die Grenzen der 44 Kernstädte abgegrenzt, die in der siedlungsstrukturellen Kreistypik des BBR als Kernstädte in Agglomerationsräumen bezeichnet werden. Durch die Zusammenfassung von benachbarten bzw. in engem funktionalem Zusammenhang stehenden Kernstädten wurden 13 Untersuchungsregionen gebildet, die sich aufgrund der hohen Pufferdistanz naturgemäß räumlich überschneiden (Abb. 2). Außerhalb der 60-km-Puffer liegende Gebiete werden als „agglomerationsferner Raum" bezeichnet. Diese Kategorie entspricht weitgehend den im Raumordnungspolitischen Orientierungsrahmen zeichnerisch dargestellten „agglomerationsfernen Räumen" (BMBau 1993, S. 5).

Die gebildeten Agglomerationsräume gliedern sich zunächst in Kernstädte und ihr Umland. Als Kernstädte werden alle Oberzentren mit mehr als 100 000 Einwohnern angesehen. Neben den 44 in der BBR-Typik als Kernstädte in Agglomerationen bezeichneten Großstädten betrifft dies weitere 11 Städte. Der Einsatz gemeindestatistischer Daten ermöglicht eine weitere Differenzierung des Umlandes nach verschiedenen Merkmalen. Die Verwendung des Kriteriums „Entfernung zur nächstgelegenen Kernstadt" ermöglicht eine Einteilung des suburbanen Raumes in radiale Entfernungszonen. Statistisch unterscheidbar wird die unmittelbare Peripherie der Kernstädte von Umlandzonen in größerer Entfernung von den Kernstädten. Unterschieden wird ein „engerer" und ein „weiterer" suburbaner Raum („Drei-Zonen-Modell"). Der engere suburbane Raum umfasst dabei alle Gemeinden innerhalb eines 20-km-Puffers um die Außengrenzen der Kernstädte. Der weitere suburbane Raum besteht aus Gemeinden mit einer Entfernung von mindestens 20 Kilometern zur nächstgelegenen Kernstadt (Abb. 2). Eine räumliche differenziertere Gliederung zerlegt das Umland in 10 Kilometer breite konzentrische Zonen („Sieben-Zonen-Modell"). Diese Gebietsgliederung bietet sich vor allem zur Untersuchung von Kernstadt-Umland-Gradienten an.

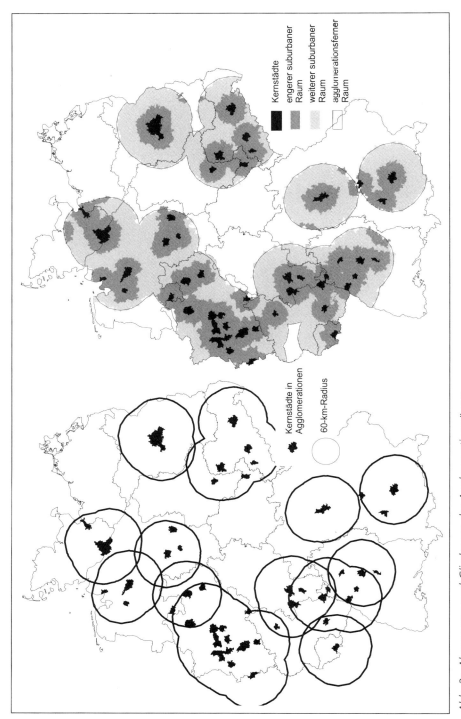

Abb. 2: Abgrenzung und Gliederung der Agglomerationsräume (Quelle: Siedentop u. a. 2003)

3 Makrotrends der Bevölkerungsentwicklung seit 1990

3.1 Westdrift der Bevölkerung

In den 1990er Jahren ereigneten sich in Westdeutschland flächenhafte Verdichtungsprozesse sowohl in den höher verdichteten Regionen als auch in peripheren ländlichen Regionen. Gemessen am Zuwachs der Bevölkerungsdichte lagen die Schwerpunkte des Bevölkerungswachstums primär in den west- und süddeutschen Stadtregionen (Abb. 3). Bei Betrachtung der relativen Bevölkerungsentwicklung wird jedoch deutlich, dass auch ländlich-periphere Regionen wie das Emsland eine hohe Wachstumsdynamik aufwiesen. Dieses Nebeneinander hoher absoluter Bevölkerungszuwächse in den suburbanen Räumen und hoher relativer Zuwächse in den ländlichen Räumen war charakteristisch für die Bevölkerungsentwicklung Westdeutschlands in den 1990er Jahren. Der Verstädterungsprozess nahm in dieser Phase einen räumlich diffusen Charakter an und war mit traditionellen raumordnerischen Gebietskategorien wie den Verdichtungsgebieten oder Ordnungsräumen nur noch sehr beschränkt räumlich abbildbar.

Ostdeutschland verzeichnete demgegenüber einen flächenhaften Bevölkerungsrückgang, von dem nur die engeren suburbanen Räume einiger großer Oberzentren ausgenommen waren. Die Oberzentren selber mussten starke Bevölkerungsverluste hinnehmen, aber auch der ländliche Raum hat zum Teil erhebliche Dichterückgänge erfahren. Gemessen am Bevölkerungsbestand zeigen sich räumliche Schrumpfungsschwerpunkte vor allem in den altindustriell geprägten Regionen sowie in den peripheren Regionen Brandenburgs, Mecklenburg-Vorpommerns und Sachsens. Hier erreichen die absoluten und/oder relativen Bevölkerungsverluste weit überdurchschnittliche Werte.

Ein Vergleich der Bevölkerungsentwicklung in den Untersuchungsregionen zeigt erhebliche Abweichungen (Abb. 4). Den zum Teil kräftig wachsenden westdeutschen Agglomerationen stehen Räume mit stagnierender (Berlin) oder deutlich schrumpfender Bevölkerungszahl gegenüber (Sachsendreieck). Einige westdeutsche Agglomerationsräume erreichten in den 1990er Jahren ein Bevölkerungswachstum von über 7 % (Bielefeld, Bremen). In insgesamt acht Räumen ist die Bevölkerung um mehr als 5 % gewachsen. Geringere Wachstumsraten verzeichnen der Rhein-Ruhr-Raum, der Raum Hannover und das Saargebiet. Stellt man die unterschiedliche Größe der Untersuchungsregionen in Rechnung, so fiel das Bevölkerungswachstum in den Räumen Rhein-Neckar und Stuttgart am intensivsten aus. Die Schlusslichter bilden neben dem schrumpfenden Sachsendreieck auch hier die Regionen Berlin und Saar. Das die frühere Bundesrepublik in den 1970er und 1980er Jahren prägende Süd-Nord-Gefälle der Bevölkerungsentwicklung wurde in den 1990er Jahren von einem West-Ost-Gefälle abgelöst.

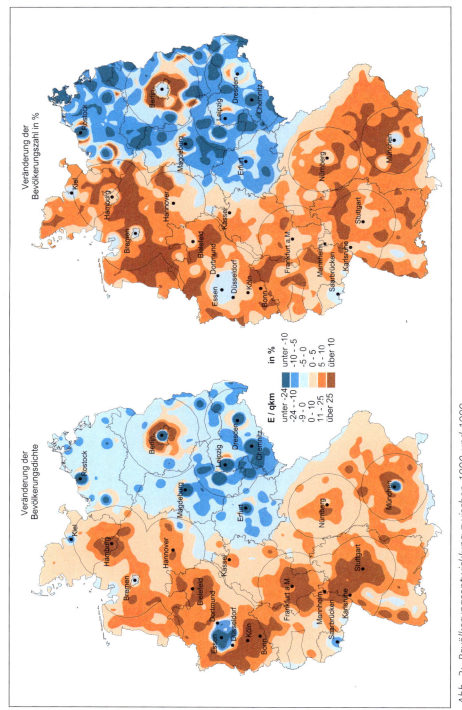

Abb. 3: *Bevölkerungsentwicklung zwischen 1990 und 1999 (Quelle: Eigene Darstellung basierend auf Daten der Statistischen Landesämter)*

Der Übergang in die „schrumpfende Gesellschaft" 19

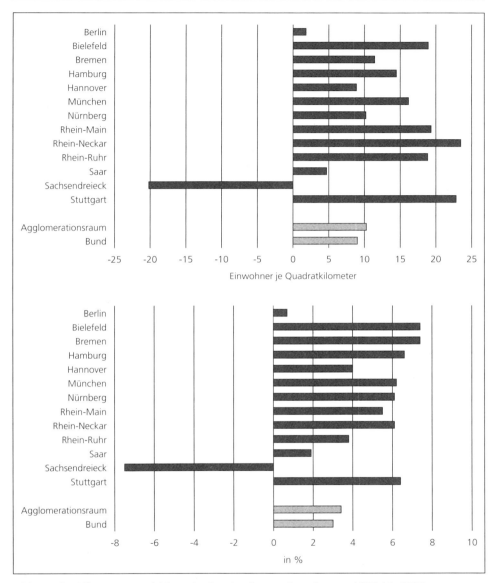

Abb. 4: *Bevölkerungsentwicklung in den Agglomerationsräumen 1990 bis 1999 (Quelle: Eigene Berechnungen nach Daten der Statistischen Landesämter)*

3.2 Natürliche und wanderungsbedingte Schrumpfung

Die Bevölkerungsdynamik der westdeutschen Agglomerationen resultierte zum ganz überwiegenden Teil auf Außen- und Binnenwanderungsgewinnen. Die natürliche Bevölkerungsentwicklung hatte demgegenüber in den 1990er Jahren kaum Einfluss auf die Veränderung der Bevölkerungszahl. Seit 1992 ist der Wanderungsüberschuss jedoch rückläufig, sodass in Zukunft wieder mit einer relativen Bedeutungssteigerung der natürlichen Bevölkerungsentwicklung gerechnet werden kann. In Ostdeutschland ist dagegen eine sehr viel höhere Bedeutung der natürlichen Bevölkerungsentwicklung für die Entwicklung der Bevölkerungszahl insgesamt feststellbar (Bucher 2000, S. 9). In Brandenburg war die natürliche Komponente in den 1990er Jahren bereits zu etwa einem Drittel für die Bevölkerungsverluste der größeren Städte verantwortlich. Prognosen bis zum Jahr 2015 sehen aber bereits einen Anteil von über 50 % (Beyer 2002, S. 14).

Ende der 1990er Jahre wiesen nur noch sieben westdeutsche Agglomerationen ein doppelt gespeistes Wachstum der Bevölkerung – also Geburtenüberschüsse und Wanderungsgewinne – auf (Bielefeld, Bremen, München, Nürnberg, Rhein-Main, Rhein-Neckar und Stuttgart) (Abb. 5). In vier westdeutschen und den ostdeutschen Agglomerationen fiel der Saldo von Geburten und Sterbefällen aber bereits negativ aus. Im Raum Berlin wurden die Wanderungsgewinne durch die Sterbeüberschüsse nahezu kompensiert. In der Agglomeration Sachsendreieck war die natürliche Bevölkerungsentwicklung sogar bereits Haupttriebkraft des Schrumpfungsprozesses. Für das Land Sachsen insgesamt zeichnet die natürliche Bevölkerungsentwicklung sogar für drei Fünftel der Bevölkerungsverluste seit 1990 verantwortlich (Statistisches Landesamt 2002, S. 7).

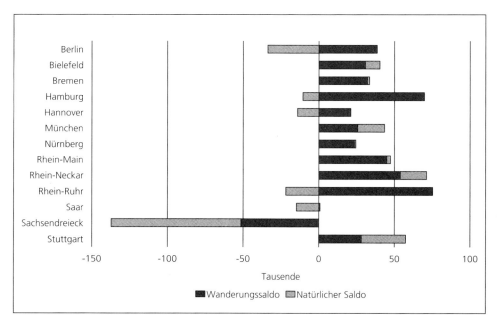

Abb. 5: *Natürlicher Saldo und Wanderungssaldo 1997-1999*
(Quelle: Eigene Berechnungen nach Daten der Statistischen Landesämter)

Nach einer deutlichen Entspannung Mitte der 1990er Jahre hat sich die Ost-West-Wanderung in der zweiten Hälfte der vergangenen Dekade wieder deutlich intensiviert, sodass überregionale Wanderungsverluste wieder eine Hauptkomponente der Bevölkerungsentwicklung in den ostdeutschen Agglomerationsräumen darstellen. In Sachsen hat die Zahl der in andere Bundesländer fortgezogenen Personen im Jahr 2001 den höchsten Wert seit 1992 erreicht (Statistisches Landesamt 2002, S. 7). Auch in Zukunft wird der natürliche Schrumpfungsprozess der Bevölkerung durch überregionale Abwanderung verstärkt werden.

3.3 Dekonzentration der Bevölkerung

Die intraregionale Siedlungsentwicklung wurde im Deutschland der 1990er Jahre maßgeblich durch die Suburbanisierung der Bevölkerung und auch der Beschäftigung geprägt. Die Konzentration der Bevölkerung in Kernstädten hat sich weiter reduziert. Abbildung 3 hat aber bereits verdeutlichen können, dass Dekonzentrationsprozesse in West- und Ostdeutschland eine erheblich voneinander abweichende räumliche Dimension aufweisen. In Westdeutschland wurde bereits in den 1980er Jahren ein Übergreifen des Suburbanisationsprozesses in weiter entfernte Gemeinden beobachtet. Ein eindeutiger räumlicher Wachstumsschwerpunkt innerhalb der Umlandräume war kaum mehr erkennbar. Zugleich wird deutlich, dass kleinräumige Dekonzentrationsprozesse der Bevölkerung im Stadt-Umland-Maßstab von einer großräumlichen Dekonzentration zugunsten ländlich-peripherer Räume überlagert wurden. Von einem Übergang in eine Phase der Disurbanisierung im Sinne des von van den Berg und Klaasen (1987) entwickelten Phasenmodells kann aber keine Rede sein. Disurbanisierung wird bei van den Berg und Klaasen als intraregionaler Dekonzentrationsprozess bei insgesamt abnehmender Bevölkerungszahl der Agglomeration bezeichnet. Für einen solchen Übergang in eine Schrumpfungsphase bestehen aber in den meisten westdeutschen Agglomerationsräumen keine Anhaltspunkte. Im Gegenteil, wird allein auf den Verdichtungsprozess der Bevölkerung abgestellt, so trägt das räumliche Muster der Bevölkerungsentwicklung eher Züge traditioneller Suburbanisierung. Die Bevölkerungsdichte hat in den unmittelbaren Kernstadtanrainern weit höhere Zuwächse erfahren als in weiter von den Kernstädten entfernten Umlandgemeinden (Abb. 6).

Trotz hoher Wanderungsgewinnne aus den Kernstädten konnten die ostdeutschen Umlandräume dagegen nur relativ geringe Bevölkerungszuwächse realisieren. Mit Ausnahme des Raumes Berlin, der einen vergleichsweise breiten und geschlossenen Suburbanisierungsgürtel aufweist, sind diejenigen suburbanen Zonen, in denen im Zeitraum 1990 bis 1999 steigende Bevölkerungszahlen zu verzeichnen waren, nur von geringer Flächenausdehnung. Kein ostdeutsches Oberzentrum weist einen suburbanen Wachstumsgürtel auf, dessen Bevölkerungsdynamik mit der Entwicklung westdeutscher Umlandräume in gleicher Zeit auch nur annähernd vergleichbar wäre.

Bereits in etwa 20 Kilometer Entfernung um die Kernstädte Chemnitz, Dresden und Leipzig herum war die Bevölkerungsentwicklung der Umlandgemeinden negativ. Die Ursache für das Ausbleiben eines deutlicheren suburbanen Verdichtungsprozesses im Umland der ostdeutschen Oberzentren liegt in den hohen Sterbeüberschüssen, welche die suburbanen Wanderungsgewinne teilweise oder vollständig kompensiert haben. Hinzu tritt, dass in Ostdeutschland auch die suburbanen Räume von überregionalen Wanderungsverlusten betroffen waren. Kennzeichnend für die Bevölkerungsentwicklung in den ostdeutschen Agglomerationen während der 1990er Jahre war somit ein Disurbanisierungsprozess, welcher sich als intraregionale Dekonzentration der Bevölkerung bei einer insgesamt abnehmenden Bevölkerungsgröße äußert.

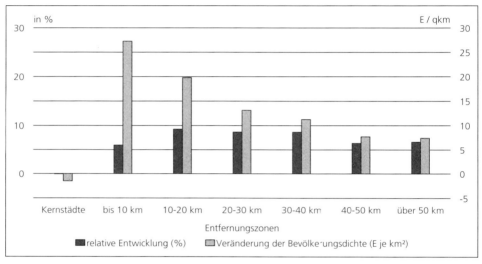

Abb. 6: Bevölkerungsentwicklung im westdeutschen Agglomerationsraum zwischen 1990 und 1999 nach Entfernungszonen
(Quelle: Eigene Darstellung auf Grundlage von Daten der Statistischen Landesämter)

3.4 Dispersion der Bevölkerung

Die suburbane Verstädterung wird in Westdeutschland bereits seit den 60er Jahren, in Ostdeutschland seit Beginn der 1990er Jahre durch ein disperses Wachstumsmuster dominiert. Prägend ist dabei, dass kleine Gemeinden ohne zentralörtlichen Status oder mit unterzentraler Funktion eine überdurchschnittliche Wachstumsintensität erzielen. In den 1990er Jahren konnte ein sehr großer Anteil der westdeutschen Gemeinden eine steigende Bevölkerungszahl verbuchen (Abb. 7). Aring (1998, S. 10) spricht treffend von einer „Aufblähung der Siedlungsstruktur" ohne erkennbares räumliches Muster. Eine Konzentration der Bevölkerungsentwicklung im suburbanen Raum im Sinne des Leitbildes der dezentralen Konzentration (BMBau 1993) war nicht erkennbar.

Der Übergang in die „schrumpfende Gesellschaft"

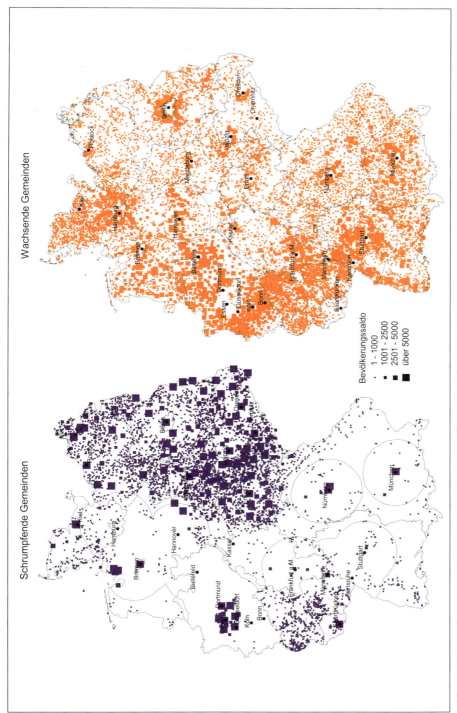

Abb. 7: Gemeinden mit positivem und negativem Bevölkerungssaldo (1990-99)
(Quelle: Eigene Darstellung auf Grundlage von Daten der Statistischen Landesämter)

Die Entwicklung in Ostdeutschland wurde durch ein kleinräumiges Mosaik von Gemeinden mit positivem und negativem Bevölkerungssaldo geprägt. Neben den deutlich hervortretenden Suburbanisationsringen um die Oberzentren gab es auch in ländlich-peripheren Regionen, die besonders stark von Bevölkerungsrückgängen betroffen sind, zahlreiche Gemeinden mit Bevölkerungsgewinnen. Schrumpfungsprozesse vollziehen sich somit offensichtlich innerhalb des Gemeindesystems selektiv. Eine Teilmenge der Städte und Gemeinden konnte sich dem Abwärtstrend der Bevölkerungszahl in den 1990er Jahren entziehen, sodass die übrigen Gemeinden überproportional vom Bevölkerungsrückgang betroffen waren. Seit Mitte der 1990er ist der Anteil der „Wachstumsgemeinden" aber deutlich rückläufig – Abbildung 8 zeigt dies am Beispiel Sachsens. Die nachlassende Suburbanisierungsintensität sowie sich seit 1995 wieder intensivierende überregionale Wanderungsverluste haben den Anteil der Gemeinden mit positiven jährlichen Bevölkerungssalden von über 50 % in den Jahren 1994 bis 1997 auf 20 % im Jahr 2000 zurückgehen lassen. An der Selektivität des Schrumpfungsprozesses ändert dies jedoch nichts. Auch zukünftig ist zu erwarten, dass Gemeinden mit strukturellen Defiziten durch eine geringe städtebauliche Qualität, fehlende nahräumliche Erholungsmöglichkeiten oder eine mangelhafte Verkehrsanbindung überproportional von Bevölkerungsrückgängen betroffen sein werden.

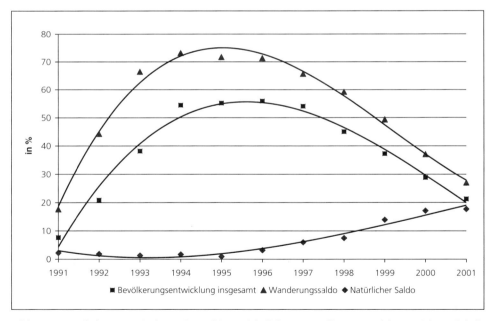

Abb. 8: Anteil der Gemeinden mit positivem jährlichem Bevölkerungssaldo, positivem jährlichem Wanderungssaldo oder positivem jährlichem natürlichen Saldo in Sachsen (Quelle: Eigene Darstellung auf Grundlage von Daten des Statistischen Landesamtes des Freistaates Sachsen)

In Ostdeutschland zählen neben den Kernstädten auch die Mittelstädte zu den Hauptbetroffenen des Bevölkerungsrückgangs (Abb. 9). Der Einwohnerverlust der Mittelstädte mit einer Einwohnerzahl zwischen 50 000 und 100 000 Einwohnern fällt sogar stärker aus als jener der Großstädte mit über 100 000 Einwohnern. Nur die Klasse der Gemeinden mit weniger als 5 000 Einwohnern blieb von Bevölkerungsverlusten verschont. Dadurch sank der Konzentrationsgrad der Bevölkerung in größeren und mittleren Städten besonders dynamisch.

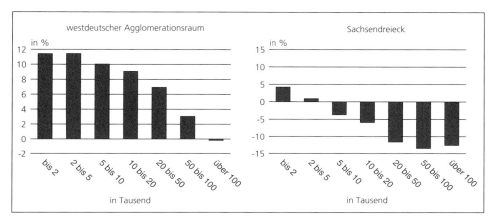

Abb. 9: Bevölkerungsentwicklung zwischen 1990 und 1999 nach Gemeindegrößenklassen (Quelle: Eigene Darstellung auf Grundlage von Daten der Statistischen Landesämter)

3.5 Von der Suburbanisierung zur Reurbanisierung?

Seit 1997 zeigt sich in West-, vor allem aber in Ostdeutschland ein Rückgang der Suburbanisierungsintensität (Hallenberg 2002). Die Wanderungsverluste der Großstädte an ihr Umland waren stark rückläufig. In den neuen Bundesländern sind mittlerweile auch die engeren suburbanen Räume von Bevölkerungsrückgängen betroffen (Herfert 2003). Dieser Trend wird vor allem mit der deutlichen Entspannung der kernstädtischen Wohnungsmärkte erklärt, wodurch sich der „Abwanderungsdruck" in das Umland verringert habe (Hallenberg 2002, S. 134). In den ostdeutschen Stadtregionen hat sich das Mietpreisgefälle zwischen Kernstadt und Umland stark abgeflacht. Gleichzeitig hat das Angebot an attraktiven Mietwohnungen wie auch an Eigentumsobjekten in den Kernstädten deutlich zugenommen, wodurch das Wohnen in der Stadt für viele Haushalte wieder attraktiv wird. Darüber hinaus wird in einigen Regionen eine Rückwanderung älterer Menschen in die größeren Städte beobachtet (Kraus, Kuklinski 2002, S. 40), was ebenfalls zu einer Abschwächung der Suburbanisierung beigetragen haben mag. Ein Übergang in eine stabile Phase der Reurbanisierung kann aus diesen Beobachtungen sicher noch nicht diagnostiziert werden. Wahrscheinlich ist vielmehr, dass es unter günstigeren gesamtwirtschaftlichen Rahmenbedingungen zumindest in den westdeutschen Agglomerationsräumen zu einem erneuten Anfachen der Suburbanisierung kommen wird. Hierfür sprechen auch erste Anzeichen einer erneuten Knappheit auf den kernstädtischen Geschosswohnungsmärkten der westdeutschen Kernstädte, bedingt durch den extremen Einbruch beim Geschosswohnungsbau in den vergangenen Jahren (LBS 2001). Fraglich ist aber, ob Suburbanisierungsprozesse unter demographischen Schrumpfungsbedingungen langfristig anhalten werden.

4 Fazit und Ausblick

Die vorangegangenen Ausführungen haben deutlich gemacht, dass die Bevölkerungsentwicklung in west- und ostdeutschen Agglomerationen während der 1990er Jahre in gegensätzliche Richtungen zeigte. Die wesentlichen Unterscheidungsmerkmale lassen sich folgendermaßen zusammenfassen:

- Ein relativer Dekonzentrationsprozess in Westdeutschland steht einem relativen Konzentrationsprozess der Bevölkerung in Ostdeutschland gegenüber. Während sich die ländlich-peripheren Räume Westdeutschlands als besonders wachstumsstark erwiesen, waren die peripheren Regionen des Ostens in besonderer Weise von Schrumpfungsprozessen betroffen.
- Während in Westdeutschland die Mittelstädte am Bevölkerungszuwachs teilhaben konnten, griff der demographische Schrumpfungsprozess in Ostdeutschland auf das gesamte Städtesystem über. Vor allem die Mittelstädte waren von erheblichen Bevölkerungsverlusten betroffen, sodass fast von einer „dezentralen Konzentration der Schrumpfung" gesprochen werden kann.
- In Westdeutschland strahlten die suburbanen Wachstumsgürtel weit in das Hinterland der Agglomerationsräume aus. Suburbane Wachstumsprozesse waren kaum mehr mit den tradierten Raumkategorien der Raumwissenschaften (wie Verdichtungsräume oder Stadtregionen) abbildbar. In Ostdeutschland konzentrierte sich das suburbane Bevölkerungswachstum hingegen auf einen äußerst schmalen Ring um die Kernstädte. Außerhalb dieser Wachstumszonen war die Bevölkerungsentwicklung negativ.
- Während in Westdeutschland nahezu alle Gemeinden am Wachstumsprozess teilhaben konnten, war in Ostdeutschland ein enges räumliches Nebeneinander von Gemeinden mit positivem und negativem Bevölkerungssaldo beobachtbar – dies sowohl innerhalb der suburbanen Räume wie auch in ländlich-peripheren Regionen. Der gesamträumliche Schrumpfungsprozess in Ostdeutschland vollzog sich somit innerhalb des Gemeindesystems selektiv.

In der Zukunft ist weiterhin mit einer starken Polarisierung der west- und ostdeutschen Entwicklung zu rechnen. Gleichzeitig wird es auch innerhalb West- und Ostdeutschlands zu verstärkten räumlichen Ausdifferenzierungsprozessen kommen. Für

Ostdeutschland zeichnet Herfert ein Bild von „kleineren und größeren Inseln mit stabilen bis leicht wachsenden Bevölkerungspotenzialen im ansonsten demographisch schrumpfenden Raum" (Herfert 2003, S. 338). Aber auch in Westdeutschland wird es zu verstärkten regionalen Disparitäten kommen. Immer mehr Regionen Westdeutschlands werden in den kommenden 20 Jahren den „Stagnations- oder Schrumpfungspfad" einschlagen (Abb. 10).

Jenseits dieser großräumlichen Verschiebungen der Bevölkerungsverteilung werden Wachstums- und Schrumpfungsprozesse – dies legen die Beobachtungen der ostdeutschen Bevölkerungsentwicklung in den 1990er Jahren nahe – aber auch innerhalb der verdichteten Regionen in enger räumlicher Nachbarschaft anzutreffen sein. Die Entwicklung in den Agglomerationen wird dabei weniger deutlich als in den 1990er Jahren von der Polarisierung zwischen Kernstadt und Umland geprägt sein. Vielmehr wird es auch innerhalb der suburbanen Räume zu verstärkten Ausdifferenzierungsprozessen im Hinblick auf Wachstum und Schrumpfung kommen.

Zentrale Triebkraft kleinräumiger Wachstums- und Schrumpfungsprozesse ist die Entspannung der Wohnungs- und Immobilienmärkte und die damit einhergehende Dynamisierung der Wohnmobilität. Unter den Bedingungen stagnierender oder sinkender Bevölkerungszahlen entwickeln sich die regionalen und kommunalen Wohnungs- und Immobilienmärkte mehr und mehr zu Mieter- bzw. Käufermärkten. Potenziellen Mietern und Käufern bietet sich ein breit gefächertes Angebot attraktiver Angebote, gekoppelt an ein geringes Mieten- und Immobilienpreisniveau. Dies begünstigt die Fluktuation aus weniger attraktiven Wohnungsbeständen. „Wer halbwegs mobil ist, zieht an die ‚guten Adressen'" (Gabi 2002, S. 564). Bereits heute ist die Wohnmobilität in ostdeutschen Großstädten weitaus höher als in den westdeutschen Metropolen.[2] Ein wahrscheinliches Szenario ist daher eine verstärkte Polarisierung zwischen stabilen „Wachstumsinseln" und schrumpfenden Kommunen und Quartieren, die mit starken Angebotsüberhängen und Leerstandsproblemen auf den Immobilien- und Wohnungsmärkten konfrontiert sein werden.

Dieser Prozess wird auf der Angebotsseite noch verstärkt durch die weitere Bereitstellung von Bauland auf der grünen Wiese, ungeachtet der bereits hohen Brachflächenbestände und Wohnungsleerstände. Die Bereitstellung von Bauland für Zuziehende und Unternehmen gehört zu den klassischen kommunalen Strategien im interkommunalen Wettbewerb um Einwohner. Unter den Bedingungen rückläufiger Bevölkerungszahlen zieht Wohnungsneubau am Stadtrand aber zwangsläufig weiteren Wohnungsleerstand im Bestand nach sich.

Für Raumordnung und Städtebau bedeutet dies, dass schrumpfungsbedingte städtebauliche Probleme in der einen oder anderen Form in nahezu jeder Region und Kommune anzutreffen sein werden. Der Um- und Rückbau städtebaulicher Struktu-

---

[2] Siehe hierzu auch den Beitrag von Glatter in diesem Band.

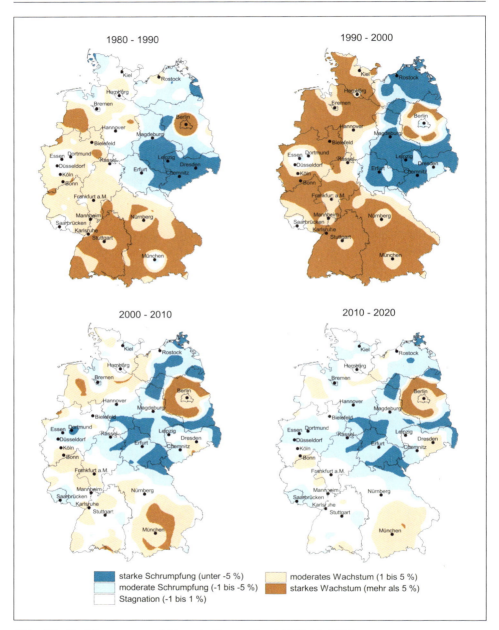

Abb. 10: Bevölkerungsentwicklung in Deutschland 1980 bis 2020
(Quelle: Eigene Darstellung auf Grundlage von Daten aus BBR 2002b)[3]

---

[3] Die Darstellung basiert auf einer Interpolation von kreisscharfen Bevölkerungsdaten aus der INKAR Prognose des BBR. Es sei ausdrücklich betont, dass sich aufgrund des hohen Aggregationsniveaus der Daten sowie des Interpoltionsalgorithmus keine kleinräumigen Aussagen zur künftigen Bevölkerungsentwicklung aus der Abbildung ableiten lassen.

ren wird sich daher in Ost- und Westdeutschland als Kernaufgabe des zukünftigen Städtebaus herauskristallisieren. Gleichwohl bleibt das Ausmaß des erforderlichen politischen Eingreifens in West und Ost in den kommenden Jahren unterschiedlich – während der Umbauprozess in den von demographischen Veränderungen am härtesten betroffenen ostdeutschen Regionen bereits heute sinnvollerweise nur als gesamtregionale und gesamtstädtische Aufgabe zu begreifen ist, werden sich in den meisten westdeutschen Städten und Gemeinden zunächst nur in einzelnen Quartieren Handlungserfordernisse stellen. Zeitversetzt werden auch die westdeutschen Kommunen die Wucht der erwarteten demographischen Veränderungen zu spüren bekommen.

Literatur

Aring, J. (1998): Perspektiven der Siedlungsentwicklung in Stadtregionen. Aktuelle Entwicklungstrends in den Stadtregionen und ihre Folgen für die Raumstruktur. In: Institut für Städtebau Berlin (Hrsg.): Bedeutungsgewinn der Regionen – Sachstand und Perspektiven der Regionalplanung. 377. Kurs des Instituts für Städtebau Berlin. Berlin: Institut für Städtebau.

BBR (Bundesamt für Bauwesen und Raumordnung) (2002a): Anpassungsstrategien für ländliche/periphere Regionen mit starkem Bevölkerungsrückgang in den neuen Ländern – ein neues Modellvorhaben der Raumordnung. Bonn (http://www.bbr.bund.de/).

BBR (2002b): INKAR-PRO. Raumordnungsprognose Bevölkerung. CD-ROM. Bonn.

Berg, L. van den; Klaassen, L. H. (1987): The Contagiousness of Urban Decline. In: van den Berg, L.; Burns, L. S.; Klaasen, L. H. (Eds.): Spatial Cycles. Aldershot, Brookfield: Gower, S. 84-99.

Beyer, W. (2002): Die demographischen Rahmenbedingungen bis 2040. In: Institut für Stadtentwicklung und Wohnen (Hrsg.): Stadtumbau und Stadttechnik. Erfahrungsaustausch und Expertenanhörung am 11. April 2002 in Frankfurt (Oder). ISW-Schriftenreihe 2 – 2002. Frankfurt/Oder, S. 13-14.

BMBau (Bundesministerium für Bauwesen, Raumordnung und Städtebau) (1993): Raumordnungspolitischer Orientierungsrahmen. Beschluss der Ministerkonferenz für Raumordnung. Bonn.

Bucher, H.-J. (2000): Entwicklungstrends der ostdeutschen Bevölkerungs- und Siedlungsstruktur. In: BBR (Hrsg.): Regionale Aspekte des wirtschaftlichen und sozialen Wandels in den neuen Ländern. Regionalbarometer neue Länder. Vierter zusammenfassender Bericht, S. 7-12. Berichte, Band 4. Bonn: Bundesamt für Bauwesen und Raumordnung.

Gabi, S. (2002): Step by Step zum Stadtumbau. In: Sachsenlandkurier, Heft 12, S. 564-567.

Hallenberg, B. (2002): Aktuelle Entwicklungen und Perspektiven der Stadt-Umland-Wanderung unter besonderer Berücksichtigung der Wohneigentumsbildung. In: vhw FW 3, Juni-Juli 2002, S. 133-142.

Herfert, G. (2003): Disurbanisierung und Reurbanisierung – Polarisierte Raumentwicklung in der ostdeutschen Schrumpfungslandschaft. In: Raumforschung und Raumordnung, Heft 5-6, S. 334-344.

Kraus, F.; Kuklinski, K. (2002): Untersuchungsergebnisse zu Nachfragetendenzen in ausgewählten Teilräumen. In: Ministerium für Stadtentwicklung, Wohnen und Verkehr (Hrsg.): MSWV Aktuell, Heft 1-2002. Potsdam, S. 38-41.

LBS (2001): LBS meldet: Ohne mehr Neubau droht Wohnungsknappheit. Pressemitteilung vom 19.12.2001.

Siedentop, S.; Kausch, S.; Einig, K.; Gössel, J. (2003): Siedlungsstrukturelle Veränderungen im Umland der Agglomerationsräume. Reihe Forschungen. Bonn: Bundesamt für Bauwesen und Raumordnung (im Erscheinen).

Statistisches Landesamt des Freistaates Sachsen (2002): Sächsische Wanderungsanalyse. Sonderheft, Nr. 3/2002. Kamenz.

Statistisches Bundesamt (2000): Bevölkerungsentwicklung Deutschlands bis zum Jahr 2050. Ergebnisse der 9. koordinierten Bevölkerungsvorausberechnung. Wiesbaden.

Migration – eine Hauptdeterminante ost- und westdeutscher Bevölkerungsentwicklungen

E.-Jürgen Flöthmann

1 Zur Bedeutung der Migration für die Bevölkerungsentwicklung auf nationaler und regionaler Ebene

In den meisten westeuropäischen Ländern und zunehmend auch in osteuropäischen Ländern, in denen die natürliche Komponente der Bevölkerungsentwicklung aufgrund der niedrigen Geburtenraten nur noch zu einem geringen Bevölkerungswachstum oder gar zu einer Bevölkerungsabnahme führt, bildet die Migration mittlerweile die dominierende Größe der demographischen Entwicklung. Wanderungsgewinne bzw. -verluste entscheiden in der Regel über eine Bevölkerungszunahme oder -abnahme. In Deutschland (alte und neue Länder zusammen) ist die Geburtenbilanz bereits seit 1972 negativ. Das Bevölkerungswachstum ist seitdem ausschließlich auf Wanderungsgewinne zurückzuführen. Dabei ist zu berücksichtigen, dass die drei demographischen Prozesse Mortalität, Fertilität und Migration den Umfang und die Struktur einer Bevölkerung in sehr unterschiedlicher Weise bestimmen. Während sich Veränderungen der natürlichen Bevölkerungsentwicklung, d. h. die Entwicklung der Geburten und Sterbefälle, in der Regel kontinuierlich und langfristig vollziehen, unterliegt die Migration im Allgemeinen kurzfristigen Veränderungen, die häufig keinen eindeutigen Trend aufweisen, sondern zu zeitlich abgrenzbaren Wanderungsphasen oder -wellen führen. Die Entwicklung der Zu- und Fortzüge Deutschlands nach dem Zweiten Weltkrieg kann in vier derartige Phasen unterteilt werden[1].

Während der 90er Jahre war die Bevölkerungsentwicklung Deutschlands durch ein außergewöhnlich starkes Wachstum gekennzeichnet. Von 1989 bis 1999 nahm die Bevölkerungszahl von 79,1 Mio. auf 82,2 Mio. Einwohner, d. h. um 3,9 Prozent, zu. Da Deutschland während dieses Zeitraums ausschließlich Geburtendefizite aufwies,

---

[1] Die erste große Wanderungswelle nach dem Zweiten Weltkrieg setzte in der zweiten Hälfte der 50er Jahre ein. Sie erreichte 1965 einen Höhepunkt mit einem jährlichen Wanderungsgewinn von ca. 300 000 Menschen und endete infolge einer relativ geringen Rezession im Jahr 1967 mit einem Außenwanderungsverlust von ca. 200 000 Menschen. Sie umfasste weit überwiegend Gastarbeitermigration. Die sich anschließende zweite Wanderungswelle erreichte 1970 ihr Maximum mit einem Nettogewinn von ca. 550 000 Menschen. Die Ölkrise und der Anwerbestopp beendeten diese Phase im Jahr 1975. Auch diese Wanderungswelle war in erster Linie durch Gastarbeitermigration gekennzeichnet.

konnte dieses Wachstum nur auf Wanderungsgewinnen beruhen. Diese Wanderungsgewinne sind der vierten großen Wanderungswelle zuzuordnen, die im Rahmen der politischen Veränderungen in Osteuropa Ende der 80er Jahre einsetzte und ungefähr 10 Jahre bis Ende der 90er Jahre andauerte. Aufgrund der Entwicklung von Geburten und Sterbefällen hätte sich die Bevölkerungszahl Deutschlands von 1989 bis 1999 um 808 000 Einwohner reduzieren müssen, stattdessen nahm sie aber um 3,05 Mio. Personen zu. Auf nationaler Ebene konnten die Geburtendefizite der 90er Jahre, wie bereits während der 70er und 80er Jahre in den alten Bundesländern, durch Wanderungsgewinne mehr als kompensiert werden.

Auf regionaler Ebene werden die Folgen der Außenwanderungen zusätzlich durch Binnenwanderungsströme überlagert, sodass sich die Auswirkungen der Migration in den einzelnen Teilregionen durch die jeweils dort vorherrschenden verschiedenen Wanderungsströme gegenseitig verstärken oder kompensieren können. Die räumlich selektive Bedeutung der Außenmigration führt in Kombination mit der Binnenmigration, vor allem der Ost-West-Migration, zu einer außerordentlich starken Polarisierung der Wanderungsgewinne und -verluste in den Teilregionen bzw. Ländern Deutschlands. Die anhaltend starke regionale Konzentration der Wanderungsgewinne und -verluste wird unter Berücksichtigung der übrigen nationalen demographischen Rahmenbedingungen zwangsläufig zu nachhaltigen regionaldemographischen Verschiebungen in Deutschland führen.

2   Zusammenhänge zwischen Migration und Bevölkerungsentwicklung

Im Gegensatz zur Mortalität und Fertilität handelt es sich bei der Migration nicht um einen Bevölkerungsprozess, sondern um die Summe mehrerer voneinander unabhängiger Prozesse. Im Prinzip verfügt jede Region über Zu- und Fortzugsströme, die in der Regel sehr verschiedene Wanderungstypen, z. B. bildungs-, arbeitsmarkt-, familienorientierte und andere Wanderungen umfassen[2]. Die unterschiedlichen Wanderungsströme einer Region beruhen aber nicht nur auf verschiedenen Ursachen, den so genannten Push-Pull-Faktoren, sondern sie haben auch unterschiedliche Auswirkungen auf die demographische Entwicklung in den Herkunfts- und Zielregionen. Die Konsequenzen von Zu- und Fortzügen auf die Bevölkerungsentwicklung von Städten und Regionen sind vielfältiger und nachhaltiger als auf den ersten Blick ersichtlich wird. Neben den unmittelbaren Auswirkungen auf die Entwicklung der Bevölkerungszahl in den Zu- und Fortzugsregionen existieren zahlreiche weitere direkte und indirekte Folgen für die Bevölkerungsentwicklung.

---

[2] Zu den unterschiedlichen Auswirkungen der verschiedenen Wanderungstypen hinsichtlich ihrer demographischen Relevanz im Rahmen der Binnenmigration vgl. Flöthmann, E.-J., Migration im Kontext von Bildung, Erwerbstätigkeit und Familienbildung, Göttingen 1996.

Jeder der genannten Wanderungstypen umfasst hinsichtlich der demographischen Struktur der Migranten, z. B. bezüglich Alter, Geschlecht, Familienstand, unterschiedliche Bevölkerungsgruppen. Die Auswirkungen von Zu- und Fortzügen auf die Altersstruktur entscheiden wesentlich darüber, ob bzw. wie schnell eine Bevölkerung altert oder sich verjüngt. Die demographische Bedeutung von Wanderungen für eine Region wird deshalb nicht nur in der Höhe des Wanderungsvolumens oder des Wanderungssaldos deutlich, sondern auch in der Struktur der zu- und fortgezogenen Bevölkerung. Beide Effekte der Migration (auf Umfang und Struktur der Bevölkerung) wirken sich unmittelbar und direkt auf die demographische Entwicklung der betroffenen Regionen aus.

Andere Effekte, z. B. der Verlust von generativem Potenzial durch Fortzüge von Familien oder die Auswirkungen von Wanderungen auf die Lebenserwartung der Bevölkerung in den Zu- und Fortzugsregionen, werden erst langfristig und indirekt deutlich. Bei den Auswirkungen auf die Geburtenbilanz, d. h. auf das natürliche Wachstum, handelt es sich um besonders nachhaltige Migrationseffekte.

Zusätzlich weisen Wanderungen in der Regel Auswirkungen auf die verschiedenen Aspekte der soziodemographischen Struktur einer Bevölkerung auf. Ob überwiegend ledige Personen zu- bzw. fortziehen oder ob Mehrpersonenhaushalte wandern, kann Konsequenzen für die Haushalts- und Familienstruktur einer Stadt oder Region haben. Z. B. haben Zielregionen der Bildungsmigration häufig einen hohen Anteil an allein stehenden Menschen bzw. an Einpersonenhaushalten, und Zielregionen von familienbezogener Migration (häufig im Rahmen der Stadt-Umland-Wanderungen) weisen einen hohen Anteil an Mehrpersonenhaushalten auf. In Abbildung 1 sind (horizontal) fünf zentrale Elemente der Bevölkerungsentwicklung aufgeführt, die von Zu- und Fortzügen nachhaltig determiniert werden.

Die Auswirkungen von Wanderungsströmen auf die demographische Entwicklung sind in der Regel umso stärker, je kleiner die jeweils betrachtete räumliche Einheit bzw. die Bevölkerung ist. Während auf nationaler Ebene ausschließlich Außenwanderungen die Migration kennzeichnen, sind auf Länderebene zusätzlich weiträumige Binnenwanderungen bedeutsam. Auf kommunaler Ebene sind neben den Außenwanderungen, den inter- und intraregionalen Wanderungen zusätzlich noch kleinräumige (Stadt-Umland-Wanderungen) wichtig. Die Migration von Städten und Regionen ist deshalb vielfältiger (vgl. die vertikale Gliederung in Abb. 1) und häufig auch quantitativ bedeutsamer als auf nationaler Ebene. Während in den vergangenen Jahren im Bundesdurchschnitt das Verhältnis von Geburten zu Zuzügen (aus dem Ausland) relativ ausgeglichen war (1 : 1,3), resultierte für größere Städte ein Verhältnis von 1 : 7,2 in München oder in Dresden 1 : 5,0. In einzelnen Zuzugsregionen, vor allem im Umland von Ballungsräumen, entfielen auf eine Geburt teilweise 8 bis 9 Zuzüge, z. B. in den Landkreisen München und Oberhavel im Umland von Berlin.

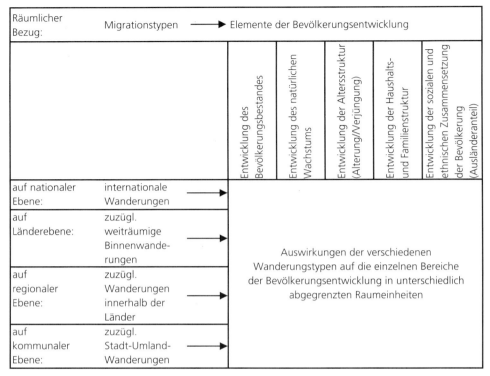

Abb. 1: Migration als Determinante nationaler und regionaler Bevölkerungsprozesse

Die Auswirkungen der Migration auf die Bevölkerungsentwicklung sind stark von den jeweils vorherrschenden Wanderungstypen abhängig. Je nach Wanderungstyp bzw. Kombination von Wanderungstypen können sich sehr unterschiedliche Konsequenzen für die verschiedenen Elemente der demographischen Entwicklung ergeben. Darüber hinaus sind bei der Beurteilung der Migrationskonsequenzen die demographischen Rahmenbedingungen der jeweils betrachteten Zu- und Fortzugsregionen zu berücksichtigen.

3 Auswirkungen der Migration auf einzelne Elemente der demographischen Entwicklung

3.1 Migration und Entwicklung der Bevölkerungszahl

Infolge der Wiedervereinigung und der politischen Veränderungen in Osteuropa wiesen sowohl die Außen- als auch die Binnenwanderungen Deutschlands seit Ende der 80er Jahre außerordentlich hohe Werte auf. Diese Ausnahmesituation mit den höchsten Außen- und Binnenwanderungsraten seit Ende des Zweiten Weltkrieges war in der zweiten Hälfte der 90er Jahre im Wesentlichen beendet, wenngleich die Außenwanderungsgewinne auf einem niedrigeren Niveau und die Ost-West-Migration auf einem unverändert hohen Niveau auch zu Beginn des 21. Jahrhunderts noch weiter anhielten.

Die Außenwanderungsgewinne konzentrierten sich vor allem auf einzelne alte Bundesländer. Während in den alten Ländern die Ost-West-Migration die Wanderungsgewinne aus der Außenmigration zusätzlich verstärkte, war die demographische Entwicklung in den neuen Ländern durch zunehmende Geburtendefizite und Wanderungsverluste gekennzeichnet, sodass insgesamt eine außerordentlich starke Polarisierung des Bevölkerungswachstums in Deutschland eintrat. Während in den alten Ländern das Wachstum von 1989 bis 2001 +7,9 Prozent betrug, nahm die Bevölkerung in den neuen Ländern im gleichen Zeitraum um 7,8 Prozent ab. Das Bevölkerungswachstum Deutschlands insgesamt betrug in diesem Zeitraum +4,2 Prozent (Abb. 2). Auf der Ebene der Bundesländer resultierte eine außerordentlich große Spannweite, die zwischen +10 Prozent in Baden-Württemberg sowie Bayern und -13 Prozent in Sachsen-Anhalt lag.

Die über mehrere Jahre kumulierte Wanderungsbilanz, d. h. die Differenz aus Zu- und Fortzügen, wird auch als Primäreffekt der Migration bezeichnet[3]. Dieser Primäreffekt betrug für Deutschland insgesamt von 1991 bis einschließlich 1999 +3,18 Mio. Menschen. Diesem Wanderungsgewinn stand ein Geburtendefizit von 769 000 gegenüber. Zum Vergleich sei darauf hingewiesen, dass für einen ähnlich hohen Primäreffekt (in Höhe von +3,27 Mio.) im früheren Bundesgebiet vor der Wiedervereinigung ein Zeitraum von 20 Jahren (von 1971 bis 1990) benötigt wurde.

Der Primäreffekt der Ost-West-Migration von 1991 bis 1999 betrug 1,2 Mio. Einwohner zulasten der neuen bzw. zugunsten der alten Länder. Mehrere alte Bundesländer, die zuvor überwiegend Wanderungsverluste bzw. eine abnehmende Bevölkerungszahl aufwiesen, wie z. B. Nordrhein-Westfalen, konnten aufgrund der Außen- und Binnenwanderungsgewinne, d. h. wegen des insgesamt hohen Primäreffekts der 90er Jahre, ein Bevölkerungswachstum verzeichnen (Nordrhein-Westfalen +5,6 Prozent). Dieser Bevölkerungszuwachs in einigen alten Bundesländern darf nicht darüber hinwegtäuschen, dass sich die Geburtendefizite in diesem Zeitraum nicht reduziert haben, sondern in der Regel unverändert weiterbestanden oder sich sogar noch vergrößert haben.

---

[3] Zur Bedeutung und Schätzung des Primär- und Sekundäreffekts der Migration vgl. Birg, H. / Flöthmann-, E.-J., Bevölkerungsprojektionen für das vereinigte Deutschland bis zum Jahr 2100, Bielefeld 1993, und Bucher, H., Die Außenwanderungsbeziehungen der Bundesrepublik Deutschland, Raumforschung und Raumordnung, 51. Jahrgang, Heft 5, S. 254-264. Bonn 1993.

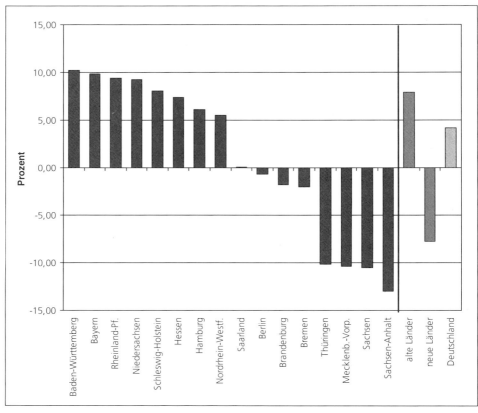

Abb. 2: Zu- bzw. Abnahme der Bevölkerungszahl der 16 Bundesländer von 1989 bis 2001 (Quelle: Statistisches Bundesamt, FS 1, R 1, Gebiet und Bevölkerung, versch. Jahre)

3.2 Komponenten des Bevölkerungswachstums

Die Bevölkerungsentwicklung der 16 Bundesländer wird sowohl in positiver als auch in negativer Hinsicht vor allem durch Wanderungen bestimmt. In diesem Zusammenhang ist die unterschiedliche Bedeutung der Wanderungen über die Grenzen Deutschlands (Außenmigration) und der Wanderungen zwischen den Ländern (Binnenmigration) zu berücksichtigen. Insgesamt stehen neun Bundesländern mit wachsender Bevölkerung sieben Länder mit abnehmender Bevölkerung gegenüber. In diesem Zusammenhang sind drei Gruppen zu unterscheiden.

1. Nur zwei Bundesländer, Bayern und Baden-Württemberg, die bereits seit längerem das stärkste Bevölkerungswachstum in Deutschland aufweisen, verfügen sowohl über ein natürliches als auch über ein migrationsinduziertes Wachstum (Abb. 3). In Bayern ist die Geburtenbilanz mittlerweile (im Jahr 2001) negativ. Während Bayern in erster Linie im Rahmen der Binnenmigration Gewinne verzeichnet, überwiegen in

Baden-Württemberg die Außenwanderungsgewinnne. Dieser Sachverhalt spiegelt sich auch in dem vergleichsweise hohen Ausländeranteil Baden-Württembergs wider.

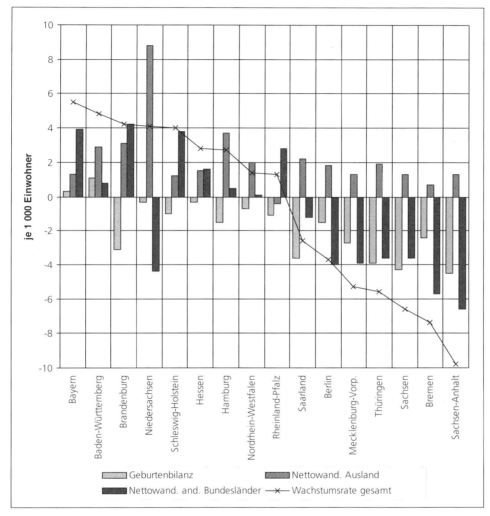

Abb. 3: Geburtenbilanzen, Außen- und Binnenwanderungsbilanzen der 16 Bundesländer 1999 (Quelle: Statistisches Bundesamt, FS 1, R 1, Gebiet und Bevölkerung, Wiesbaden 1999)

2. In sechs der 11 alten Bundesländer werden die Geburtendefizite durch Wanderungsgewinne mehr als kompensiert, sodass insgesamt ein Bevölkerungswachstum resultiert. Hierbei handelt es sich um Niedersachsen, Schleswig-Holstein, Hessen, Hamburg, Nordrhein-Westfalen und Rheinland-Pfalz. Die Wanderungsmuster dieser Länder zeigen jedoch erhebliche Unterschiede.

- Niedersachsen weist im Vergleich der Bundesländer die absolut und relativ stärksten Außenwanderungsgewinne auf. In Niedersachsen sind Ende der 90er Jahre die Zuzüge in die großen Übergangslager (Friedland und Bramsche) nach wie vor bedeutsam. Die Folgewanderungen führen in Niedersachsen zu außerordentlich hohen Binnenwanderungsverlusten. Niedersachsen ist das einzige Bundesland in dieser Gruppe mit Binnenwanderungsverlusten.
- Auch in Hamburg und Nordrhein-Westfalen ist die Nettowanderungsrate der Außenmigration deutlich höher als die entsprechende Größe der Binnenmigration.
- In Hessen ist die Bedeutung beider Wanderungstypen ungefähr gleich groß.
- In Rheinland-Pfalz und Schleswig-Holstein überwiegen eindeutig die Binnenwanderungsgewinne. Dieser Effekt dürfte weniger auf weiträumige interregionale Wanderungen (zwischen den Bundesländern), sondern vor allem auf nahräumige bzw. Stadt-Umland-Wanderungen zurückzuführen sein. Im Fall von Schleswig-Holstein sind in erster Linie Zuzüge aus Hamburg und im Fall von Rheinland-Pfalz Zuzüge aus den Ballungsräumen Rhein-Main und Rhein-Neckar für die hohen Binnenwanderungsgewinne ursächlich. Rheinland-Pfalz ist das einzige Bundesland, das über geringfügige Wanderungsverluste im Rahmen der Außenmigration verfügt.
- Als einziges neues Bundesland zählt Brandenburg zu dieser Ländergruppe mit Geburtendefiziten und Wanderungsgewinnen. Neben Außenwanderungsgewinnen verfügt Brandenburg über die höchste Nettowanderungsrate der Binnenmigration, die in erster Linie auf die Stadt-Umland-Wanderungen aus Berlin zurückzuführen ist. Das bedeutet, dass nicht weiträumige Binnenmigration, wie in Bayern, die hohen Wanderungsgewinne verursacht, sondern nahräumige Wanderungen ursächlich sind, ähnlich wie in Schleswig-Holstein und Rheinland-Pfalz.

3. Alle übrigen Bundesländer verfügen über negative Wachstumsraten. Hierzu zählen die vier neuen Bundesländer Mecklenburg-Vorpommern, Thüringen, Sachsen, Sachsen-Anhalt, die beiden Stadtstaaten Berlin und Bremen sowie das Saarland. Sie weisen ausnahmslos Geburtendefizite, Außenwanderungsgewinne und Binnenwanderungsverluste auf. Die Binnenwanderungsverluste des Saarlandes sind relativ gering, sodass aufgrund der Außenwanderungsgewinne insgesamt ein Wanderungsgewinn resultiert, der aber das Geburtendefizit nicht kompensieren kann. Die übrigen Länder dieser Gruppe weisen ausschließlich Wanderungsverluste auf, wobei die Binnenwanderungsverluste (gegenüber anderen Bundesländern) eindeutig dominieren.

Auch wenn die Geburtendefizite und Außenwanderungsgewinne in den einzelnen Bundesländern Unterschiede aufweisen, so sind die starken Gegensätze bzw. die

Polarisierung des Bevölkerungswachstums im Wesentlichen auf die Verschiebungen im Rahmen der Binnenmigration zurückzuführen.

Die regional unterschiedliche Bedeutung der Außen- und Binnenmigration für die Bevölkerungsentwicklung wird nicht nur in einem Vergleich auf Länderebene deutlich, sondern auch im Rahmen einer Gegenüberstellung der siedlungsstrukturellen Regionstypen. Werden die in der laufenden Raumbeobachtung des Bundesamtes für Bauwesen und Raumordnung verwendeten neun siedlungsstrukturellen Kreistypen zugrunde gelegt, dann ergeben sich deutliche Zusammenhänge zwischen den drei betrachteten Komponenten der Bevölkerungsentwicklung und den Siedlungsstrukturtypen (Abb. 4 und 5)[4].

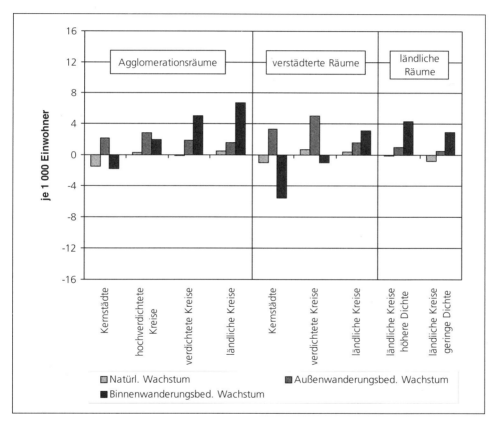

Abb. 4: *Natürliches und wanderungsbedingtes Wachstum in den alten Bundesländern Deutschlands 1999 unterteilt nach Siedlungsstrukturtypen (Quelle: BBR, Inkar-CD 2002, Bonn 2003)*

---

[4] Zur Definition und Übersicht über die neun siedlungsstrukturellen Kreistypen vgl. Bundesamt für Bauwesen und Raumordnung, Aktuelle Daten zur Entwicklung der Städte, Kreise und Gemeinden, Berichte, Band 8. Bonn 2001, Kap. 3 „Zur räumlichen Differenzierung in der Bundesrepublik Deutschland".

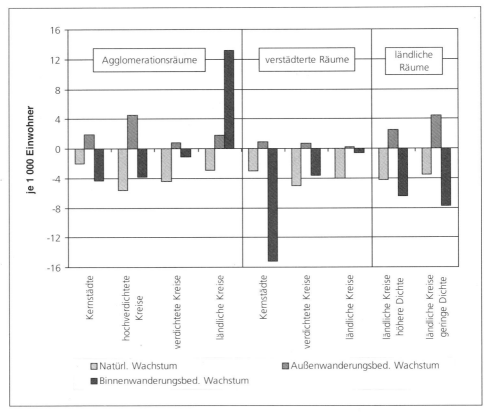

Abb. 5: Natürliches und wanderungsbedingtes Wachstum in den neuen Bundesländern Deutschlands 1999 unterteilt nach Siedlungsstrukturtypen
(Quelle: BBR, Inkar-CD 2002, Bonn 2003)

In den alten Bundesländern sind die Geburtendefizite in den Kernstädten, sowohl in den Agglomerationsräumen als auch in den verstädterten Regionen, am höchsten. In den ländlichen Umlandkreisen dieser Regionen sind überwiegend leichte Geburtenüberschüsse zu verzeichnen. In den neuen Ländern sind ausnahmslos alle Siedlungsstrukturtypen durch Geburtendefizite gekennzeichnet.

Im Rahmen der Migration werden in den alten Ländern zwei entgegengesetzte Zusammenhänge deutlich: Je geringer der Verdichtungsgrad, desto niedriger die Außenwanderungsbilanz und desto höher die Binnenwanderungsbilanz. Die Kernstädte haben im Durchschnitt Binnenwanderungsverluste, die ländlichen Umlandkreise überwiegend Binnenwanderungsgewinne. In den neuen Ländern sind diese Zusammenhänge nicht bzw. nur teilweise zu beobachten. Zwar sind, wie in den alten Ländern, in allen Siedlungsstrukturtypen Außenwanderungsgewinne zu verzeichnen, ein mit den alten Ländern vergleichbarer systematischer Zusammenhang ist jedoch nicht erkennbar. Die Binnenwanderungsmuster unterscheiden sich ebenfalls. Sie weisen in den meisten Siedlungsstrukturtypen, sowohl in Kernstädten als auch in ländlichen Regionen, Verluste auf. Die ländlichen Umlandkreise in hochverdichteten Regionen, z. B. im Berliner Umland, verfügen als einziger Siedlungsstrukturtyp über (erhebliche) Wanderungsgewinne.

Die besondere Bedeutung der Binnenmigration für die Bevölkerungsentwicklung auf der Ebene der Bundesländer wurde bereits erwähnt. Auf der Ebene der verschiedenen Siedlungsstrukturtypen wird diese Bedeutung ebenfalls ersichtlich. In mehr als der Hälfte der betrachteten Siedlungsstrukturtypen ist die Binnenmigration sowohl in positiver als auch in negativer Hinsicht die dominierende Komponente der demographischen Entwicklung.

3.3 Auswirkungen der Migration auf die Entwicklung der Altersstruktur der Bevölkerung

Jeder Wanderungstyp, sowohl im Rahmen der Außen- als auch im Rahmen der Binnenmigration, hat eine spezifische Altersstruktur, die sich mehr oder weniger auf eine Altersgruppe konzentriert[5]. Insgesamt erfolgen die weitaus meisten Wanderungen im Alter zwischen 18 und 30 Jahren. Aufgrund dieser Altersselektivität der meisten Wanderungen können Zu- und Fortzüge zu nachhaltigen Veränderungen der Altersstrukturen und damit zu einer Alterung oder Verjüngung der Bevölkerung in den Herkunfts- und Zielregionen führen. Diese Effekte sind umso stärker, je mehr die Altersstrukturen der Zu- und Fortzüge einer Region voneinander abweichen. Da die Bundesländer von den verschiedenen Wanderungstypen sehr unterschiedlich betroffen sind, unterscheiden sich die Altersstrukturmuster der Zu- und Fortzüge in den Ländern erheblich.

Die beiden quantitativ wichtigsten Altersgruppen der Migration bilden die 18- bis unter 25-Jährigen, deren Wanderungen vor allem ausbildungsorientiert erfolgen, und die 25- bis unter 40-Jährigen, deren Wanderungen überwiegend aufstiegs- und/oder familienorientiert sind[6].

Die höchsten Wanderungsraten sind normalerweise im Alter zwischen 18 und 25 Jahren nachzuweisen. Von diesen Wanderungen profitieren in erster Linie die Stadtstaaten Hamburg, Berlin und Bremen (Abb. 6). Von den Flächenländern weisen vor allem Bayern, Hessen und Baden-Württemberg in dieser Altersgruppe die höchsten

---

[5] Zur Altersselektivität von Wanderungen vgl. u. a. Rogers, A. / Castro, L. J., Age Patterns of Migrations: Cause-Specific Profiles, Boulder/London 1984.

[6] Zur Bedeutung der aktuellen Altersselektivität der Binnenmigration in den 16 Bundesländern vgl. Flöthmann, E.-J., Binnenmigration und regionale Bevölkerungsentwicklung in Deutschland, Bielefeld 2002.

Wanderungsgewinne auf. Von den alten Bundesländern haben Ende der 90er Jahre lediglich das Saarland und Niedersachsen in dieser Altersgruppe Binnenwanderungsverluste. Die Wanderungsbilanzen der neuen Bundesländer sind in dieser Altersgruppe ausschließlich stark negativ.

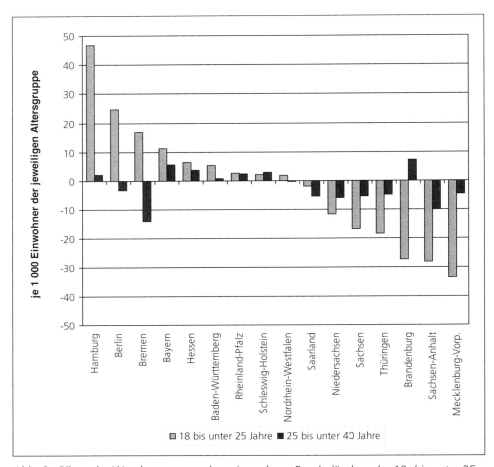

Abb. 6: Bilanz der Wanderungen aus bzw. in anderen Bundesländern der 18- bis unter 25- und 25- bis unter 40-jährigen Bevölkerung 1999
(Quelle: Statistisches Bundesamt, FS 1, R 1, Gebiet und Bevölkerung, Wiesbaden 2000)

Die Wanderungsraten der 25- bis unter 40-jährigen Bevölkerung sind insgesamt deutlich niedriger. Das Land Brandenburg besitzt 1999 aufgrund der Zuzüge aus Berlin die eindeutig höchste Wanderungsrate in dieser Altersgruppe, gefolgt von Bayern und Hessen. Die übrigen neuen Bundesländer, das Saarland und Niedersachsen sowie die Stadtstaaten Berlin und Bremen verfügen in dieser Altersklasse über Wanderungsverluste. Für die neuen Bundesländer (außer Brandenburg) werden die

Wanderungsverluste in den beiden wichtigsten Altersklassen erhebliche Konsequenzen für die zukünftige Entwicklung der Altersstruktur der Bevölkerung haben.

Im Zusammenhang mit den Wanderungen älterer Menschen (65 Jahre und älter) ist die Reihenfolge der Wanderungsgewinner und -verlierer z. T. umgekehrt (Abb. 7). Die drei Stadtstaaten, die bei den jüngeren Menschen die eindeutigen Wanderungsgewinner sind, weisen bei den älteren Menschen die höchsten Wanderungsverluste auf. Auch Hessen, das bei jüngeren Menschen Wanderungsgewinne zu verzeichnen hat, ist bei älteren Menschen durch Wanderungsverluste gekennzeichnet. Die relativ höchsten Wanderungsgewinne bei älteren Menschen haben Brandenburg, Schleswig-Holstein und Mecklenburg-Vorpommern. Das einzige Bundesland, das in allen Altersgruppen über Wanderungsgewinne verfügt, ist Bayern.

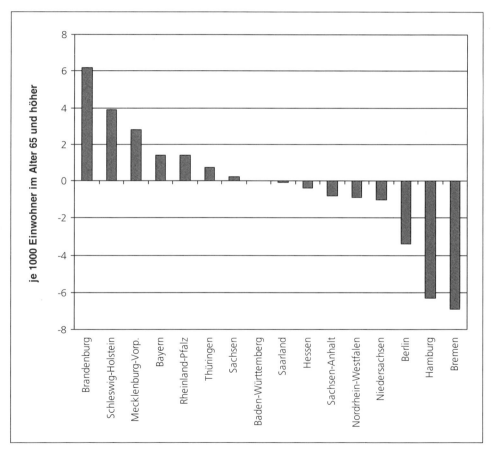

Abb. 7: Bilanz der Wanderungen aus bzw. in anderen Bundesländern der 65-jährigen und älteren Bevölkerung 1999
(Quelle: Statistisches Bundesamt, FS 1, R 1, Gebiet und Bevölkerung, Wiesbaden 2000)

Das Verhältnis der Zu- bzw. Fortzüge zwischen den jüngeren und älteren Menschen kann wesentliche Auswirkungen auf die demographische Alterung in den Ländern haben. In diesem Zusammenhang sind zwei Effekte zu unterscheiden:

- Ziehen in einem Land viele ältere Menschen zu (bei sonst unveränderter Bevölkerungsstruktur), dann altert die Bevölkerung in dieser Region (so genannte aktive Alterung)
- Ziehen in einem Land viele junge Menschen fort (bei sonst unveränderter Bevölkerungsstruktur), dann altert die Bevölkerung ebenfalls (so genannte passive Alterung).

Treten beide Effekte in einer Region gleichzeitig auf, wie z. B. in Mecklenburg-Vorpommern, wird der Einfluss der Wanderungen auf die demographische Alterung besonders offensichtlich. Andererseits können Zuzüge jüngerer Menschen und Fortzüge älterer Menschen eine Verjüngung der Bevölkerung unterstützen. Diese Situation ist in den Stadtstaaten Berlin und Hamburg (und auch in anderen Großstädten, z. B. Düsseldorf, Köln, Frankfurt, München) gegeben.

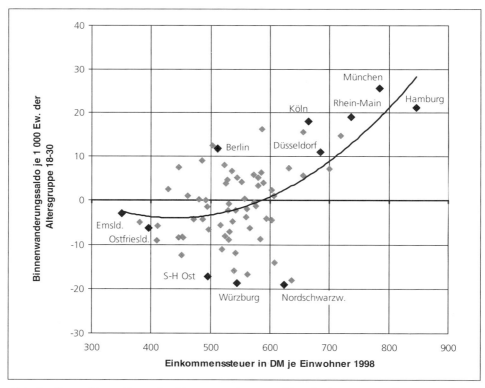

Abb. 8: Gegenüberstellung des Binnenwanderungssaldos der jungen Bevölkerung und der Einkommenssteuer pro Kopf in den Raumordnungsregionen der alten Länder 1998 (Quelle: BBR, Inkar-CD 2000)

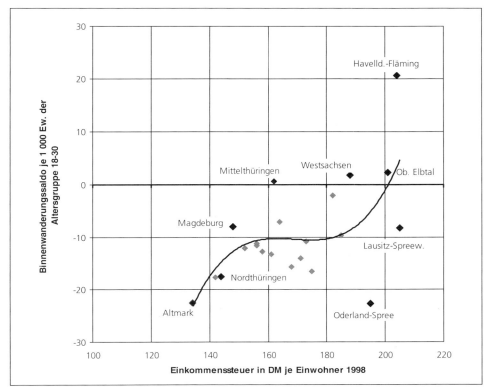

Abb. 9: Gegenüberstellung des Binnenwanderungssaldos der jungen Bevölkerung und der Einkommenssteuer pro Kopf in den Raumordnungsregionen der neuen Länder 1998 (Quelle: BBR, Inkar-CD 2000)

Wie gezeigt wurde, bilden die 18- bis unter 30-Jährigen insgesamt und auch für die meisten Regionen die wichtigste Wanderungsgruppe. Die damit verbundene Zu- bzw. Abnahme dieser Bevölkerungsgruppe ist ein zentrales Element der regionalen Bevölkerungsentwicklung. Im Gegensatz zu anderen Altersgruppen wird die Migration dieser Altersgruppe in besonderer Weise von den regionalen Arbeitsmärkten und Verdienstmöglichkeiten determiniert. Die Binnenwanderungssalden der 18- bis unter 30-Jährigen und die Pro-Kopf-Einkommenssteuer als Indikator für Verdienstmöglichkeiten in west- und ostdeutschen Raumordnungsregionen sind in den Abbildungen 8 und 9 dargestellt. Im unteren und mittleren Bereich der Pro-Kopf-Einkommenssteuer besteht eine relativ große Streuung der Binnenwanderungssalden, d. h. es besteht nur ein relativ geringer Zusammenhang. Im oberen Bereich ist jedoch eine eindeutige positive Korrelation zwischen beiden Größen nachzuweisen.

3.4 Auswirkungen der Migration auf regionale Haushaltsstrukturen

Während mehrere Wanderungstypen überwiegend allein stehende Menschen umfassen, z. B. im Rahmen der bildungs- oder erwerbsorientierten Migration, umfassen andere Wanderungstypen, z. B. Stadt-Umland-Wanderungen, vor allem Familien mit Kindern. Im Rahmen der Außenmigration findet sich ebenfalls diese Differenzierung. Die Spätaussiedlermigration umfasst in erster Linie Wanderungen im Familienverband, während Arbeitsmigranten überwiegend allein stehend sind. Die Abhängigkeit einzelner Städte und Regionen von bestimmten Zu- und Fortzugsformen, z. B. Zuzüge von Alleinstehenden und Fortzüge von Familien, kann deshalb Auswirkungen auf die Haushaltsstruktur und damit direkte Auswirkungen auf den Wohnungsmarkt haben[7]. Wenn Familien die Kernstädte verlassen und in verdichtete oder ländliche Umlandregionen ziehen, hat dieser Prozess Auswirkungen auf die Haushaltsstrukturen der Herkunfts- und Zielregionen (Abb. 10 und 11). Dieser Zusammenhang wird vor allem in den Agglomerationsräumen (schwarze Raute) der alten Bundesländer deutlich, die seit Jahrzehnten durch Suburbanisierungsprozesse gekenn-

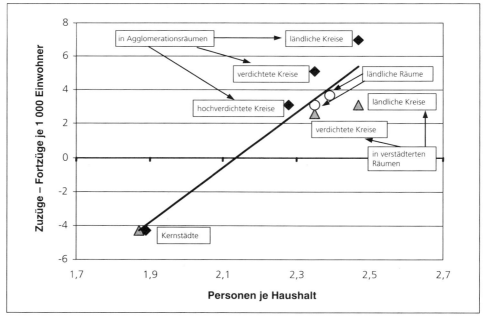

Abb. 10: Nettowanderungsraten und durchschnittliche Haushaltsgrößen in den alten Ländern 1999 nach siedlungsstrukturellen Merkmalen (Quelle: BBR, Inkar-CD 2002)

---

[7] Ein Beispiel für die Auswirkungen von Wanderungen auf die langfristige Entwicklung der Haushaltsstruktur einer Stadt findet sich bei Birg, H. / Flöthmann, E.-J., Vorausschätzungen zur zukünftigen Entwicklung der Haushalts- und Bevölkerungsstruktur in Bielefeld bis 2050, Bielefeld 2003.

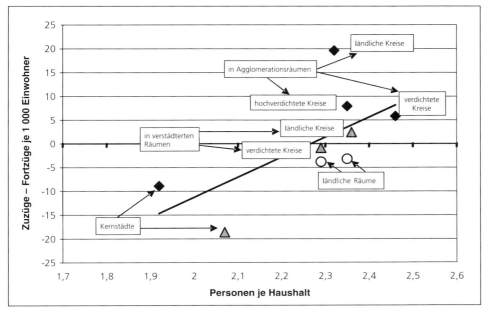

Abb. 11: Nettowanderungsraten und durchschnittliche Haushaltsgrößen in den neuen Ländern 1999 nach siedlungsstrukturellen Merkmalen
(Quelle: BBR, Inkar-CD 2002)

zeichnet sind. Je geringer die Verdichtung, desto höher der Wanderungssaldo und desto höher die durchschnittliche Haushaltsgröße. Eine ähnliche positive Korrelation zwischen Wanderungssaldo und Haushaltsgröße zeigt sich in den verstädterten Regionen (graues Dreieck). Die ländlichen Kreise weisen in diesem Regionstyp ebenfalls die höchsten Wanderungssalden und Haushaltsgrößen auf. In den neuen Bundesländern ist dieser Zusammenhang ähnlich, wenn auch nicht ganz so deutlich ausgeprägt.

3.5 Regionale Verteilung der ausländischen Bevölkerung

Die Bevölkerungsentwicklung Deutschlands ist bereits seit Ende der 50er Jahre, als die ersten Anwerbeabkommen im Rahmen der Gastarbeitermigration geschlossen wurden, in besonderer Weise durch Außenwanderungen geprägt. Nach der Wiedervereinigung und den politischen Veränderungen in Osteuropa, durch die Deutschland für internationale Wanderungen nunmehr eine zentrale Lage in Europa einnahm, gewann die Außenmigration für die Bevölkerungsentwicklung nochmals eine besondere Bedeutung. Die Zahl der ausländischen Bevölkerung erhöhte sich von 2,7 Mio. Menschen im Jahr 1970 (früheres Bundesgebiet) um 270 Prozent auf 7,3 Mio. im Jahr 2001 (Deutschland insgesamt). Der Anteil der ausländischen Bevölkerung an der Gesamtbevölkerung betrug 2001 ca. 9 Prozent. Da sich die Zuzüge aus dem Ausland auf einzelne Städte und Regionen konzentrierten, vollzog sich die Zunahme des Ausländeranteils bereits im früheren Bundesgebiet regional sehr unterschiedlich. Nach der Wiedervereinigung wurden die Unterschiede zwischen den nunmehr 16 Ländern noch ausgeprägter. Hierfür waren neben der unterschiedlichen Dynamik und Struktur der regionalen Arbeitsmärkte auch die in den Städten und Regionen bereits lebenden ausländischen Bevölkerungsgruppen ursächlich. Die in mehreren westdeutschen Städten schon seit drei bis vier Jahrzehnten gewachsenen ausländischen Bevölkerungsgruppen bildeten bzw. bilden einen wichtigen Pull-Faktor für weitere Zuwanderungen aus dem Ausland in diese Städte.

Die Ausländeranteile im früheren Bundesgebiet lagen 2001 zwischen 15,1 Prozent in Hamburg und 5,5 Prozent in Schleswig-Holstein. Die Stadtstaaten weisen, wie auch andere westdeutsche Großstädte, in der Regel die höchsten Ausländeranteile (zwischen 12 und 15 Prozent) auf (Abb. 12). Die Städte und Regionen mit hohen Ausländeranteilen verfügen in der Regel zugleich über vergleichsweise hohe Außenwanderungsgewinne. Im Rahmen einer siedlungsstrukturellen Differenzierung wird eine eindeutige Zweiteilung dieses Zusammenhangs deutlich (Abb. 13). Die Kernstädte und ihr hochverdichtetes Umland in Agglomerationsräumen (schwarze Raute) sowie die Kernstädte und ihre verdichteten Umlandkreise in verstädterten Regionen (graues Dreieck) weisen im Durchschnitt sowohl höhere Außenwanderungssal-

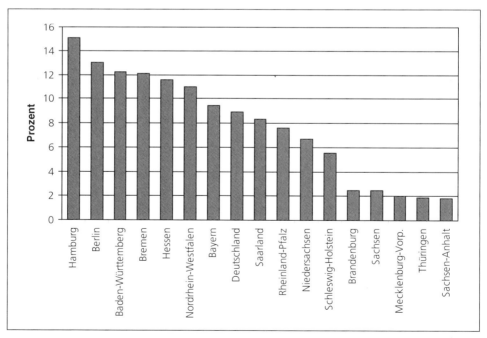

Abb. 12: Ausländeranteile in den 16 Bundesländern 2001
(Quelle: Statistisches Bundesamt, Genesis-Online 2003)

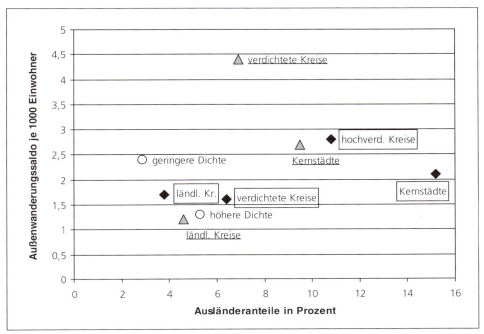

Abb. 13: Durchschnittliche Außenwanderungssalden und Ausländeranteile differenziert nach siedlungsstrukturellen Merkmalen im Jahr 1999 (Quelle: BBR, Inkar-CD 2002)

den als auch höhere Ausländeranteile auf. Das bedeutet, die Außenmigration und ihre Auswirkungen auf die demographische Entwicklung konzentrieren sich in zweifacher Hinsicht vor allem auf die alten Bundesländer und dort auf die Großstädte und hochverdichteten Regionen. Alle übrigen siedlungsstrukturellen Kreistypen weisen in der Regel sowohl niedrigere Ausländeranteile als auch geringere Außenwanderungssalden auf. Diese Zusammenhänge sind u. a. bei der Beurteilung der Auswirkungen verstärkter Zuwanderungen im Rahmen alternativer Bevölkerungsvorausschätzungsszenarien zu bedenken.

4 Resümee

Alle bekannten Bevölkerungsvorausschätzungen für Deutschland weisen für die nächsten Jahrzehnte eine deutliche Zunahme der Geburtendefizite auf. Von dieser Entwicklung werden die einzelnen Regionen und Städte unterschiedlich stark betroffen sein, einerseits aufgrund der regionalen Unterschiede hinsichtlich der Fertilität und Mortalität und andererseits aufgrund der Verflechtungen der Regionen durch Migration. In diesem Zusammenhang spielen nicht nur regionalstrukturelle und ökonomische Push-Pull-Faktoren im Hinblick auf die Wanderungsverflechtungen eine

Rolle, sondern auch die Folgewirkungen (die so genannten Echoeffekte) der bisherigen regionaldemographischen Entwicklungen (Geburtenrückgang, Abwanderungen) werden zunehmend deutlicher. Eine anhaltend weit unter dem Bestandserhaltungsniveau liegende durchschnittliche Kinderzahl wird in den Städten und Regionen sowohl der alten als auch der neuen Länder den Bevölkerungsrückgang und die demographische Alterung beschleunigen. In den weitaus meisten Fällen wird jedoch die Migration darüber entscheiden, wie stark und wie schnell diese Veränderungen jeweils ausfallen werden. Die Migration wird diese Defizite in der Regel zwar nicht kompensieren können, aber sie wird in Einzelfällen den Bevölkerungsrückgang und die Alterung abschwächen bzw. etwas hinauszögern können. Dieser kompensierende Einfluß der Migration wird jedoch begrenzt sein, weil einerseits entsprechend der Zunahme der Geburtendefizite auch die Wanderungsgewinne ständig zunehmen müssten und andererseits weil die Bevölkerung in den wanderungsintensiven Altersjahren zwischen 20 und 40 Jahren bereits heute kontinuierlich abnimmt und noch weiter abnehmen wird. Während die Auswirkungen der Migration auf den Bevölkerungsbestand und die Alters- und Geschlechtsstruktur unmittelbar und kurzfristig ersichtlich werden, bleiben die Auswirkungen auf das natürliche Wachstum der Bevölkerung und auf die demographische Alterung eher gering und werden erst nach Jahrzehnten ersichtlich. Hinsichtlich der Alterung der Bevölkerung stehen wir erst am Anfang der sich beschleunigenden Entwicklung.

In Anbetracht der sich abzeichnenden nationalen Bevölkerungsentwicklung für die nächsten 50 Jahre wird auf regionaler und lokaler Ebene die Migration, d. h. in erster Linie die Binnenmigration, über das Ausmaß der demographischen Veränderungen entscheiden, da die Entwicklung des natürlichen Wachstums aufgrund der zunehmenden Geburtendefizite für Jahrzehnte weitgehend vorgegeben ist und Veränderungen des generativen Verhaltens erst nach zwei bis drei Generationen (d. h. nach 60 bis 90 Jahren) zum Tragen kommen würden. Im Hinblick auf das natürliche Wachstum zeichnen sich verstärkende regionale Unterschiede ab. In diesem Zusammenhang spielen in einzelnen Regionen die Anteile der zugewanderten Bevölkerung und ihrer Nachfahren eine Rolle, da diese Teilbevölkerung einerseits relativ jung ist und andererseits eine noch etwas höhere Geburtenrate aufweist. Diese gegensätzliche Entwicklung der deutschen und zugewanderten Bevölkerung wird zwangsläufig (auch im Fall ohne weitere Zuwanderung) zu einer Bevölkerung in Deutschland führen, die deutlich vielschichtiger oder internationaler sein wird als heute. Außerdem weisen die Anteile der allein stehenden Menschen u. a. auch als eine Folge der Binnenwanderungsströme zwischen den Regionen große Unterschiede auf. Bei einem weiter steigenden Anteil der kinderlosen Bevölkerung und einer sich zugleich abzeichnenden starken Zunahme der älteren Bevölkerung wird der Anteil der allein stehenden Menschen zukünftig noch stark wachsen.

Diese vier zentralen demographischen Veränderungen, Bevölkerungsabnahme, Alterung, Internationalisierung und demographische Individualisierung dürften zu zunehmenden regionaldemographischen Diskrepanzen führen, nicht nur zwischen ost- und westdeutschen Regionen, sondern auch innerhalb dieser Regionen. In einer solchen Phase sich verstärkender demographischer Unterschiede, d. h. zunehmender regionaler Diskrepanzen, sind wesentliche Voraussetzungen für eine zunehmende Migration gegeben. Je unterschiedlicher die Regionen sind, desto mehr Wanderungen erfolgen üblicherweise. Die Bedeutung der Migration für die regionalen Bevölkerungsprozesse dürfte deshalb noch weiter zunehmen.

Literatur

Birg, H. (2001): Die demographische Zeitenwende – Der Bevölkerungsrückgang in Deutschland und Europa. München.

Birg, H.; Flöthmann, E.-J. (2001): Demographische Projektionsrechnungen für die Rentenreform 2000 – Methodischer Ansatz und Hauptergebnisse, IBS-Materialien, Band 47 A und B. Bielefeld.

Birg, H. (2002): Perspektiven der Bevölkerungsentwicklung in Deutschland und Europa – Konsequenzen für die sozialen Sicherungssysteme, Materialien des Instituts für Bevölkerungsforschung und Sozialpolitik der Universität Bielefeld, Bd. 48. Bielefeld.

Bucher, H. (1993): Die Außenwanderungsbeziehungen der Bundesrepublik Deutschland, Raumforschung und Raumordnung, 51. Jahrgang, Heft 5, S. 254-264. Bonn.

Bundesamt für Bauwesen und Raumordnung (2001): Aktuelle Daten zur Entwicklung der Städte, Kreise und Gemeinden, Berichte, Band 8. Bonn.

Bundesministerium des Innern (2000), Modellrechnungen zur Bevölkerungsentwicklung in der Bundesrepublik Deutschland bis zum Jahr 2050. Berlin.

Congdon, P.; Batey, P. (1989): Advances in Regional Demography: Information, Forecasts, Models. London.

Deutscher Bundestag (2002), Enquete-Kommission Demographischer Wandel – Herausforderungen unserer älter werdenden Gesellschaft an den Einzelnen und die Politik. Zur Sache 3/2002. Berlin.

Flöthmann, E.-J. (1994): Muster des Migrationsverhaltens aus kohortenanalytischer Sicht. In: Galler, H.; Heilig, G.; Steinmann, G. (Hrsg.), Acta Demographica 1993. Heidelberg.

Flöthmann, E.-J. (1996): Migration im Kontext von Bildung, Erwerbstätigkeit und Familienbildung, Allgemeines Statistisches Archiv, Band 80, Heft 1. Göttingen.

Flöthmann, E.-J. (2002): Binnenmigration und regionale Bevölkerungsentwicklung in Deutschland, erweiterte Fassung einer Diskussionsvorlage im Rahmen des öffentlichen Expertengesprächs des Innenausschusses des Landtages Mecklenburg-Vorpommern am 27.02.2002. Bielefeld.

Rogers, A. (1984): Migration, Urbanization, and Spatial Population Dynamics, Boulder/London.

Statistisches Bundesamt (2000): Bevölkerungsentwicklung Deutschlands bis zum Jahr 2050 – Ergebnisse der 9. koordinierten Bevölkerungsvorausberechnung. Wiesbaden.

Statistisches Bundesamt (2001), Fachserie 1, Reihe 1, Gebiet und Bevölkerung 1999. Wiesbaden.

Demographischer Wandel in den Städten und im ländlichen Raum – am Beispiel von Niedersachsen

Björn-Uwe Tovote

1 Vergangene Bevölkerungsentwicklung in den alten Bundesländern

Die Bevölkerungsstruktur in Deutschland und in seinen Regionen verändert sich ständig. Vor 100 Jahren war die Lebenserwartung nur halb so hoch wie heute. Damals lag der Bevölkerungsanteil der über 60-Jährigen bei 5 % (heute fast 23 %) und der Bevölkerungsaufbau hatte die Form einer Pyramide. Heute stellt sich die Bevölkerung eher wie eine sturmerprobte Fichte mit breitem Stamm und starken Astbrüchen im Bereich des Wipfels dar. Begründet ist diese Entwicklung durch die Bevölkerungsverluste der beiden Weltkriege, durch den medizinischen Fortschritt und durch den gesellschaftlichen Wandel, der u. a. zu einer erheblichen Verringerung der Fertilität führte.

Der demographische Wandel, unter dem man die Alterung der Gesellschaft und die Verkleinerung der Haushalte versteht, lässt sich aber auch in kürzeren Zeiträumen erkennen. So hat sich die Bevölkerungszahl und -struktur in den letzen Jahren in den alten Bundesländern erheblich verändert. Der Zusammenbruch des Kommunismus in Osteuropa führte zu erheblichen Zuzügen von Aussiedlern insbesondere aus Polen und Russland, von Übersiedlern aus den neuen Bundesländern und von Bürgerkriegsflüchtlingen aus dem ehemaligen Jugoslawien. Dazu kamen noch Asylbewerber aus aller Welt.

Insgesamt hat sich die Bevölkerungszahl in den alten Bundesländern zwischen der Volkszählung 1987 und dem 31.12.2001 um etwas über 10 % erhöht. Diese Steigerung verlief allerdings sehr heterogen. Während das Land Bremen und das Saarland nicht nachhaltig von den Ereignissen der letzten Jahre profitieren konnten, haben andere Bundesländer – insbesondere Bayern und Baden-Württemberg[1] – erhebliche Bevölkerungszuwächse erzielt. Diese unterschiedlichen Entwicklungen hängen sicherlich primär mit dem Nord–Süd-Gefälle hinsichtlich Wirtschaftskraft und Arbeitslosigkeit zusammen.

---

[1] In beiden Bundesländern lag im Jahr 2000 die Zahl der Geburten über der Zahl der Sterbefälle. Baden-Württemberg verzeichnete auch noch im Jahr 2001 deutliche Geburtenüberschüsse.

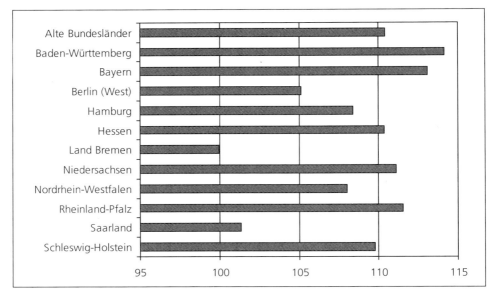

Abb. 1: Bevölkerungsentwicklung in den alten Bundesländern zwischen 1987 und 2001
(Indexdarstellung 1987 = 100)
(Quelle: Ausgangsdaten Statistisches Bundesamt, Berechnung IES)

2 Der regionale demographische Wandel Niedersachsens in der Vergangenheit

2.1 Die Bevölkerungsentwicklung zwischen 1987 und 2001 in Niedersachsen

Zwischen 1970 und 1987 lag die Bevölkerungszahl in Niedersachsen ziemlich konstant bei ca. 7,2 Mio. In der Regel überstiegen die Sterbefälle die Zahl der Geburten. Ein leicht positiver Wanderungssaldo glich das Defizit des natürlichen Saldos aus. Zwischen 1987 und 2001 nahm die Bevölkerung um mehr als 11 % zu. Der Zuwachs lag somit knapp über dem Durchschnitt der alten Bundesländer, aber noch deutlich unter dem der südlichen Bundesländer (Abb.1). Die nach Niedersachsen Zugezogenen waren deutlich jünger als die ansässige Bevölkerung.

Nach dem Amtsantritt des sowjetischen Generalsekretärs Gorbatschow Mitte der 80er Jahre gelangten ab 1988 in erheblichem Maße Aussiedler aus der ehemaligen Sowjetunion nach Niedersachsen. Damals kamen die Aussiedler als Ausländer nach Deutschland und wurden in den Grenzdurchgangslagern eingebürgert. Über Niedersachsen wurden besonders viele Einbürgerungen vorgenommen, da das Lager Friedland im Landkreis Göttingen das größte Grenzdurchgangslager in Deutschland war.

Heute kommen alle Aussiedler zunächst nach Friedland, bevor sie auf andere Regionen in Deutschland verteilt werden. Inzwischen hat Deutschland fast 3 Mio. Aussiedler aus Osteuropa aufgenommen.

Ende 1989 öffneten die Machthaber in der ehemaligen DDR die Grenzen zu den alten Bundesländern. Innerhalb kürzester Zeit zogen mehr als 1 Mio. DDR-Bürger in die westlichen Bundesländer um. Im ehemaligen Jugoslawien brach ein Bürgerkrieg aus, der viele Flüchtlinge nach Deutschland führte. Gleichzeitig erfolgte ein großer Zustrom von Asylbewerbern aus aller Welt. Dadurch wuchs die Bevölkerung zwischen 1989 und 1992 in Niedersachsen jährlich um fast 100 000 Einwohner an.

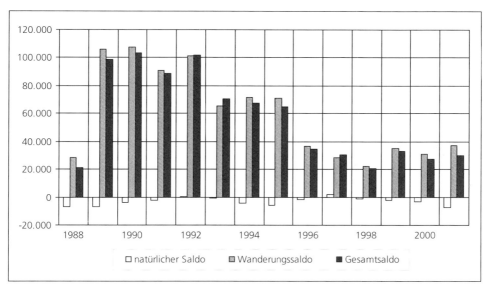

Abb. 2: Komponenten der Bevölkerungsentwicklung in Niedersachsen zwischen 1988 und 2001
(Quelle: Ausgangsdaten Niedersächsisches Landesamt für Statistik – NLS, Darstellung IES))

1993 trat das Asylbewerberleistungsgesetz in Kraft und infolgedessen reduzierte sich schlagartig die Zahl der nach Deutschland einreisenden Asylbewerber. 1995 stand der Bosnienkrieg an seinem Höhepunkt, und es kamen weitere Kontingentflüchtlinge nach Niedersachsen. In den Folgejahren wurde der Zuzug von Aussiedlern stark eingeschränkt und viele Bürgerkriegsflüchtlinge kehrten in ihre Heimat zurück.

Innerhalb von Niedersachsen verlief die Entwicklung seit 1987 ausgesprochen heterogen. Abgesehen von den Städten Oldenburg und Osnabrück hatten die übrigen 7 kreisfreien Städte geringe Zuwächse (Delmenhorst, Emden, Hannover und Salzgitter) bzw. erhebliche Bevölkerungsverluste (Braunschweig, Wilhelmshaven und Wolfsburg) zu verzeichnen. Alle Landkreise in Südniedersachsen, insbesondere die Land-

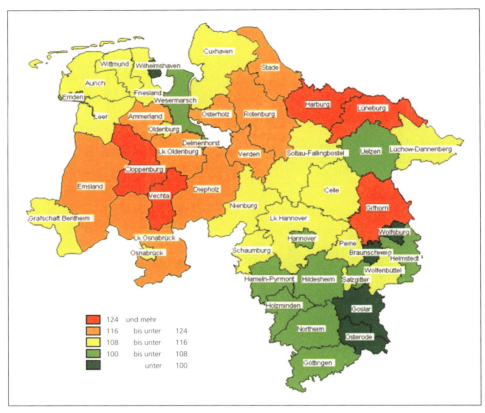

Abb. 3: Bevölkerungsentwicklung der Landkreise / kreisfreien Städte Niedersachsens 1987 bis 2001 (Indexdarstellung 1987 = 100)
(Quelle: Ausgangsdaten Niedersächsisches Landesamt für Statistik – NLS, Berechnung IES)

kreise Osterode und Goslar[2] sowie der Landkreis Wesermarsch an der Nordseeküste, lagen in der Bevölkerungsentwicklung unter dem Landesdurchschnitt. Die Landkreise zwischen den Oberzentren Hannover und Bremen stiegen durchschnittlich an. Die Regionen zwischen Hamburg und Bremen bis zur holländischen Grenze stiegen zumeist weit überdurchschnittlich und die fünf Landkreise Gifhorn, Harburg, Lüneburg, Vechta und Cloppenburg stiegen um über 24 %. Die Ursachen der extremen Bevölkerungszuwächse dieser fünf Landkreise waren unterschiedlicher Natur. Im Landkreis Gifhorn[3] ließen sich in sehr großem Umfang Aussiedler nieder – einzelne

---

[2] Die Bevölkerung in den Landkreisen Goslar und Osterode hat auf der Ebene der Landkreise bundesweit das höchste Durchschnittsalter. Zusammen mit dem Landkreis Wunsiedel im Fichtelgebirge verzeichneten sie seit 1987 die höchsten Bevölkerungsverluste auf der Ebene der Landkreise in den alten Bundesländern.

[3] Im Landkreis Gifhorn stieg die Bevölkerungszahl seit 1987 mit über 33 % bundesweit am höchsten an.

Gemeinden erzielten Bevölkerungszuwächse von weit über 50 %. Die Landkreise Harburg und Lüneburg profitierten stark von der Suburbanisierung aus der Hansestadt Hamburg. In den Landkreisen Vechta und Cloppenburg[4] wurde eine extrem hohe Geburtenrate verzeichnet.

2.2 Unterschiede in der Bevölkerungsstruktur

Die Unterschiede im Bevölkerungsaufbau zwischen dem Landkreis Cloppenburg mit dem bundesweit geringsten Durchschnittsalter (36,5 Jahre) und dem Landkreis Goslar mit dem höchsten Durchschnittsalter (44,2 Jahre) zeigt Abbildung 4. Wegen der Vergleichbarkeit in der Darstellung wurde für beide Landkreise die Bevölkerungszahl bei beibehaltener Altersstruktur auf 1 000 000 Einwohner hochgerechnet. Dadurch ergeben sich standardisierte Bevölkerungsaufbauten. Die schwarze Linie stellt die Bevölkerungsstruktur im Landkreis Goslar dar. Die graue Fläche zeigt dagegen den Bevölkerungsaufbau im Landkreis Cloppenburg.

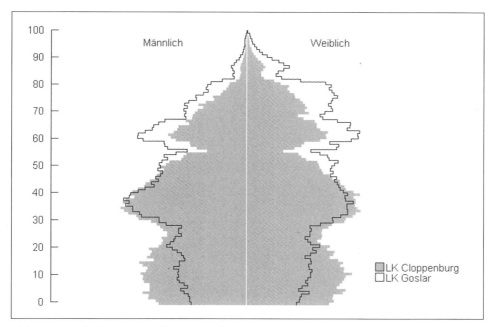

Abb. 4: Standardisierte Bevölkerungsaufbauten 2001 der Landkreise Goslar und Cloppenburg
(Quelle: Ausgangsdaten NLS, Darstellung IES)

---

[4] Der Landkreis Cloppenburg verzeichnete auch im Jahr 2000 bundesweit die mit Abstand höchste Fertilität bezogen auf die altersspezifische Geburtenziffer der Frauen im gebärfähigen Alter. Die Fertilität im Landkreis Cloppenburg lag im Jahr 2000 um fast 28 % über dem Landesdurchschnitt von Niedersachsen. Wegen der extrem hohen Fertilität hat die Bevölkerung im Landkreis Cloppenburg das niedrigste Durchschnittsalter in ganz Deutschland.

Im Landkreis Goslar sind alle Jahrgänge über 50 Jahre wesentlich stärker besetzt als im Landkreis Cloppenburg. Dies betrifft insbesondere den Altersbereich zwischen 60 und 80 Jahren bei den Frauen. Dem gegenüber dominieren im Landkreis Cloppenburg die Jahrgänge zwischen 0 und 50 Jahren. Die geburtenstarken Jahrgänge, die inzwischen 30 bis 45 Jahre alt sind, haben sich infolge der sehr hohen Fertilität im Landkreis Cloppenburg nahezu reproduziert.

Die Bevölkerungsaufbauten der Stadt und des ehem. Landkreises Hannover[5] sind typisch für städtische und ländliche Regionen in Niedersachsen (Abb. 5). In der Stadt Hannover leben deutlich weniger Kinder und Jugendliche als in dem sie umgebenden ehem. Landkreis Hannover. Dagegen bietet die Stadt deutlich mehr Arbeits- und Ausbildungsplätze, was sich an dem abrupten Bevölkerungsanstieg ab ca. 18 Jahren bemerkbar macht. Im Alter zwischen 40 und 70 Jahren leben andererseits mehr Menschen im Landkreis Hannover infolge der Suburbanisierung. Im Altersbereich der Hochbetagten wohnen wiederum mehr Menschen in der Stadt Hannover.

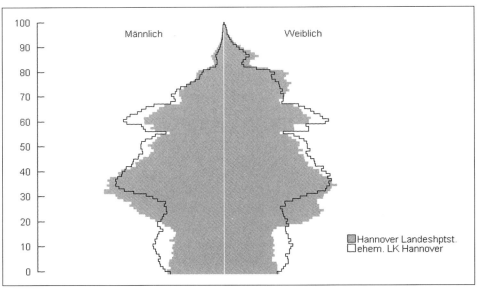

Abb. 5: Standardisierte Bevölkerungsaufbauten 2001 Stadt und ehem. Landkreis Hannover (Quelle: Ausgangsdaten NLS, Darstellung IES)

2.3 Einfluss der Bevölkerungsentwicklungskomponenten

In der Demographie gilt die sog. demographische Grundgleichung, die folgendes besagt:

---

[5] Zum 1. November 2001 wurden die kreisfreie Stadt Hannover und die Gemeinden im Landkreis Hannover zur Region Hannover zusammengefasst.

Bevölkerung   Bevölkerung am Jahresanfang
am   =   + Zuzüge − Fortzüge
Jahresende   + Geburten − Sterbefälle

Normalerweise wird diese Formel verwendet, um die Bevölkerungszahl zum Jahresende fortzuschreiben. Andererseits drückt sich in ihr auch der demographische Wandel aus, wenn Bevölkerung nicht als Bevölkerungszahl, sondern als Bevölkerungsstruktur aufgefasst wird. Die Bevölkerung verändert sich durch Wanderungen viel stärker als durch Geburten und Todesfälle, da jährlich auf 100 Einwohner ca. eine Geburt und ein Todesfall kommen, aber rund sieben Zu- bzw. Fortzüge.

Zu- und Abwandernde sind in Niedersachsen mit 31,2 Jahren deutlich jünger als die ansässige Bevölkerung (41,2 Jahre). Ähnliche Werte gelten auch für die Regionen. Bei einem positiven Wanderungssaldo und gleichem Zu- und Fortzugsalter verjüngt sich die Bevölkerung. Aber auch ein negativer Wanderungssaldo kann bei einem deutlich niedrigeren Zuzugsalter gegenüber dem Fortzugsalter zu einer Verjüngung führen.

Die Wanderungsstruktur der Stadt Hannover ist typisch für städtische Regionen mit vielen Ausbildungs- und Arbeitsplätzen in Niedersachsen (Abb. 6). Die Fortzüge (schwarze Linie) übersteigen im Bereich der Kinder und Jugendlichen bis etwa 15 Jahre die Zuzüge (graue Fläche). Im Alter von 18 bis 30 Jahren überwiegen die

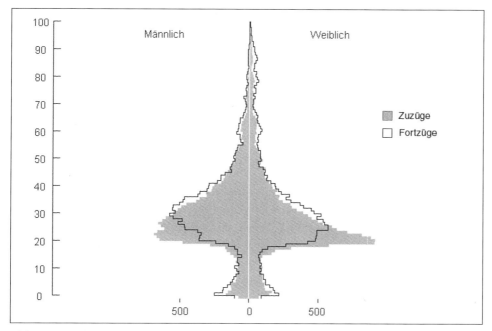

Abb. 6: Wanderungsstruktur 2001 Stadt Hannover
(Quelle: Ausgangsdaten NLS, Darstellung IES)

Zuzüge, wobei junge Frauen früher und deutlich stärker in die Stadt Hannover zuwandern als gleichaltrige Männer.

Bei der Bevölkerung im Alter von 30 bis 45 Jahren verzeichnet die Stadt Hannover ein hohes Wanderungsdefizit. Dies ist einerseits darin begründet, dass viele gutausgebildete Arbeitskräfte bzw. (Fach-)Hochschulabsolventen in Hannover keine adäquate Stellung finden. Auf der anderen Seite mag es auch daran liegen, dass keine passenden Wohnungen innerhalb der Stadt Hannover verfügbar sind und dass aus Wohngründen die Stadt Hannover zugunsten des Umlands verlassen wird. In der Bevölkerungsgruppe im Alter von 45 Jahren und höher hat die Stadt Hannover einen relativ ausgeglichenen Wanderungssaldo bis hin zu leichten Wanderungsdefiziten – insbesondere bei den hochbetagten Frauen.

Das Durchschnittsalter der Einwohner der Stadt Hannover betrug 2001 42,3 Jahre. Bei den Zuziehenden lag das Durchschnittsalter bei 30,1 Jahren und bei den Fortziehenden bei 32,8 Jahren. Da die in die Stadt Hannover Zuwandernden deutlich jünger waren, als diejenigen, die die Stadt Hannover verlassen haben – der Altersunterschied betrug 2,7 Jahre – verjüngte sich die Bevölkerung der Stadt Hannover im Jahr 2001 durch Wanderungen um 0,2 Altersjahre. Dieser Effekt tritt – wenn auch nicht

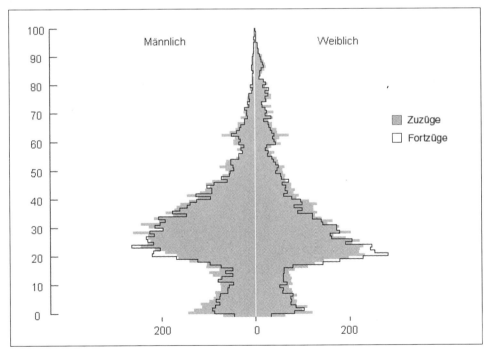

Abb. 7: Wanderungsstruktur 2001 Landkreis Osnabrück
(Quelle: Ausgangsdaten NLS, Darstellung IES)

so stark wie in der Stadt Hannover – in allen kreisfreien Städten und in der Mehrzahl der Kreisstädte Niedersachsens auf. Im Gegensatz dazu wandern in die Landkreise Menschen mit höherem Durchschnittsalter als diejenigen, die die Landkreise verlassen.

Der Landkreis Osnabrück in Westniedersachsen stellt einen typischen Landkreis im ländlichen Raum Niedersachsens am Rande einer Kernstadt dar (Abb. 7). Im Landkreis Osnabrück besteht in nahezu allen Altersjahren ein Zuzugsüberschuss. Nur im Alter zwischen 20 und 25 Jahren überwiegen die Fortzüge gegenüber den Zuzügen.

Im Gegensatz zur Wanderungsstruktur der Stadt Hannover sind die Zuziehenden durchschnittlich 0,6 Jahre älter als diejenigen, die den Landkreis Osnabrück verlassen. Die Altersdifferenz ist allerdings zu gering, um das Durchschnittsalter der Gesamtbevölkerung zu verändern.

2.4 Die Alterung in den Städten und ländlichen Regionen Niedersachsens

Anhand der Klassifikation „Stadtregionen"[6], die das Bundesamt für Bauwesen und Raumordnung (BBR) zur Verfügung stellt, wird die unterschiedliche Alterung der Bevölkerung in den Städten und im ländlichen Raum Niedersachsens dargestellt.

Durch die extrem hohe Zuwanderung – insbesondere jüngerer Menschen – stieg das Durchschnittsalter in Niedersachsen zwischen 1987 und 2000 nur um knapp zwei Jahre von 39,1 auf 40,9 Jahre. In den Kernstädten, die 1987 das höchste Durchschnittsalter auswiesen, fiel der Anstieg (1,4 Jahre) deutlich niedriger aus. Dies steht auch im Zusammenhang mit den Unterschieden im Zuzugs- und Fortzugsalter (s. Kap. 2.3). Die Kommunen im hochverdichteten Umland verzeichneten den stärksten Anstieg (2,8 Jahre). In den übrigen Regionen verlief der Anstieg ähnlich wie im Landesdurchschnitt. Insgesamt haben sich die Unterschiede im Durchschnittsalter der verschiedenen Regionen in Niedersachsen zwischen 1987 und 2000 deutlich verringert.

---

[6] Das BBR weist jeder Kommune Deutschlands innerhalb der „Stadtregionen" eine Klassifikation zu. Die Klassifikationen unterscheiden sich hinsichtlich Einwohnerzahl, Arbeitsplatzzentralität und Pendlerverhalten. Die erste Klasse enthält Kernstädte mit mindestens 80 000 Einwohnern. Die nächste Klasse – die hochverdichteten Umlandgemeinden – besteht aus Kommunen, die in unmittelbarer Nähe der Kernstadt liegen, einen Einpendlerüberschuss ausweisen und bzgl. ihrer Auspendler eng mit der Kernstadt verbunden sind. Gemeinsam mit der Kernstadt bilden die hochverdichteten Umlandgemeinden das Kerngebiet der Stadtregion. Die nächste Kategorie – der innere Einzugsbereich – wird von den Kommunen gebildet, deren Auspendler zumindest zu 50 % in das Kerngebiet der Stadtregion pendeln. Im äußeren Einzugsbereich liegen die Kommunen, deren Auspendler zumindest zu 25 % in die Kernregion pendeln. Alle übrigen Kommunen werden hier als dem ländlichen Raum angehörig betrachtet.

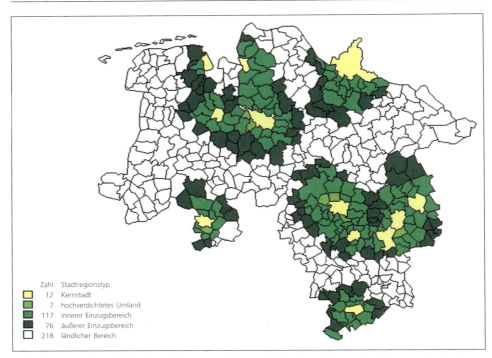

Abb. 8: Klassifikation nach Stadtregionen im Land Niedersachsen, der Hansestadt Hamburg und im Land Bremen
(Quelle: BBR, Darstellung IES)

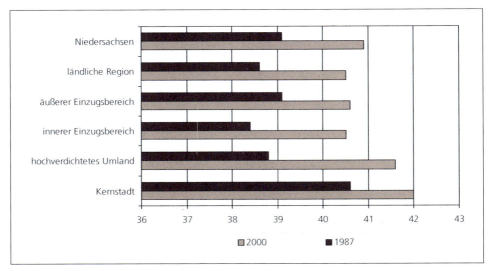

Abb. 9: Durchschnittsalter der Bevölkerung auf der Ebene der Stadtregionen 1987 und 2000 in Niedersachsen
(Quelle: Ausgangsdaten NLS, Berechnungen IES)

2.5 Entwicklung der Privathaushalte

Die durchschnittlichen Haushaltsgrößen in Niedersachsen sind in den letzten Jahren kontinuierlich gesunken. Dabei unterscheidet sich die Entwicklung in Niedersachsen nur unwesentlich von der des früheren Bundesgebiets.

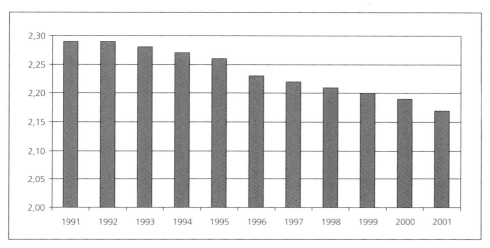

Abb. 10: Entwicklung der durchschnittlichen Haushaltsgröße 1991-2001 in Niedersachsen (Quelle: Ausgangsdaten Mikrozensen NLS, Berechnung IES)

Die Verkleinerung der Haushalte in Niedersachsen vollzog sich über nahezu alle Altersgruppen hinweg, wobei neben der Altersgruppe der unter 20-Jährigen die Altersgruppe der Senioren über 65 Jahren am geringsten betroffen war. Die stärkste Verkleinerung der durchschnittlichen Haushaltsgröße erfolgte im Alter zwischen 30 und 40 Jahren. Die Verkleinerung der durchschnittlichen Haushaltsgröße hängt unmittelbar mit verschiedenen gesellschaftlichen Werteveränderungen zusammen. Dazu gehören u. a.:

- erhöhte Scheidungsraten,
- geringere Zahl von Eheschließungen und
- steigender Anteil kinderloser Frauen.

Das Niedersächsische Landesamt für Statistik (NLS) stellt außerhalb von Volkszählungen[7] keine Werte der Privathaushalte auf kommunaler Ebene zur Verfügung. Deshalb greift das Institut für Entwicklungsforschung und Strukturplanung (IES) auf Zahlen der Gesellschaft für Konsumforschung (GfK) für das Jahr 2000 zurück. Aus diesen beiden Quellen gemeinsam lässt sich die Entwicklung der Haushaltszahlen und -größen für 1987 und 2000 ermitteln. Die unterschiedlichen Entwicklungen

---

[7] Die letzte Volkszählung fand 1987 in den alten Bundesländern statt.

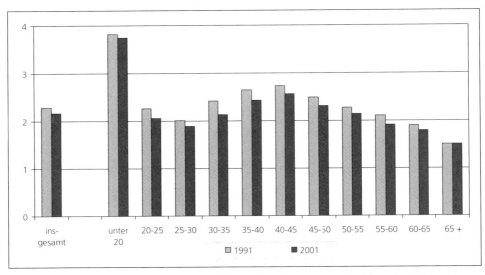

Abb. 11: Durchschnittliche Haushaltsgrößen nach Altersgruppen 1991 und 2001 Land Niedersachsen
(Quelle: Ausgangsdaten Mikrozensen NLS, Berechnung IES)

zwischen Städten und ländlichen Regionen für 1987 und 2000 hinsichtlich Bevölkerung, Haushalten und Haushaltsgrößen werden in der Abbildung 12 anhand der Klassifikation „Stadtregionen" des BBR dargestellt.

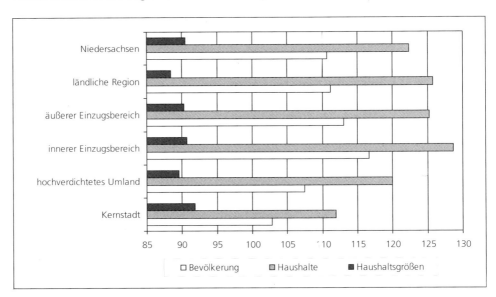

Abb. 12: Entwicklung der Bevölkerung, Privathaushalte und Haushaltsgrößen auf der Ebene der Stadtregionen 1987-2000 in Niedersachsen (Indexdarstellung 1987 = 100)
(Quelle: Ausgangsdaten NLS, GfK; Berechnungen IES)

Auf der Ebene der Stadtregionen wurden für die zugehörigen Kommunen die Bevölkerungs- und Haushaltszahlen jeweils 1987 und 2000 summiert. Daraus lassen sich für beide Jahre und alle Stadtregionstypen die Haushaltsgrößen und die Entwicklungen hinsichtlich Bevölkerungs-, Haushaltszahlen und Haushaltsgrößen ermitteln.

Zwischen 1987 und 2000 hat sich im Land Niedersachsen die Bevölkerungszahl um etwas über 10 % und wegen der anhaltenden Haushaltsverkleinerung die Zahl der Privathaushalte sogar um mehr als 22 % erhöht. Während in den Kernstädten die Bevölkerungs- und Haushaltszahlen am geringsten wuchsen, konnten sie in den inneren Einzugsbereichen die höchsten Anstiege verzeichnen.

Die durchschnittlichen Haushaltsgrößen sind überall beträchtlich gesunken. Es ist naheliegend, dass in den ländlichen Regionen, die 1987 die mit Abstand höchsten Haushaltsgrößen auswiesen, die Verkleinerung am deutlichsten ausfiel, während in den Kernstädten – mit den im Jahr 1987 geringsten Haushaltsgrößen – die Reduzierung vergleichsweise geringer war.

3   Der demographische Wandel in der Zukunft

Die stetige Verkleinerung der privaten Haushalte wird auch in Zukunft weiter fortschreiten. Es ist anzunehmen, dass die Altersbereiche, die in der Vergangenheit davon am meisten betroffen waren, auch zukünftig stärker zurückgehen werden.

In der Vergangenheit ist die Lebenserwartung kontinuierlich gestiegen. In den alten Bundesländern betrug der durchschnittliche jährliche Anstieg in der letzten Dekade 0,25 Altersjahre bei den Männern und 0,20 Altersjahre bei den Frauen. Dabei waren die Steigerungsraten zu Beginn der letzten Dekade sogar geringer als an ihrem Schluss. Ein Ende dieser Entwicklung lässt sich somit noch nicht absehen. Insofern muss bei realistischen Bevölkerungsprognosen auch in den Prognosejahren die Lebenserwartung kontinuierlich gesteigert werden. Insbesondere wenn die geburtenstarken Jahrgänge zukünftig in das Seniorenalter hineinwachsen, wird die Zahl älterer Menschen kräftig ansteigen.

Die Bevölkerungsprognose für das Land Niedersachsen lässt bis 2015 einen leichten Anstieg der Bevölkerungszahl insgesamt erwarten (Abb. 13). Die geburtenstarken Jahrgänge, die in ihrer Spitze 2001 ein Lebensalter von ca. 35 Jahren erreicht haben, werden im Jahr 2015 etwa 50 Jahre alt sein. Die 2001er Bevölkerung im Alter zwischen 55 und 70 Jahren wird bis 2015 bei den Frauen deutlich und bei den Männern (wegen der höheren Sterbewahrscheinlichkeiten) noch stärker abnehmen. Bis 2015 werden wegen der gesteigerten Lebenserwartung in allen Altersjahrgängen über 70 erhebliche Zuwächse gegenüber 2001 erwartet. Das Durchschnittsalter wird im Prognosezeitraum voraussichtlich um drei Jahre ansteigen.

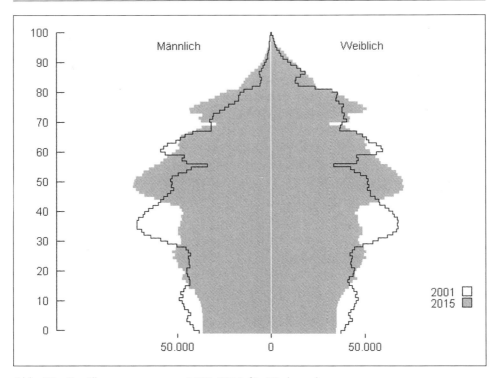

Abb. 13: Bevölkerungsprognose 2001-2015 für Niedersachsen
(Quelle: Ausgangsdaten NLS, Berechnungen IES)

Die im Kapitel 2.3 beschriebenen Wanderungsstrukturen in der Stadt Hannover und im Landkreis Osnabrück zeigten sich nicht erst im Jahr 2001, sondern bereits in den Jahren davor. Wenn man davon ausgeht, dass diese Wanderungsmuster auch zukünftig auftreten werden, wird dies erheblichen Einfluss auf die zukünftige Bevölkerungsstruktur haben.

In der Stadt Hannover wird der extrem hohe Zuzug von jungen Erwachsenen im Alter von 18 bis 25 Jahren bei gleichzeitig starker Abwanderung der Bevölkerung von 30 und älter (Abb. 6) zu einer Ausprägung von zwei Bevölkerungsgipfeln führen. Diese Entwicklung zeichnet sich – insbesondere bei den Frauen – bereits 2001 ab. Im Bereich der 20- bis 35-jährigen Männer und Frauen wird es zu einem permanenten „Ausbildungs- und Berufsstartergipfel" kommen, und andererseits werden sich die geburtenstarken Jahrgänge kontinuierlich weiter nach oben schieben.

Im Gegensatz zu der Prognose für das Land Niedersachsen, bei der insbesondere die Zahl der Hochbetagten zunehmen wird, ist bei der Stadt Hannover in diesem Altersbereich wegen der Abwanderung (Abb. 6) eher mit einer Abnahme zu rechnen.

Demographischer Wandel in den Städten und im ländlichen Raum

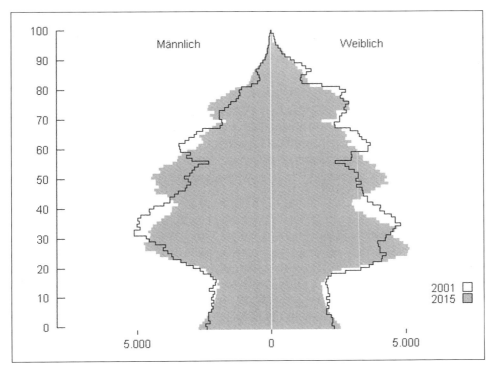

Abb. 14: Bevölkerungsprognose 2001-2015 der Stadt Hannover
(Quelle: Ausgangsdaten NLS, Berechnungen IES)

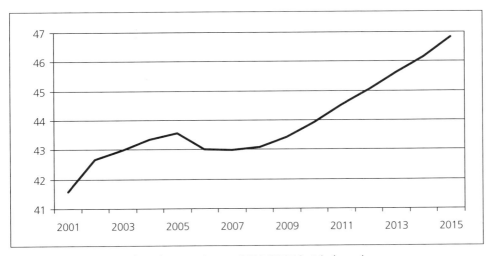

Abb. 15: Entwicklung des Altenquotienten 2001-2015 in Niedersachsen
(Quelle: Ausgangsdaten NLS, Berechnungen IES)

Der bei den Berechnungen für die Finanzierung in den sozialen Sicherungssystemen – insbesondere in der Renten- und Pflegeversicherung – verwendete Altenquotient[8] wird in Niedersachsen zwischen 2001 und 2015 von knapp 42 % auf nahezu 47 % ansteigen.

Der Altenquotient wird dabei in den nächsten Jahren zunächst kräftig ansteigen. Um das Jahr 2005 wird er allerdings kurzfristig sinken und bis 2008 stagnieren, da in diesem Zeitraum die Bevölkerung, die 2001 im Altersbereich zwischen 55 und 70 Jahren lag, durch Sterbefälle erheblich dezimiert wird (s. Abb. 13). Ab 2009 wird der Altenquotient wieder steigen. Modellrechnungen, die über das Jahr 2015 hinausgehen, zeigen, dass sich der lineare Anstieg des Altenquotienten auch zukünftig weiter fortsetzen wird.

4 Zusammenfassung

Seit 1987 hat sich durch die hohe Zuwanderung insbesondere zwischen den Jahren 1989 und 1995 die Bevölkerungszahl in Niedersachsen um über 11 % erhöht. Am meisten profitierten davon die ländlichen Regionen und Kommunen im weiteren Einzugsbereich der Kernstädte. Geringere Bevölkerungszuwächse erzielten dagegen die Kernstädte und ihre hochverdichteten Umlandgemeinden.

Wegen des deutlich niedrigeren Durchschnittsalters der Zugezogenen gegenüber der ansässigen Bevölkerung ist das Durchschnittsalter in Niedersachsen zwischen 1987 und 2000 nur um 1,8 Altersjahre angestiegen. Am stärksten alterte die Bevölkerung in den hochverdichteten Umlandkommunen. Dagegen verzeichneten die Kernstädte die geringste Alterung.

In den letzten Jahren verringerte sich die durchschnittliche Haushaltsgröße kontinuierlich. Besonders stark betroffen waren dabei die Haushalte im Altersbereich zwischen 30 und 40 Jahren. Die Größe der Seniorenhaushalte blieb konstant. In den ländlichen Regionen fiel die Verkleinerung der Haushalte am deutlichsten aus. Dagegen verkleinerten sich die Haushalte der Kernstädte am geringsten.

Ein ähnlicher politischer Umbruch wie vor gut 10 Jahren in Osteuropa ist zukünftig nicht zu erwarten. Insofern ist davon auszugehen, dass die Zuwanderungsraten – insbesondere jüngerer Menschen – nach Niedersachsen in Zukunft deutlich niedriger ausfallen werden. Deshalb wird die Bevölkerung stärker altern, als dies in der jüngeren Vergangenheit der Fall war. Da außerdem auch zukünftig mit einem weiteren Anstieg der Lebenserwartung zu rechnen ist, wird gerade die Zahl älterer Menschen überdurchschnittlich wachsen. So wird der demographische Wandel in Niedersachsen auch weiterhin voranschreiten.

---

[8] Der Altenquotient beschreibt das zahlenmäßige Verhältnis zwischen den Senioren und der Bevölkerung im erwerbsfähigen Alter. Er wird folgendermaßen berechnet: (Bevölkerung 61 Jahre und älter) / (Bevölkerung im Alter zwischen 20 und 60 Jahren) * 100.

Szenarien zur Wohnungsnachfrageentwicklung in ostdeutschen Kommunen und Regionen

Irene Iwanow

Die Wohnungsnachfrage in den ostdeutschen Städten und Regionen hat sich in der letzten Dekade des vergangenen Jahrhunderts sehr entscheidend verändert. Diese Veränderung führte in den meisten Kommunen bekannterweise zu einem Wohnungsleerstand, der mittelfristig eine Reihe von Wohnungsunternehmen in ihrer Existenz bedrohen könnte. Neben einem von der Wohnungsnachfrage abgekoppelten Wohnungsneubau war eine Fehleinschätzung der zukünftigen quantitativen Wohnungsnachfrage die Hauptursache dieser Entwicklung. Für eine stabile Wohnungsmarktentwicklung ist es deshalb wichtig, dass diese Fehlentwicklungen möglichst zügig abgewendet werden und die künftig zu erwartende Wohnungsnachfrageentwicklung realistisch eingeschätzt wird. Als bereits heute überschaubar gilt vor allem der demographische Wandel, der sich in den nächsten Jahrzehnten weiter verstärken wird. Eine sinkende Bevölkerungszahl ist in Ost- und Westdeutschland für die nächsten Jahrzehnte bereits unumkehrbar geworden (vgl. Birg; Flöthmann 2002), obwohl bei den Bevölkerungsprognosen bereits von einer weiteren Zuwanderung in Westdeutschland ausgegangen wurde.

Im Mittelpunkt dieses Beitrages stehen vor allem die Auswirkungen der zukünftigen demographischen Veränderungen auf die Wohnungsnachfrage. Eine Verschiebung der Altersstruktur der Bevölkerung zugunsten der älteren Bevölkerung ist nicht mehr aufzuhalten. Diese Änderung der Altersstruktur der Einwohner wird in den meisten ostdeutschen und westdeutschen Kommunen in einer ähnlichen Weise stattfinden. Darüber hinaus werden in Ostdeutschland die meisten Kommunen auch weiterhin Einwohner verlieren. Die Einwohnerverluste rühren einerseits daher, dass jährlich mehr Einwohner sterben als geboren werden und andererseits kommen in den ostdeutschen Kommunen erhebliche zusätzliche Bevölkerungsverluste durch Migration infolge der anhaltend hohen Arbeitslosigkeit und der schlechten wirtschaftlichen Lage der Unternehmen hinzu. In den westdeutschen Kommunen treten Wanderungsverluste regional stark differenziert auf. Diese betreffen vor allem die Kernstädte gegenüber ihren Umlandgemeinden (vgl. Ismaier 2002, S. 19). Aber auch hier wird die sinkende Zahl junger Menschen in den meisten Kernstädten zu sinkenden Wanderungsgewinnen der Umlandgemeinden führen.

1 Zusammenhang Demographie und Wohnungsnachfrage

Veränderungen der Einwohnerzahl und ihrer Struktur führen zwangsläufig auch zu einer veränderten quantitativen und qualitativen Wohnungsnachfrage sowie zu veränderten Nachfragerstrukturen beziehungsweise Nachfragergruppen. Erfahrungen aus der demographischen Entwicklung westdeutscher Städte zeigen, dass diese schon über Jahre Bevölkerungsverluste hinnehmen mussten und trotzdem in der Vergangenheit die Zahl der Haushalte und damit der Nachfrager weiter anstieg. Der Hintergrund dieser Entwicklung lag in den kleiner werdenden Haushalten. Einerseits nahm die Zahl der Kinder pro Familie ab und andererseits änderte sich das Haushaltsbildungsverhalten.

In vielen ostdeutschen Kommunen kann jedoch trotz eines ähnlichen Verhaltens der Einwohner nicht mehr mit einer steigenden Anzahl an Privathaushalten gerechnet werden, da die Bevölkerungsverluste oft so stark sind, dass eine weitere Haushaltsverkleinerung nicht zu einer steigenden Anzahl nachfragender Haushalte führen wird. Zusätzlich zur veränderten Anzahl der nachfragenden Haushalte kommt noch eine Veränderung der Nachfragergruppen aufgrund der Veränderung der Altersstruktur der Einwohner hinzu. Auch hier gibt es zwischen den einzelnen Kommunen teilweise große Unterschiede. Meist kommt es zu einer steigenden Anzahl älterer Haushalte, die fast ausschließlich als Ein- oder Zwei-Personen-Haushalte leben, und zu einer Verringerung der Anzahl jüngerer Ein- und Zwei-Personen-Haushalte sowie der Anzahl der klassischen Familienhaushalte. Das führt in der Regel zu einer sinkenden Anzahl nachfragender Haushalte insgesamt.[1]

Verschiedene Alters- und Haushaltsgruppen weisen unterschiedliche Nachfrageverhaltensweisen auf. So ergibt sich schon allein aus dem altersstrukturellen Effekt der Einwohnerentwicklung ein verändertes Nachfrageverhalten. Dazu kommt noch, dass sich unterschiedliche Nachfragergruppen hinsichtlich ihrer Wohnwünsche unterscheiden. So haben jüngere Haushalte andere finanzielle Möglichkeiten und Wohnwünsche als ältere Haushalte. Ebenso unterscheiden sich die Wohnansprüche kleinerer Haushalte von denen der Familienhaushalte.

In Nachfrageprognosen lassen sich nicht sämtliche die Nachfrage beeinflussenden Faktoren nachbilden. Daher ist eine Beschränkung auf die wesentlichen Determinanten notwendig. Diese müssen allerdings in ihren komplexen Abhängigkeiten berücksichtigt werden. Ein wichtiger zu beachtender Einfluss auf die Nachfrageentwicklung besteht darin, dass verschiedene altersspezifische Nachfragergruppen auch unter-

---

[1] Diese Haushalte werden jedoch nicht nur Nachfragewünsche haben, die sich auf den Wohnungsbestand konzentrieren, sondern es werden auch Wohnwünsche entstehen, die mit den vorhandenen Wohnungen im Bestand nicht zu decken sind. Deshalb ist trotz einer quantitativ rückläufigen Wohnungsnachfrage mit Wohnungsneubau zu rechnen.

schiedliche Wohnungs- und Gebäudetypen bei ihrer Wahl bevorzugen. Auch der Wunsch, Eigentum zu bilden, ist altersabhängig.

2 Methodik der Szenarien der Wohnungsnachfrageentwicklung

Wohnungsnachfrageentwicklungen für eine Kommune lassen sich schon in der gegenwärtigen Situation relativ schwer beschreiben. Dazu tragen die Heterogenität des Gutes Wohnung und die Unübersichtlichkeit des Wohnungsmarktes wesentlich bei. Die Anforderungen an prognostische Aussagen zu Wohnungsnachfrageentwicklungen sollten deshalb nicht zu hoch gestellt werden, denn Angaben zur zukünftigen Entwicklung können nicht genauer als Beschreibungen zur gegenwärtigen oder vergangenen Nachfragesituation sein. Insbesondere auf kommunaler Ebene fehlen meist schon einfache Informationen, wie zum Beispiel die zur Anzahl der Haushalte in der Kommune. Dazu kommt, dass sich in den ostdeutschen Regionen noch keine stabilen Nachfragetrends herausgebildet haben und eine Fortschreibung vorhandener Trends nicht sinnvoll erscheint. Deshalb ist es hilfreich, Nachfrageprognosen in Form von Szenarien zu erstellen. Hierfür fehlen bislang jedoch allgemeingültige Modelle. Für die in den folgenden Kapiteln vorgestellten Szenarien zur Nachfrageentwicklung wurden daher im Institut für ökologische Raumentwicklung e. V. eigene Modelle entwickelt, die auf Trendfortschreibungen verzichten und mithilfe stochastischer Ansätze die Nachfrageentwicklung modellieren.

Bei Wohnungsnachfrageprognosen ist es üblich, die Nachfrage in einem erweiterten Sinne zu verstehen. Jeder Haushalt wird dabei als potenzieller Wohnungsnachfrager angesehen. Haushalte, die in ihrer Wohnung weiterhin wohnen bleiben, sind in diesem Sinne Nachfrager ihrer jetzigen Wohnung. So lassen sich Wohnungsnachfrageprognosen über die folgenden drei Prognosebausteine bearbeiten:

1. Prognose der Bevölkerungsentwicklung,
2. Prognose der Haushaltsentwicklung,
3. Prognose der Nachfrageentwicklung.

Diese Gliederung liegt auch den im Folgenden vorgestellten Szenarien zur Nachfrageentwicklung zugrunde. Hier handelt es sich um Szenarien zur kommunalen Wohnungsnachfrageentwicklung und um Szenarien zur Wohnflächennachfrageentwicklung für ostdeutsche Raumordnungsregionen. Das vorrangige Ziel der kommunalen Nachfrageprognose war es, eine Methode zu erarbeiten, mit deren Hilfe Kommunen ihre Nachfrageentwicklungen selbst prognostizieren können. Die Nachfrageprognose zu den ostdeutschen Raumordnungsregionen zielte auf einen Vergleich der Regionen untereinander und stellte die Wohnfläche in den Vordergrund der Prognose.

Die von Iwanow und Eichhorn (2002, S. 25-32) erarbeitete Methode „Kommunale Wohnungsnachfrageprognose" ist so konzipiert, dass mit möglichst wenigen Informationen zur Bevölkerungs- und Haushaltsentwicklung Szenarien zur Wohnungsnachfrageentwicklung erstellt werden können. Dazu wurde ein Rechenprogramm „Kommunale Wohnungsnachfrageprognose"[2] entwickelt. Die Bevölkerungsbewegungen sind im Allgemeinen in den Kommunen im Melderegister ausgezeichnet dokumentiert. Neben den Informationen zur Bevölkerungsentwicklung können aus dem Melderegister mithilfe einer speziellen Software[3] Informationen zu den in der Kommune lebenden Haushalten gewonnen werden. Für die Nachfrageprognose ist eine Differenzierung der Nachfrage nach Bebauungsstrukturtypen[4] vorgesehen. Infolge der Registrierung der Adresse der Einwohner im Melderegister wird eine Zuordnung der Haushalte zu den Wohngebieten, in denen die Einwohner leben, möglich. Damit stehen zugleich auch wichtige Informationen zum Wohngebiet zur Verfügung und eine Zuordnung des Wohngebietes zu einem Bebauungsstrukturtyp wird möglich.

Ziel der „Kommunalen Wohnungsnachfrageprognose" ist es, Aussagen darüber zu gewinnen, wie viele Wohnungen welcher Bebauungsstrukturtypen zukünftig durch welche Haushaltstypen nachgefragt werden. Dafür muss zunächst eine Typisierung der statistischen Einheiten einer Kommune nach Bebauungsstrukturen geleistet werden, mit der die typischen Nachfrageentwicklungen abgebildet werden können. Die Anzahl der zu betrachtenden Bebauungsstrukturtypen ist von der Größe der Kommune, für die die Nachfrageprognose erstellt werden soll, abhängig. Zumindest sollte aufgrund grundsätzlich unterschiedlicher Nachfragetendenzen insbesondere zwischen der Ein- und Zwei-Familienhausbebauung und der Mehrfamilienhausbebauung unterschieden werden. Für letztere sind je nach der Einwohnerzahl der Kommune bis zu sechs weitere Differenzierungen möglich. Ein Beispiel von kommunalen Szenarien zur Nachfrageentwicklung in einer Differenzierung nach vier Strukturtypen der Bebauung wird in Kapitel 3 für die Stadt Bautzen vorgestellt und erläutert.

Szenarien zur Nachfrageentwicklung auf der Ebene von Raumordnungsregionen müssen infolge des anderen räumlichen Horizontes als bei kommunalen Nachfrageprognosen neu konzipiert werden. Nachfrageprognosen für Raumordnungsregionen bauen ebenso auf den drei Prognosebausteinen Bevölkerungsentwicklung, Haushaltsentwicklung und Nachfrageentwicklung auf. Diese regionale Wohnflächennachfrageprognose von Iwanow und Schmidt (2001, S. 19) differenziert nach den beiden Gebäudetypen Ein- und Zweifamilienhäuser und Mehrfamilienhäuser. In einer Raumordnungsregion, in der meist vier bis fünf Kreise zusammengefasst sind, lassen sich

---

[2] Das Rechenprogramm „Kommunale Wohnungsnachfrageprognose" steht im Internet allen Interessenten zur interaktiven Nutzung zur Verfügung (www.ioer.de/wohnprog.htm).

[3] Die Haushaltsgenerierung ist direkt aus dem Einwohnermelderegister möglich. Dazu steht über den KOSIS-Verbund (www.kosis.de) die Software HHGEN zur Verfügung.

[4] Unter Bebauungsstrukturtypen werden Wohngebiete verstanden, deren Bebauung überwiegend durch einen Gebäudetyp (Baualter und Anzahl der Wohnungen) geprägt sind.

keine prognostische Aussagen nach Bebauungsstrukturtypen treffen, denn eine nicht zu deckende Wohnungsnachfrage in einer Kommune in einem bestimmten Strukturtyp kann nicht durch einen Angebotsüberhang in einer anderen Kommune gedeckt werden. Vielmehr wird der Nachfrager auf Angebote in einem anderen Strukturtyp in seiner Kommune ausweichen.

Die Wohnflächennachfrage für Raumordnungsregionen wird aus dem Produkt der quantitativen Veränderungen der Anzahl nachfragender Haushalte, für die insbesondere die Differenzierung nach der Haushaltsgröße interessant ist, und einem veränderten Wohnflächenkonsum ermittelt. Der Modellkern für Prognosen zur Wohnflächennachfrageentwicklung bezieht die multiplen Abhängigkeiten der Wohnfläche von der Haushaltsgröße, der Wohnrechtsform und dem Haushaltsnettoeinkommen explizit ein (vgl. Iwanow, Schmidt 2001, S. 18). Komplexe Regionalfaktoren, welche die Entwicklung der sozioökonomischen Bedingungen der einzelnen Regionen beschreiben, unterstützen die Modellierung der regionalen Spezifik der Einkommensdynamik sowie der Eigentumsbildung. Auf dieser Basis lassen sich die Prognosen der zukünftigen Wohnflächennachfrage sowohl nach Miet- und Eigentümerwohnflächen beziehungsweise nach Wohnflächen in Ein- und Zweifamilienhäusern und Mehrfamilienhäusern differenzieren.

3 Kommunale Szenarien zur Wohnungsnachfrageentwicklung am Beispiel der Stadt Bautzen

Die Wohnungsnachfrage in der Stadt Bautzen wird durch eine Reihe von Besonderheiten geprägt. So zum Beispiel durch den hohen Anteil an Altbauwohnungen. Dem gegenüber sind die hohen Bevölkerungsverluste der Stadt in der vergangenen Dekade keine Besonderheit von Bautzen, sondern in vielen ostdeutschen Städten anzutreffen. Die Nachfrageprognose für die Stadt Bautzen ist das Ergebnis einer Zusammenarbeit zwischen dem Institut für ökologische Raumentwicklung e. V. und der Stadtverwaltung Bautzen. Andere Städte haben im Rahmen des Wettbewerbs „Stadtumbau Ost" eigene Szenarien zur Wohnungsnachfrageentwicklung mithilfe der in Kapitel 2 beschriebenen Methode erstellt[5].

3.1 Bevölkerungsentwicklung und Migration

Die Stadt Bautzen ist eine im Südosten der Bundesrepublik gelegene Mittelstadt im Freistaat Sachsen mit derzeit rund 43 000 Einwohnern. Der Bevölkerungsverlust von Bautzen betrug im Zeitraum 1990 bis 2000 rund 9 000 Einwohner, wodurch die

---

[5] Derzeit ist für 75 Kommunen bekannt, dass sie ihre Szenarien zur Nachfrageentwicklung mithilfe des Rechenprogramms „Kommunale Wohnungsnachfrageprognose" erstellt haben. Drei Kommunen von diesen waren unter den Gewinnern des Wettbewerbs „Stadtumbau Ost".

Bevölkerung in diesem Zeitraum um mehr als 17 % gesunken ist. Die Bevölkerungsverluste im Umland von Bautzen können demgegenüber mit 1,3 % als gering eingeschätzt werden. Das Wanderungssaldo der Stadt Bautzen wird seit vielen Jahren durch ein negatives Vorzeichen geprägt. Die Wanderungsverluste liegen heute noch immer in einer Größenordnung von rund 600 Einwohnern pro Jahr. Dabei zeigt sich eine veränderte Differenzierung der Wanderungsverluste bezüglich der Nahwanderungen, verstanden als Wanderungen in das Umland von Bautzen, und der Fernwanderungen, unter denen alle Wanderungen zusammengefasst werden, die über die Umlandgemeinden hinaus gehen (Tab. 1). Während noch Mitte der 1990er Jahre die Wanderungsverluste zwischen Nah- und Fernwanderungen in der gleichen Größenordnung lagen, zeigt sich gegenwärtig, dass die Fernwanderungen seit dem Jahr 2000 wieder deutlich zugenommen haben und die Stadt Bautzen gegenüber den Umlandgemeinden nun eine ausgeglichene Wanderungsbilanz aufweist.

Tab. 1: *Wanderungssalden der Stadt Bautzen 1996 bis 2001*
(Quelle: Stadtverwaltung Bautzen, eigene Berechnungen)

Wanderungen zwischen der Stadt Bautzen und ...	Wanderungssalden						
	1996	1997	1998	1999	2000	2001	1996 bis 2001 insgesamt
	Einwohner						
... den Gemeinden insgesamt	-771	-869	-741	-570	-640	-595	-4 186
davon: Nahwanderungen	-325	-473	-342	-258	-39	+53	-1 384
Fernwanderungen	-446	-396	-399	-312	-601	-648	-2 802

Für die zukünftige Bevölkerungsentwicklung bis zum Jahr 2015 wurden zwei Szenarien erstellt. In einem „Leitbildszenario" setzte die Stadt die Wanderungsannahmen selbst. Sie ging davon aus, dass die Wanderungsverluste von Bautzen aufgrund einer positiven Entwicklung der Stadt weiter abnehmen werden und bis gegen Ende des ersten Jahrzehnts des 21. Jahrhunderts für die Stadt ein ausgeglichenes Wanderungssaldo besteht. Nach 2010 rechnet Bautzen mit einem positiven Wanderungssaldo infolge der EU-Osterweiterung. Die Ergebnisse dieses Bevölkerungsszenarios führen bis 2015 zu einem Bevölkerungsrückgang von rund 8,9 %. Das entspricht trotz positiver Dynamik bei den Migrationen einem Bevölkerungsverlust von rund 3 600 Einwohnern. Während die Einwohnerzahl der 45-jährigen und älteren Einwohner etwa konstant bleibt, würde sich die Zahl der unter 45-Jährigen deutlich verringern (Abb. 1).

Einem zweiten Bevölkerungsszenario, dem „Status-Quo-Szenario", liegt die Annahme zugrunde, dass sich die gegenwärtigen Wanderungsverluste weiterhin fortsetzen werden. Dabei werden diese entsprechend der rückgängigen Bevölkerung leicht degressiv angenommen. Im Ergebnis dieses Szenarios zeigt sich ein dramatischer Bevölkerungsverlust von 28,4 % innerhalb von 15 Jahren. Damit würde die Zahl der Einwohner in Privathaushalten von rund 42 700 in 2000 auf ca. 30 500 Einwohnern in 2015 sinken (Abb. 1). In diesem Szenario ist auch die ältere Bevölkerung von Bevölkerungsverlusten betroffen. In einem Vergleich zwischen der negativen Bevölkerungsdynamik im „Status-Quo-Szenario" mit der Bevölkerungsdynamik im Zeitraum 1990 bis 2000 zeigt sich, dass die prognostizierten Bevölkerungsverluste noch unter der Dynamik der Bevölkerungsverluste der Vergangenheit und damit durchaus in einem realistischen Bereich liegen dürften.

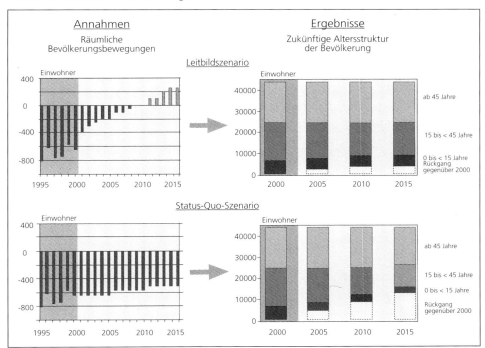

Abb. 1: Szenarien zur Bevölkerungsentwicklung in Bautzen bis 2015
(Quelle: Eigene Darstellung; Daten: Stadtverwaltung Bautzen, eigene Berechnungen)

3.2 Haushaltsentwicklung

Die Bevölkerungsverluste in beiden Szenarien sind so groß, dass es auch zu einer sinkenden Haushaltszahl kommen wird. Dieses Ergebnis überrascht zunächst, da es bisher in den meisten westdeutschen Kommunen, auch jenen mit deutlichen Bevölkerungsverlusten noch immer zu einer steigenden Anzahl der nachfragenden Haushalte gekommen ist (BBR 2001). In beiden Szenarien zur Bevölkerungsentwicklung in Bautzen wird die quantitative Wohnungsnachfrage weiter zurückgehen. Die Anzahl der Haushalte sinkt im „Leitbildszenario" um 4,3 % und im „Status-Quo-Szenario" um 25,2 %. In beiden Szenarien können dennoch gleiche Grundtendenzen der Haushaltsveränderungen ermittelt werden. Die Zahl der jüngeren Ein- und Zwei-Personen-Haushalte (alle erwachsenen Haushaltsmitglieder sind jünger als 45 Jahre) und die Zahl der Haushalte mit drei und mehr Personen nehmen deutlich ab, jedoch mit unterschiedlicher Ausprägung in beiden Szenarien. Die Zahl der älteren Ein- und Zwei-Personen-Haushalte (mindestens ein Haushaltsmitglied ist älter als 45 Jahre) wird im „Leitbildszenario" leicht steigen (+2,6 %), während es im „Status-Quo-Szenario" auch in diesem Haushaltstyp eine rückläufige Anzahl von Haushalten geben wird (-12,8 %).

3.3 Bebauungsstrukturen und Wohnungsleerstand

Die einzelnen Haushaltstypen unterscheiden sich hinsichtlich ihres Nachfrageverhaltens meist deutlich. Das betrifft sowohl die Wohnungsgröße als auch die Qualität und Lage der Wohnung. Insgesamt kann davon ausgegangen werden, dass die Haushalte mit zunehmendem Lebensalter ihrem Wohnideal immer näher kommen. In einer Nachfrageprognose können nicht alle Wohnkriterien erfasst werden, wichtige Kriterien lassen sich jedoch anhand einer Gliederung der Wohnungen nach Bebauungsstrukturen abbilden. Für die Stadt Bautzen wurde die Wohnungsnachfrage nach vier Bebauungsstrukturen unterteilt, mit deren Hilfe wichtige Tendenzen auf den Wohnungsteilmärkten abgebildet werden können:

Ein- und Zweifamilienhausbebauung

Altbaugebiete

Zeilenbebauung bzw. kleines Plattenbaugebiet

Großes Plattenbaugebiet (Großwohnsiedlung)

Diese Unterteilung der Stadt nach Bebauungsstrukturen kann auf der Ebene der statistischen Bezirke erfolgen. Die durch Ein- und Zweifamilienhausbebauung geprägten Wohngebiete liegen eher am Stadtrand von Bautzen, während die restliche Stadt insbesondere durch Altbaugebiete geprägt wird. In diese Altbaugebiete integriert befinden sich zwei kleinere Wohngebiete, die durch Zeilenbebauung beziehungsweise ein kleines Plattenbaugebiet gekennzeichnet sind. Das große Plattenbaugebiet „Gesundbrunnen" liegt am Rande des Stadtkerns von Bautzen. Entsprechend der Dichte und Größe der einzelnen Wohngebiete leben in den einzelnen Strukturtypen unterschiedlich viele Haushalte. Fast die Hälfte aller Bautzner Haushalte lebt derzeit in Wohnungen, die in den Altbaugebieten liegen. Ein knappes Viertel der Haushalte wohnt im Plattenbaugebiet „Gesundbrunnen", das restliche Viertel verteilt sich auf die Ein- und Zweifamilienhausbebauung beziehungsweise das kleine Plattenbaugebiet und die Zeilenbebauung (Abb. 2). Bei den 3 150 leer stehenden Wohnungen in Bautzen im Jahr 2000, welche einer Leerstandsquote von rund 13 % des Bestandes entsprechen, entfallen rund 50 % der Leerstände auf die Altbaugebiete. Weitere 40 % der leer stehenden Wohnungen befinden sich in der Großwohnsiedlung. Damit stehen absolut zwar die meisten Wohnungen in den Altbaugebieten leer, der höchste prozentuale Anteil entfällt aber auf die Plattenbausiedlung (21 %).

Bebauungs-strukturtypen	Anzahl der im Bebauungsstrukturtyp wohnenden Haushalte im Jahr 2000	Anzahl leer stehender Wohnungen im Jahr 2000	Veränderungen der Wohnungsnachfrage bis 2015	
			Leitbildszenario	Status-Quo-Szenario
	2 678 Haushalte	70 Wohnungen	+ 1 127 nachfragende Haushalte	+ 307 nachfragende Haushalte
	9 995 Haushalte	1 570 Wohnungen	+ 151 nachfragende Haushalte	− 2 104 Haushalte
	3 331 Haushalte	240 Wohnungen	ohne Veränderung	− 693 Haushalte
	4 751 Haushalte	1 270 Wohnungen	− 2 160 Haushalte	− 2 728 Haushalte
	20 755 Haushalte	3 150 Wohnungen	− 917 Haushalte	− 5 218 Haushalte

Abb. 2: Nachfrageentwicklungen in Bautzen im Zeitraum 2000 bis 2015 (Datenquelle: Stadtverwaltung Bautzen, eigene Berechnungen)

3.4 Prognostizierte Nachfrageentwicklungen für Bautzen im „Leitbildszenario"

Die Nachfrage nach Wohnungen in *Ein- und Zweifamilienhäusern* wird bis 2015 kontinuierlich weiter steigen. Die Anzahl der Haushalte mit drei oder mehr Personen wird etwa konstant bleiben, während insbesondere die Ein- und Zwei-Personenhaushalte verstärkt in Ein- und Zweifamilienhäusern wohnen werden. Die Nachfrage in den *Altbaugebieten* wird bis 2010 auf dem heutigen Niveau bleiben und bis 2015 dann leicht ansteigen. Die Anzahl der nachfragenden älteren Ein- und Zwei-Personen-Haushalte wird zunehmen und die der jüngeren Ein- und Zwei-Personen-Haushalte abnehmen. Die Nachfrage in der *Zeilenbebauung* beziehungsweise dem *kleinen Plattenbaugebiet* bleibt in etwa konstant. Demgegenüber wird die Nachfrage in dem *großen Plattenbaugebiet* stark rückläufig sein. Bis 2015 ist bei einem unveränderten Angebot mit einem Leerstandszuwachs von 2 150 Wohnungen zu rechnen. Infolgedessen ist bis 2015 im Plattenbaugebiet mit einer Erhöhung der Leerstandsquote auf 72 % zu rechnen, sofern keine den Leerstand reduzierenden Maßnahmen durchgeführt werden (Abb. 2).

3.5 Prognostizierte Nachfrageentwicklungen für Bautzen im „Status-Quo-Szenario"

Das „Status-Quo-Szenario" geht, wie bereits erwähnt, von weiteren kontinuierlichen Wanderungsverlusten aus. Infolgedessen wird es zu anhaltenden Bevölkerungsrückgängen kommen, die durch die natürlichen Bevölkerungsentwicklungen noch verstärkt werden. Die Folge dieser Entwicklung ist, dass dann die quantitative Nachfrageentwicklung ebenfalls sinken wird. Die Nachfrage nach Wohnungen in *Ein- und Zweifamilienhäusern* liegt deutlich unter dem Niveau der Nachfragezuwächse im „Leitbildszenario" (Abb. 2). Im Gegensatz zum „Leitbildszenario" wird es im „Status-Quo-Szenario" hinsichtlich der Nachfrage nach Wohnungen in den *Altbaugebieten* zu deutlichen Nachfragerückgängen kommen. Der Leerstandszuwachs in den Altbaugebieten wird noch über der Zahl der heutigen Leerstände in diesem Strukturtyp liegen. Die Wohnungen im *kleinen Plattenbaugebiet und der Zeilenbebauung* müssen wie alle Wohnungsbestände im Mehrfamilienhausbau mit einer rückläufigen Nachfrage rechnen. Auf die Wohnungsbestände der *Großwohnsiedlung* „Gesundbrunnen" kommt auch in diesem Szenario ein erheblicher Nachfrageverlust zu. Dieser liegt gemessen an den Nachfragerückgängen im „Leitbildszenario" jedoch nicht viel höher. Aus der Stadt Bautzen wegziehende Haushalte verlassen nicht nur die Großwohnsiedlungen, sondern alle Wohngebiete. Aus der Sächsischen Wanderungsanalyse (Statistisches Landesamt des Freistaates Sachsen 2002) ist bekannt, dass rund die Hälfte aller nach Westdeutschland fortgezogenen Einwohner Erwerbstätige waren. So werden sich die erheblichen Leerstandszuwächse eher auf alle Strukturtypen verteilen und nicht nur auf die Plattenbaubestände konzentrieren.

3.6 Konsequenzen für die Entwicklung der Bautzener Wohnungsbestände

Auch wenn zum gegenwärtigen Zeitpunkt noch nicht übersehen werden kann, welches der beiden Szenarien eintreten wird, so lassen sich dennoch bereits heute Aussagen für die Wohnungsanbieter und Wohnungsunternehmen von Bautzen formulieren:

Die Zahl der gegenwärtig in Bautzen leer stehenden Wohnungen in den Altbaugebieten (rund 1 500 Wohnungen im Jahr 2000) wird auch in einer Perspektive bis zum Jahr 2015 auf diesem Niveau verharren oder noch erheblich zunehmen. Dies bedeutet, in der mittelfristigen Zukunft werden die heute leer stehenden Wohnungen nur noch vermietbar sein, wenn sie den Nachfragerwünschen der Mieter besser als heute entsprechen. Es bliebe zu untersuchen, aus welchen Gründen die Wohnungen heute leer stehen und mittels welcher Strategien die Vermieter diese Bestände in einen vermietbaren Zustand versetzen können.

Die Anzahl der in der Großwohnsiedlung gegenwärtig leer stehenden Wohnungen wird sich zukünftig erheblich erhöhen. Es liegt für Wohnungsunternehmen nahe, eine Doppelstrategie zu fahren. Einerseits muss eine angemessene Zahl der Wohnungen im Plattenbaugebiet rückgebaut werden. Zusätzlich sollte eine aktive Vermietungsstrategie entwickelt werden. Erfolgreiche Erfahrungen hinsichtlich einer niedrigen Mietpreisgestaltung, die den Mieterinteressen entgegenkommt, liegen in Bautzen bereits vor.

4 Wohnflächennachfrageentwicklungen im Regionsvergleich

Die Bevölkerung in Ostdeutschland wird nach der regionalisierten Bevölkerungsprognose von Bucher (vgl. BBR 2001, S. 138-144 u. 216-238) im Zeitraum 1998 bis 2015 von 17,4 Millionen Einwohnern auf 16,3 Millionen Einwohner sinken, das entspricht einem Bevölkerungsrückgang von 7,7 %. Die Bevölkerungsverluste in den einzelnen Raumordnungsregionen fallen dabei jedoch ganz unterschiedlich aus. In der Raumordnungsregion „Uckermark-Barnim" ist mit den geringsten Verlusten (-1,5 %) und in der Raumordnungsregion „Vorpommern" mit den stärksten Bevölkerungsverlusten (-16,0 %) zu rechnen. In den drei Raumordnungsregionen „Prignitz-Oberhavel", „Oderland-Spree" und „Havelland-Fläming" wird die Bevölkerung hingegen zunehmen (+6,9 %, +1,7 % und +4,2 %). Diese Regionen profitieren insbesondere von den Umzugswünschen der Berliner Bevölkerung in das Berliner Umland.

Für Ostdeutschland gesamt sieht die Haushaltsprognose 2015 (vgl. BBR 2001, S. 138-144 u. 216-238) einen Rückgang von rund 105 000 Haushalten vor. Das ist im Jahr 2015 gegenüber 1998 ein Haushaltsrückgang von 1,3 %. Regional gesehen

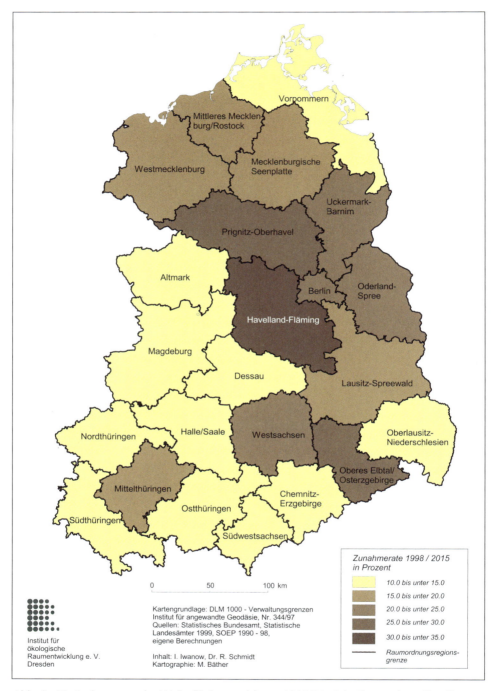

Abb. 3: Veränderungen der Wohnflächennachfrage 1998/2015 in Ein- und Zweifamilienhäusern (Szenario D)

Szenarien zur Wohnungsnachfrageentwicklung in ostdeutschen Kommunen und Regionen

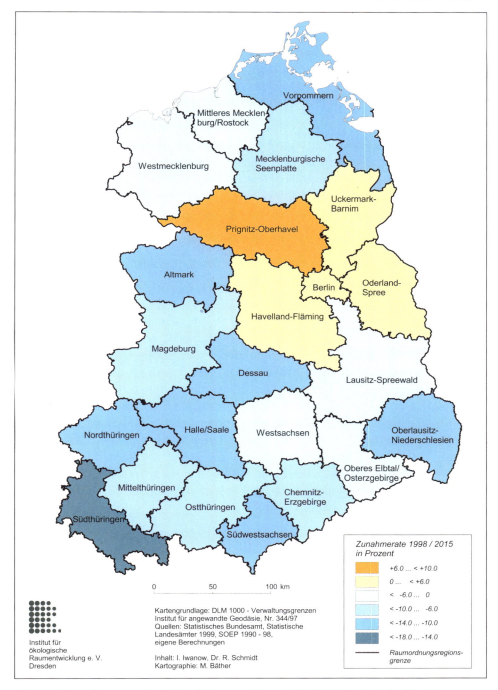

Abb. 4: Veränderungen der Wohnflächennachfrage 1998/2015 in Mehrfamilienhäusern (Szenario D)

zeichnet sich ein differenziertes, aber klares Bild der Haushaltsentwicklung ab. In der Stadt Berlin und allen fünf umliegenden Raumordnungsregionen sowie in der Region „Westmecklenburg" ist mit einer steigenden Anzahl nachfragender Haushalte zu rechnen. Die anderen Regionen müssen zukünftig neben Bevölkerungsverlusten auch Haushaltsverluste hinnehmen. Diese bewegen sich in der Größenordnung von -1,0 % in der Region „Mittleres Mecklenburg/Rostock" bis -7,3 % in der Region „Südwestsachsen".

Die Haushaltsentwicklung in den einzelnen Raumordnungsregionen besitzt einen entscheidenden Einfluss auf die Nachfrageentwicklung in diesen Regionen. Von besonderem Interesse ist dabei auch die Haushaltsgrößenstruktur. Ein weiterer wichtiger Einfluss ist die Entwicklung der regionalen sozioökonomischen Bedingungen. Diese besitzen auf den Wohnflächenkonsum entweder eine direkte Wirkung über die Einkommensentwicklung der Haushalte oder eine indirekte Wirkung über die Eigentumsbildung der Haushalte, denn der Wohnflächenkonsum der Eigentümerhaushalte liegt im Durchschnitt deutlich höher als der der Mieterhaushalte.

In den Szenarien zur regionalen Wohnflächennachfrageentwicklung bis 2015 in den ostdeutschen Raumordnungsregionen wurden jeweils zwei Annahmen hinsichtlich der Dynamik der Eigentumsbildung und der Wohnflächenkonsumsteigerung der Haushalte getroffen. Aufbauend auf diesen unterschiedlichen Annahmen liegen vier Szenarien zur Wohnflächenentwicklung in den ostdeutschen Raumordnungsregionen vor (vgl. Iwanow, Schmidt 2001, S. 21). Diese Szenarien beschreiben in der Wohnungsprognose 2015 mögliche Nachfrageentwicklungen für Ostdeutschland (BBR 2001). Den folgenden Ausführungen liegen die Ergebnisse des Szenario D zugrunde. In diesem Szenario wird von einer kontinuierlichen Eigentumsbildung ausgegangen, wie sie Mitte bis Ende der 1990er Jahre zu erkennen war. Den Annahmen zur Wohnflächenkonsumentwicklung der Haushalte liegt die Hypothese zugrunde, dass die Wohnungsleerstände aufgrund eines sinkenden Mietenniveaus die Haushalte zu einem stärkeren Flächenkonsum anregen, als dies bei voller Vermietbarkeit der Bestände möglich wäre.

Die Zahl der Eigentümerhaushalte wird in den ostdeutschen Regionen weiter steigen. In den 23 Raumordnungsregionen ist insgesamt mit einem Zuwachs von rund 245 000 Eigentümerhaushalten zu rechnen. Diese Entwicklung trägt entscheidend zur Entwicklung der Wohnflächennachfrage in den Ein- und Zweifamilienhäusern bei. Bis zum Jahr 2015 wird es in allen 23 ostdeutschen Raumordnungsregionen zu weiteren Wohnflächenzuwächsen im Bereich der Ein- und Zweifamilienhausbebauung kommen. Die stärksten Zuwächse werden in den Raumordnungsregionen „Havelland-Fläming" (+30,2 %), „Prignitz-Oberhavel" (+28,8 %) und „Oberes Elbtal/Osterzgebirge" (+25,8 %) erwartet. In der Raumordnungsregion „Westsachsen" sowie in den brandenburgischen Regionen „Uckermark-Barnim", „Oderland-Spree" und der Hauptstadt Berlin liegen die prognostizierten Wohnflächenzuwächse zwischen 20 % und 25 %. Diese Wohnflächenzuwächse beziehen sich jeweils auf die bewohnte Wohnfläche in Ein- und Zweifamilienhäusern im Jahr 1998. Die relativ hohen Prognosen zum Wohnflächenwachstum in den Raumordnungsregionen rund um Berlin stehen insbesondere mit der Eigentumsbildung der Berliner Haushalte im Umland von Berlin in Verbindung. Die Wohnflächenentwicklungen in den von Berlin weiter entfernt liegenden Gemeinden werden dagegen voraussichtlich weniger stark zu den Wohnflächenentwicklungen der betreffenden Raumordnungsregionen beitragen (Abb. 3).

Die Wohnflächennachfrageentwicklungen in den Mehrfamilienhausbeständen unterscheiden sich regional stärker als im Segment der Ein- und Zweifamilienhäuser. Nachfragezuwächse bis 2015 wird es nur in der Hauptstadt Berlin und den östlichen, nördlichen und westlichen Raumordnungsregionen Brandenburgs geben. In allen anderen Raumordnungsregionen Ostdeutschlands muss bis zum Jahr 2015 mit Nachfragerückgängen im Geschosswohnungsbau gerechnet werden. Diese Entwicklungen stehen mit den Haushaltsentwicklungen in den Regionen in engem Zusammenhang. Jedoch gibt es keinen Automatismus, dass Haushaltszuwächse zwangsläufig auch zu Nachfragezuwächsen in Mehrfamilienhäusern führen müssen. So führt beispielsweise die Zunahme der Privathaushalte um 0,7 % in der Raumordnungsregion „Lausitz-Spreewald" trotzdem zu einer Reduktion der nachgefragten Wohnfläche in Mehrfamilienhäusern um 4,5 %. In der Raumordnungsregion „Prignitz-Oberhavel", jener Region, in der die stärksten prozentualen Wohnflächenzuwächse in Mehrfamilienhäusern zu erwarten sind, liegen die Prognosen bei + 8,1 %. Die deutlichsten Nachfrageverluste sind für den Nordosten Ostdeutschlands (Raumordnungsregion „Vorpommern" mit -12,2 %) und im Südwesten Ostdeutschlands (Raumordnungsregion „Südthüringen" mit -16,8 %) zu erwarten (Abb. 4). Die bis auf Berlin und ihre angrenzenden Raumordnungsregionen flächendeckenden Nachfragerückgänge bei Mehrfamilienhäusern stellen die Wohnungswirtschaft vor neue und ernste Herausforderungen.

5 Konsequenzen für die Wohnungswirtschaft

Der Wohnungsmarkt ostdeutscher Kommunen hat sich bis heute noch nicht stabilisiert. Es gibt in Ostdeutschland weiterhin Ungleichgewichte zwischen Angebot und Nachfrage. Während noch zu Beginn der 1990er Jahre das Thema Wohnungsknappheit am Wohnungsmarkt zur Diskussion stand, so sind es heute und in den prognostischen Aussagen fast flächendeckend die Probleme des Wohnungsleerstands. Von dem typischen Wohnungsmarktzyklus, der vom Nachfrageüberhang zum Angebotsüberhang und dann wieder zur Ausgangssituation führt, sind die Wohnungsmarktentwicklungen in den ostdeutschen Kommunen derzeit weit entfernt. Die Bevölkerungsrückgänge werden sich in den meisten ostdeutschen Kommunen weiter fortsetzen. Zusätzlich ist in vielen Kommunen trotz der Tendenz zu kleiner werdenden

Haushalten auch längerfristig mit einer rückläufigen Haushaltsentwicklung zu rechnen. Die negativen demographischen Entwicklungen werden in Ostdeutschland eher noch an Dynamik gewinnen. Deshalb muss sich die Wohnungswirtschaft darauf einstellen, dass eine baldige Normalisierung des Wohnungsmarktes nicht eintreten wird.

Die derzeit hohen Wohnungsleerstände werden trotz eines stark reduzierten Wohnungsneubaus in den nächsten Jahren weiter steigen. Dieser Anstieg wird sich aber von seiner Dynamik her abschwächen. Dem gegenüber wird eine zusätzliche Nachfrage nach Wohnungen in Ein- und Zweifamilienhausgebieten auch bei einem hohen Wohnungsleerstand weiter vorhanden sein. Die Wohnungsleerstände in den Mehrfamilienhausgebieten werden sich insbesondere auf bestimmte Bebauungsstrukturtypen konzentrieren. Deshalb sollten sich Rückbaumaßnahmen an Wohnungsnachfrageprognosen auf der Basis von Bebauungsstrukturtypen, wie sie in Kapitel 2 beispielhaft vorgestellt wurden, orientieren. In den bisher erstellten Wohnungsnachfrageprognosen konzentrieren sich die Leerstandsentwicklungen der Kommunen insbesondere auf die Plattenbaugebiete und auf die Altbaubestände. Die Wohnungsleerstandsentwicklung in den einzelnen Bebauungsstrukturtypen unterscheidet sich jedoch nicht nur aufgrund unterschiedlicher Ausgangssituationen in den Kommunen, sondern ist u. a. auch abhängig von den Strategien und Lösungskonzepten der Wohnungsunternehmen.[6]

Literatur

Birg, H.; Flöthmann, J. (2002): Langfristige Trends der Bevölkerungsentwicklung, Vortrag zum Workshop „Aspekte der demographischen Entwicklung in Nordrhein-Westfalen", Institut für Landes- und Stadtentwicklungsforschung des Landes Nordrhein-Westfalen, 11. Oktober 2002. Dortmund.

BBR (Bundesamt für Bauwesen und Raumordnung) (Hrsg.) (2001): Wohnungsprognose 2015. Bonn.

Ismaier, F. (2002): Strukturen und Motive der Stadt-Umland-Wanderung – Trends in westdeutschen Verdichtungsräumen. In: Schröter, F. (Hrsg.): Städte im Spagat – zwischen Wohnungsleerstand und Baulandmangel. Dortmund.

Iwanow, I.; Eichhorn, D. (2002): Kommunale Wohnungsnachfrage-Rechenprogramm für die Prognose der Nachfrage. In: Stadtforschung und Statistik (2002)2, S. 25-32

---

[6] Weitere Überlegungen zu den Gestaltungsspielräumen der Wohnungsunternehmen können dem Beitrag von Jan Glatter in diesem Band entnommen werden.

Iwanow, I.; Schmidt, R. (2001): Szenarien zur Wohnflächennachfrageentwicklung bis 2015 in den ostdeutschen Ländern und Berlin. In: Bundesamt für Bauwesen und Raumordnung (Hrsg.): Wohnungsprognose 2015, Bonn= Berichte, 10, S. 17-40.

Kosis-Verbund: Koordinierte Haushalte- und Bevölkerungsstatistik aus dem Melderegister, Verband Deutscher Städtestatistiker, www.kosis.de

Stadtverwaltung Bautzen (2001): Sonderauswertungen der Stabsstelle Stadtentwicklung/Statistik. Bautzen.

Statistisches Landesamt des Freistaates Sachsen (2002): Sächsische Wanderungsanalyse. Kamenz.

Neuinanspruchnahme von Wohnbauflächen und Ressourcen bei forcierter Innenentwicklung der Städte

Clemens Deilmann

Der Bereich Bauen und Wohnen ist innerhalb aller wirtschaftlichen Aktivitäten Deutschlands für ein Drittel aller Energieverbräuche verantwortlich. Der Bausektor verschlingt den größten Anteil aller Materialströme, und innerhalb des Bausektors ist der Bereich Bauen und Wohnen die größte Fraktion. Die Neuinanspruchnahme von Fläche zu Siedlungs- und Verkehrszwecken wird zu einem Drittel von Wohnungsneubau verursacht.

Deutschland hat sich mit der Nachhaltigkeitsstrategie klare Ziele vorgegeben. Die Energie- und Ressourcenproduktivität soll sich bis 2020 verdoppeln. Die Flächenneuinanspruchnahme soll sich von derzeit 130 ha/Tag auf 30 ha/Tag reduzieren. Ressourcenschonung braucht eine konstruktive Politik, die dieses Anliegen im Zusammenhang mit Nachfrage und Nutzungsansprüchen komplex behandelt. Die IÖR-Forschung – im Vorfeld der Politikberatung – erarbeitet hierzu Empfehlungen und Handlungsgrundlagen.

Im Rahmen der Ressourcenproblematik stützt sich die Forschungsarbeit auf den Ansatz der bedürfnisfeldorientierten Stoffstromanalyse. Diese geht über die umweltmediale und einzelstoffbezogene Umweltbetrachtung hinaus in Richtung systemarer Stoffdarstellungen und komplexer Betrachtung von Bedürfnisfeldern. Damit hebt sie sich zugleich von bestehenden Methoden zu Produktökobilanz oder Öko-Audit ab: Während diese Methoden detaillierte Ergebnisse zu einzelnen Produkten bzw. Betrieben liefern, schaut die bedürfnisfeldorientierte Stoffstromanalyse auch auf die hinter den Produkten liegende Nachfrageseite, verbindet Effizienz- und Suffizienzdiskussion (UBA 1999). Der Ansatz bedürfnisfeldorientierter Stoffströme ist wie kein anderer geeignet, das Beziehungsgeflecht zwischen ökologischen, ökonomischen und sozialen Aspekten zu verdeutlichen. „Im Beispielfeld „Bauen und Wohnen" zeigen sich die Wechselwirkungen zwischen Umweltbeeinflussung und Lebensstilen, sozialen Strukturen und Bedürfnissen, Angebots- und Konsumgewohnheiten" (Konzept Nachhaltigkeit 1998, 232).

Die städtische Lebensweise hat in ihrem geschichtlichen Verlauf eine Vielzahl von Produkten für das Bedürfnisfeld Wohnen hervorgebracht. Treibende Kraft ist die Nachfrage. Um sich ein Bild von den Produkten der gebauten Umwelt vor allem im Hinblick auf die wichtigsten Umweltproblemfelder zu verschaffen, sind Gestalt,

Funktion, Energie- und Rohstoffinhalte zu analysieren. Zugleich sind Vereinfachungen notwendig. Neben der Gebäudetypologie – einer vereinfachenden Zusammenfassung vieler verschiedener „realer" Häuser – wird der Strukturtypansatz zur Einteilung des Wohnungsbestandes in typische Bebauungsformen angewendet (Duhme, Pauleit 1999; Arlt et al. 2001; Gruhler et al. 2002). So lässt sich der Gebäudebestand charakterisieren und mithilfe statistischer Hochrechnungen abbilden.

Das IÖR hat in den vergangenen 10 Jahren eine erhebliche Kompetenz in der Anwendung von Strukturtypen zur Charakterisierung der Bebauung entwickelt: Arlt et al. (2001) haben in ihrer Forschung zu „Auswirkungen städtischer Nutzungsstrukturen auf Bodenversiegelung und Bodenpreis" alle kreisfreien Städte entlang sechs städtebaulicher Strukturtypen beschrieben und analysiert (Maßstabsebene 1 : 25 000). Heber und Lehmann (1993/1996) liefern einen Ansatz zur Einschätzung von „Versiegelung und Entsiegelungspotenzialen für Wohn- und Gewerbeflächen" (Maßstabsebene 1 : 10 000 bis 1 : 1 000) mit über 18 Strukturtypen der Bebauung. Deilmann et al. (2001) haben zur „Erfassung der Stoffströme unterschiedlicher Wohnbebauung" (Maßstabsebene 1 : 1 000) zehn Bebauungstypen bestimmt (www.ioer.de/NAWO). Auch bei der bebauungsstrukturellen Gliederung von Iwanow und Eichhorn für Dresden – im „Rechenprogramm zur kommunalen Wohnungsnachfrageprognose"[1] – werden über den Stadtstrukturtypenansatz die soziokulturelle Entwicklung und die Wohnungsnachfrage präzisiert. Mit dem Stadtstrukturtypenansatz lässt sich die Physiognomie der Stadt beschreiben. Darauf aufbauend können Energie-, Rohstoff- und Flächeninanspruchnahme des Bauens und Wohnens prognostiziert werden. Diese Indikatoren lassen sich je nach Feinkörnigkeit der bautechnischen Daten weiter ausdifferenzieren.

| Ein- und Zweifamilienhausbebauung | Blockbebauung Altbaugebiete | Zeilenbebauung | Mäander-Bebauung Plattenbaugebiete |

Abb. 1: Beispiele unterschiedlicher Strukturtypen der Wohnbebauung (Quelle: Eigene Darstellung IÖR)

Im folgenden Beitrag soll Einblick in zwei noch laufende Forschungsarbeiten gegeben werden: „BASiS-2" und „Ökologische Effekte der Wohnungsbestandsentwick-

---

[1] (www.ioer.de/wohnprog.htm)

lung". Bei beiden Projekten werden als quantitative Eingangsgrößen die Ergebnisse der Wohnflächennachfrageprognose genutzt (vgl. Beitrag Iwanow). Im Projekt „BASiS-2" wurde der zeitliche Rahmen der Wohnungsnachfrageprognose 2015 BBR/IÖR (Iwanow et al. 2001) im Rahmen eines Expertenworkshops bis 2025 erweitert. Im Projekt „Ökologische Effekte" wurde die IÖR-Wohnungsnachfrageprognose für die Stadt Bautzen genutzt (Iwanow, Eichhorn et al. 2001).

Szenarien der Rohstoff- und Flächeninanspruchnahme für das Bauen und Wohnen 2025 – BASiS-2

In den vergangenen Jahren hat das IÖR in Zusammenarbeit mit der TU Dresden und dem Öko-Institut Darmstadt das Software-Programm BASiS-2 entwickelt[2]. Das Modell nutzt Ergebnisse empirischer Analysen von Stoffströmen und Flächeninanspruchnahme für Wohngebäude einschließlich stadttechnischer wohngebietsinterner Infrastruktur (bottom up) sowie statistische Daten (top-down). Mithilfe eines Szenarioeditors, der Teil des Programmes ist, lassen sich verschiedene Entwicklungsmöglichkeiten des Wohnungsbestandes simulieren. Das Berechnungsmodell BASiS-2 besteht aus sieben Hauptkomponenten:

- Wohnungsnachfrage (Haushalte und Bevölkerung, Prognosen zur zukünftigen Nachfrage und Entwicklung)
- Regionaltypen (differenziert in Agglomerationsräume, Suburbane Räume und Ländliche Gebiete)
- Stadtstrukturtypen (charakteristische Formen der Wohnbebauung)
- Technische Infrastruktur (Bauelemente, Netzstrukturen)
- Gebäudetypen (Repräsentanten von Altersklassen, Technologien und Design)
- Bauelemente (Datenbank mit Bauprodukten und Gewichtung entsprechend ihrer Marktanteile)
- Ressourcen (inkl. Effekte der vorgelagerten Prozessketten, GEMIS Gesamtemissionsmodell integrierter Systeme 4.0)

Aufgrund des integrativen Charakters des Modells (von der Bevölkerungsentwicklung bis zum Bauprodukt) ist es möglich, den Ressourcenverbrauch für Wohnzwecke nach verschiedenen Rohstoffgruppen (Holz, Metalle, Mineralien) oder Branchen (Betonindustrie, Aluminiumindustrie etc.), nach relevanten Emissionen (wie CO_2, SO_2 etc.) auszuwerten und die zukünftige Flächeninanspruchnahme (neues Bauland, Brachen, Nachverdichtung) abzuschätzen. BASiS-2 erlaubt darüber hinaus die Isolierung

---

[2] BASiS-2 wurde aus dem Vorläufermodell BASiS des Öko-Instituts weiterentwickelt und vor allem um siedlungsstrukturelle Aspekte und die Betrachtung der stadttechnischen, verkehrstechnischen Infrastruktur erweitert.

spezifischer Entwicklungsfaktoren, um z. B. verschiedene Bebauungsmuster oder Effizienzszenarien der Bautechnologie in ihrer Relevanz auszuloten.

Um die Entwicklung des Wohnungsbestandes bis 2025 abzubilden, wurden im Rahmen des UBA-Projekts beispielhaft zwei Szenarien geschrieben. In einem intensiven Dialog mit Experten der Stadtplanung und Wohnungswirtschaft wurden Annahmen zur Entwicklung wichtiger Merkmale getroffen (s. u.). Diese mussten mit Daten für 2025 hinterlegt werden. Hierzu wurden zwei weitere, mit externen Fachleuten besetzte, Workshops zu den Themen „Wohnungsprognosen" sowie „ressourcen- und flächenschonendes Bauen und Wohnen" durchgeführt. Ziel war es, zwei deutlich unterschiedliche Szenarien aufzustellen, um die Bandbreite der denkbaren Entwicklungen und die entsprechend unterschiedlichen Entwicklungen der Umweltbelastungen zu verdeutlichen. Beiden Szenarien wurden vergleichbare demographische und gesamtwirtschaftliche Entwicklungen zugrunde gelegt. Die folgenden wichtigsten Merkmale sind zugleich auch die Stellschrauben für die Szenarien:

- Neubau von Wohneinheiten
- Verteilung des Neubaus auf die Raumtypen
- Verteilung des Neubaus auf Haustypen
- Anteil Innenentwicklung zu Außenentwicklung im Neubau
- Abriss/Umwidmung/Zusammenlegung alter Wohneinheiten
- Energetische Standards beim Neubau
- Entwicklung der Beheizungsstrukturen im Bestand
- Entwicklung der Beheizungsstrukturen im Neubau
- Nachdämmungsrate im Bestand
- Betonrecycling (Hochbauanwendungen)
- Anteil Holzbauweise beim Neubau von 1- bis 2-Familienhäusern
- Kelleranteil beim Neubau

Diese Merkmale wurden nach alten und neuen Bundesländern und Referenz- und Nachhaltigkeitsszenario differenziert. Es würde den Rahmen dieses Beitrages sprengen, die Annahmen im Einzelnen darzustellen (siehe UBA 2003). Daher werden im Folgenden nur drei Aspekte, die die Entwicklung der Bestandsstruktur betreffen, vorgestellt: Die Verteilung des Neubaus auf die Raumtypen[3] (Tab. 1), Anteil Innenentwicklung zu Außenentwicklung und Energetische Standards im Neubau (Tab. 2).

---

[3] Raumtypen in Anlehnung an die BBR-Gliederung: Raumtyp I = Kreistyp 1 und 5 der BBR, Raumtyp II = Kreistyp 2, 3, 4, 6 und Raumtyp III = Kreistypen 7, 8, 9.

Tab. 1: Verteilung des Neubaus auf die Raumtypen im Jahr 2025

Annahmen / Raumtypen	Referenz-Szenario Bundesländer		Nachhaltigkeits-Szenario Bundesländer	
	Alt	Neu	Alt	Neu
Kernstädte	21%	18 %	35 %	40 %
Erw. suburb. Raum	56 %	46 %	43 %	30 %
Ländlicher Raum	23 %	36 %	22 %	30 %
Erläuterung	Ableitung nach Daten Wohnungsprognose BBR/IÖR		Forcierte Revitalisierung, Suburbanisierung verlangsamt	

Tab. 2: Innen- vor Außenentwicklung und energetische Standards im Neubau bis 2025

Annahme / Aspekt	Referenz-Szenario alle Bundesländer	Nachhaltigkeits-Szenario alle Bundesländer
Annahmen Innen/Außen	Kein Anstieg des aktuellen Anteils der Innenentwicklung 30 %, konstant	Anstieg des Anteils Innenentwicklung auf 75 % bis 2010, anschließend konstant
Erläuterung	Quelle: BBR Baulandumfrage 97/98	Konsequente Ausschöpfung der theoretischen Potenziale (difu/Exwost)
Energetische Standards	Ab 2002 Niedrigenergiehausstandard Bis 2025 Anstieg auf 5 % Passivhausbau/a	bis 2025 Anstieg auf 35 % Passivhäuser/a
Erläuterung	Energiesparverordnung in Kraft	Verstärkte politische Initiativen, wirtschaftliche Etablierung der Passivhausbauweise

Ergebnisse:

In der nachfolgenden Grafik (Abb. 2) ist die Entwicklung der gesamten Wohnfläche bis zum Jahr 2025 aufgeführt. Ausgehend von 3,2 Mio. m² im Jahr 2000 wird im Referenz-Szenario die Wohnfläche auf 3,9 Mio. m² und im Nachhaltigkeits-Szenario auf 3,8 Mio. m² anwachsen. Im Nachhaltigkeits-Szenario werden deutlich mehr innerstädtische Brachen zu Wohnflächen umgenutzt, und es wird weniger auf der „grünen Wiese" gebaut. „Wird sowohl für das Jahr 2000 als auch für das Jahr 2025 von rund 82,5 Mill. Einwohnern in Deutschland ausgegangen, steigt die durchschnittliche Pro-Kopf-Wohnfläche von 39,2 m² im Jahr 2000 auf 47,7 m² (Referenz-Szenario) bzw. 46,2 m² (Nachhaltigkeits-Szenario) bis zum Jahr 2025 weiter an."

Beachtenswert an dieser Aussage aus dem Endbericht (UBA 2003) ist der kaum nennenswerte Unterschied der beiden Szenarien bezüglich der Wohnflächeninanspruchnahme. Daran wird deutlich, dass das Nachhaltigkeits-Szenario kein einseitiges Verzichtsszenario ist.

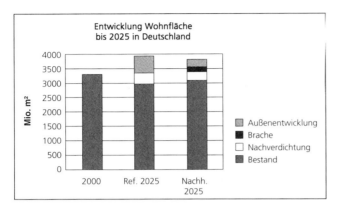

Abb. 2:
Wohnfläche 2000 und 2025 im Referenz- und Nachhaltigkeits-Szenario
(Quelle: UBA 2003)

Besonders deutlich zeigen sich die Unterschiede an der Neuinanspruchnahme von Flächen für Wohnbauland (Abb. 3). Die Grafik bildet dabei nicht die Flächen für Verkehrs- und Siedlungszwecke ab, sondern nur das Nettowohnbauland (ohne wohngebietsinterne Erschließungsfläche und ohne öffentliche Grünflächen oder Ausgleichsmaßnahmen). In dieser Differenz zwischen Referenz- und Nachhaltigkeits-Szenario liegt der Handlungsspielraum der Kommune, den es unter der Zielsetzung einer verstärkten Innenentwicklung zu erschließen gilt. Simulationstestläufe zur Untersuchung von isolierten Einzelfaktoren zeigen, dass die Bedeutung der Innenentwicklung (3) groß ist, aber bei weitem bedeutsamer ist eine Anteilsverschiebung von 50 % auf 35 % von EFH- zu MFH-Bebauung.

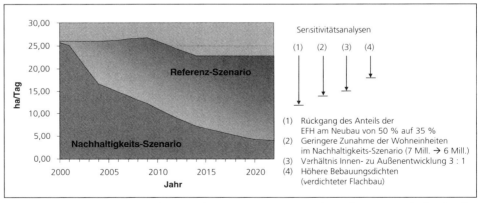

Abb. 3: Verlangsamter Zuwachs der Flächenneuinanspruchnahme für Nettowohnbauland im Nachhaltigkeits-Szenario
(Quelle: UBA 2003 und eigene Berechnung)

Im Nachhaltigkeits-Szenario wird überdies Wohnfläche „gewonnen", da im Vergleich weniger Wohnraum abgerissen wird als im Referenzpfad. Unter dem Begriff der Innenentwicklung werden Brachflächenaktivierung, aber auch die Realisierung von Anbauten und Baulückenschließung (Nachverdichtung) zusammengefasst.

Das Programm BASiS-2, mit dem diese Ergebnisse generiert werden, ist aber vor allem als Stoffstrommodell konzipiert, d. h., Flächenbilanzen sind eher ein Nebenprodukt des ursprünglichen Forschungszieles. In der Stoffstromanalyse kann das Programm über die Kopplung an die Gemis-Datenbank die zukünftige Bautätigkeit nach Bauproduktgruppen und einzelnen Rohstoffen auswerten.

Die Effekte der Wohnungsbautätigkeit auf die Branche der Beton- bzw. Holzindustrie (Abb. 4) kann exemplarisch die Leistungsfähigkeit des Programms BASiS-2 für die Einschätzung künftiger Bauaktivitäten verdeutlichen. Die Entwicklung der Bebauungs- und Bautechniken wird die Branchen unterschiedlich betreffen. So muss in der Zukunft von einem deutlich stärkeren Rückgang der Nachfrage nach Betonprodukten als nach Holzprodukten ausgegangen werden. Ursächlich dafür ist ein Zuwachs des Anteils von Holzhäusern am Neubau allgemein und die stärkere Bestandspflege.

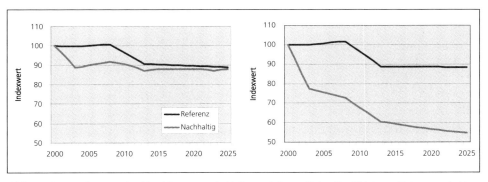

Abb. 4: Veränderung der Nachfrage nach Holzprodukten (linke Grafik) bzw. Betonprodukten (rechte Grafik) aufgrund der Wohnungsbauentwicklung (Index Jahr 2000 = 100) (Quelle: Eigene Berechnung)

Die Nutzung des Programmes zur „Befragung" über künftige Entwicklungen ist nicht nur für Wohnungswirtschaft und Stadtplanung, sondern auch für die Verbände der Bauindustrie interessant.

Anhand eines weiteren Szenariobeispieles sollen die Ergebnisse aus einer Lupenbetrachtung für die Mittelstadt Bautzen vorgestellt werden.

Flächen- und Ressourceninanspruchnahme: Szenarien 2015 für die Stadt Bautzen[4]

Ausgehend vom Leitbildszenario der Stadt Bautzen (Deilmann, Iwanow, Schiller 2001) wurden drei denkbare Bestandsentwicklungen entwickelt und gegenübergestellt. Es ist hervorzuheben, dass diese drei Varianten der Angebotsentwicklung so „konstruiert" wurden, dass sie instruktiv die mögliche Entwicklungsbandbreite abbilden. Die Varianten wurden auf Widerspruchsfreiheit geprüft. Sie dürfen aber nicht als wahrscheinliche Entwicklungen verstanden werden. Drei Fragen standen Pate für die Varianten:

- Welche Eingriffe in den Bestand sind notwendig, um eine „vertretbare Leerstandsquote" von <10 % für Bautzen zu erreichen?

    Abgeleitete Variante:

    MARKTBEREINIGUNG: 50 % Rückbau in Plattenbaugebieten, „natürliche Abrissraten" von 0,2 % pro Jahr für alle Bestände, Neubaurate für Mehrfamilienhäuser (unteres Trend-Level ca. 70 WE/a), Ein- und Zweifamilienhäuser werden kaum in Bestandsgebieten zugebaut.

- Welche Leerstandsquoten stellen sich ein, wenn keine über das übliche Maß hinausgehenden Abrissmaßnahmen vorgenommen werden?

    Abgeleitete Variante:

    OHNE STEUERUNG: Es wird von einer Laisser-faire-Situation ausgegangen, d. h. kein gezielter Rückbau der Plattenbauten (nur 2 % pro Jahr), alle anderen Annahmen wie zuvor, Zuspitzung der Leerstandssituation.

- Welche sind die Umwelteffekte des Stadtumbaus der beiden vorgenannten Varianten im Vergleich zu denen einer gezielten Innenentwicklung?

    Abgeleitete Variante:

    UMBAU: Umlenkung von Nachfragern von Ein- und Zweifamilienhäusern von Außenbezirken in die Innenstadt (überwiegend mit Reihenhäusern) auf Flächen, die durch Rückbau von Mehrfamilienhäusern frei werden. Umbauten von Gebäuden (Mehrfamilienhäuser zu Reihenhäusern (jährlich ca. 15 WE), Mehrfamilienhaus-Neubau (70 WE/a) verstärkt in bestehenden Wohngebieten, 30 % Rückbau im Plattenbaugebiet.

---

[4] Der Beitrag beruht auf Forschungsergebnissen von Schiller und Deilmann unter Verwendung von Nachfrageprognosedaten von Iwanow (siehe auch Iwanow, Schiller, Deilmann 2002).

Umweltindikator Rohstoffinanspruchnahme

Bis zum Jahr 2015 werden in Bautzen ca. 1 Mio. Tonnen Baustoffe – Summe des jeweiligen Säulenpaares (Abb. 5) für Neubau und Instandhaltung von Gebäuden und technischer Infrastruktur – eingebracht. In allen Varianten übertrifft der Materialaufwand für Neubau und Instandhaltung der technischen Infrastruktur den Materialaufwand für Neubau und Instandhaltung der Wohngebäude! Dieses Ergebnis ist überraschend, lässt sich aber leicht erklären. Die Instandhaltung eines Gebäudes greift nur in geringem Umfang in die Rohbausubstanz und damit in die mineralischen Stoffströme ein. Eine Instandhaltung der technischen Infrastruktur (z. B. Ver- und Entsorgungsleitungen im Bürgersteig- oder Fahrbahnbereich) ist immer mit einem kompletten Neuaufbau der Leitungstrassen verbunden. Die derzeitige Praxis der Tiefbauarbeiten belegt – von regional begründeten Ausnahmen abgesehen (z. B. Berlin) –, dass meist auf den Einbau neuen Schüttmaterials Wert gelegt wird und kaum Rezyklat eingesetzt wird.

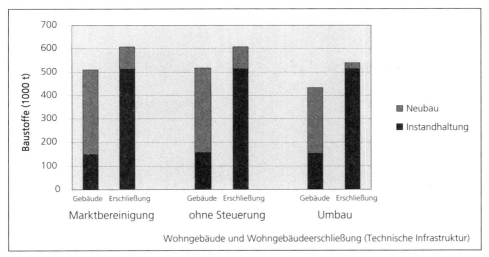

Abb. 5: Baumaterialien für Neubau und Instandhaltung 2000-2015
(Quelle: Schiller 2002)

In der Variante „UMBAU" wird deutlich, welch erhebliches Einsparpotenzial im Neubaubereich durch die Innenentwicklung möglich ist. Hier helfen vor allem die eingesparten Infrastrukturmaßnahmen. Die Varianten „MARKTBEREINIGUNG" und „OHNE STEUERUNG" unterscheiden sich kaum.

Die Bauschuttmengen aus Wohngebieten der Stadt Bautzen werden jährlich zwischen 55 000 bis 75 000 Tonnen betragen, das sind ca. 1 Million Tonnen in 15 Jahren, oder 15 bis 20 LKW-Ladungen pro Tag. In der nachhaltigkeitsorientierten Umbauvariante kann diese Menge allenfalls um etwa 1 bis 2 LKW-Ladungen pro Tag reduziert werden.

Umweltindikator CO_2-Emission (Raumwärme und Baustoffherstellung)

Die Fortentwicklung des Wohnungsbestandes (in allen drei Varianten) wird aus Sicht der Energieverbräuche bei rückläufigen Bevölkerungszahlen zu einem Ansteigen der CO_2-Emissionen pro Einwohner der Stadt Bautzen führen – wenn nicht zusätzlich die wärmetechnische Sanierung des Bestandes vorangetrieben wird.

Betrachtet man die Variante OHNE-STEUERUNG gegenüber der MARKTBEREINIGUNG, so geht allein 1 % der Emissionserhöhung auf das Konto der 2000 zusätzlich leer stehenden Wohnungen bei OHNE-STEUERUNG. Leer stehende Wohnungen müssen i. d. R. von angrenzenden bewohnten Wohnungen passiv mitbeheizt werden und verbrauchen damit „unnütz" Energie.

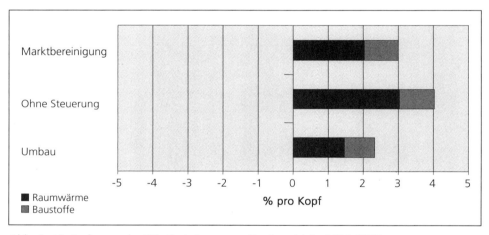

Abb. 6: Veränderung der CO_2-Emissionen pro Kopf und Jahr 2000-2015
(Quelle: Schiller 2002)

Die Differenz zwischen MARKTBEREINIGUNG und UMBAU ist mit der kompakteren Wohnweise im Fall der Innenentwicklung zu erklären. Die UMBAU-Variante nutzt die bestehende Gebäudesubstanz besser aus und reduziert so den Neubaubedarf. Die gewählten Standorte auf Brachen, die durch Gebäudeabriss frei werden, helfen Infrastrukturaufwendungen zu reduzieren. Durch die energetisch gegenüber dem frei stehenden Einfamilienhaus vorteilhaftere Reihenhausbebauung lassen sich die zusätzlichen Raumwärmeeinsparungen erklären. Einsparpotenziale liegen zu zwei Dritteln im Raumwärmebereich und zu einem Drittel in ersparten Baustoff-Herstellungsenergien.

Diese Ergebnisse berücksichtigen nicht die nachträgliche wärmetechnische Sanierung des Gebäudebestandes. Derzeit beträgt die Nachdämmrate im Bestand in der Bundesrepublik etwa 1 % des Bestandes jährlich, dabei wird der Heizenergiebedarf

i. d. R. um 30 % reduziert. Auf Bautzen übertragen bedeutet dies: In 15 Jahren kann die CO_2-Emission für die Raumwärme des gesamten Wohnungs-Gebäudebestandes um rund 8 % gesenkt werden. Der oben erwähnte Mehrverbrauch pro Kopf im Wohnungssektor durch Inanspruchnahme von zusätzlicher Wohnfläche pro Kopf, durch Vergeudung von Heizwärme bei Leerstand und wenig kompakte Neubauten bei MARKTBEREINIGUNG und OHNE STEUERUNG kann durch die wärmetechnische Sanierung des Bestandes ausgeglichen und um 4 % gesenkt werden, im UMBAU-Szenario sogar um 6 %.

Umweltindikator Flächenneuinanspruchnahme

Sogar bei rückläufigen Bevölkerungs- und Haushaltszahlen wird die Stadt weiterhin für Wohnzwecke neue Siedlungs- und Verkehrsflächen in Anspruch nehmen. In Bautzen sind dies pro Jahr im Fall MARKTBEREINIGUNG oder OHNE STEUERUNG immerhin 2,3 ha.

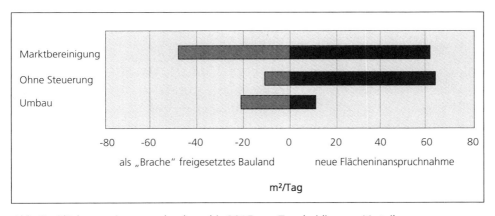

Abb. 7: Flächenneuinanspruchnahme bis 2015 pro Tag, bei linearer Verteilung (Quelle: Schiller 2002, erweitert)

Von weit größerer Tragweite ist die Beobachtung, dass die UMBAU-Variante eine mögliche Reduktion der Flächenneuinanspruchnahme um 85 % ausweist. Diese Einsparung wird nicht durch Umwidmung von Industrie- oder Gewerbebrachen zu Wohnbauland erreicht, sondern einzig durch Wiedernutzung von ehemaligen Wohnbauflächen, die durch Abriss frei geworden sind. Diese Wiedernutzung von Wohnbauland ist zugleich mit erheblichen positiven Nebeneffekten im Infrastrukturbereich (Baustoffe, Energie, Kosten) verbunden. Keiner der zuvor genannten Indikatoren (CO_2, kg Stoffströme) weist einen so großen Handlungsspielraum aus wie die Flächenneuinanspruchnahme. Änderungen in Bauweise und Bautechnologien können nur einen geringen Beitrag zur Ressourcenschonung leisten im Vergleich zu Bebauungsformen und effizienter Nutzung vorhandener Wohnbauflächen.

Aus umweltpolitischer Sicht wird die Schonung der Flächenneuinanspruchnahme der Schlüsselindikator für den Stadtumbau-Ost sein. In schrumpfenden Regionen ist die Einflussnahme auf die Flächeninanspruchnahme eine wichtige „Stellschraube", denn Stoffstromeffekte sind Folgewirkungen der gewählten Gebäude- und Flächenwiederverwendungsvariante und werden prioritär von dieser bestimmt.

Die vorgestellten zwei Anwendungsbeispiele der Stoffstrom- und Flächenanalyse verdeutlichen, dass prognostische Untersuchungen dazu beitragen können, Handlungsleitlinien aus umweltorientierter Sicht zu qualifizieren. Es wird zugleich auch deutlich, dass die Handlungsmöglichkeiten der Ausgestaltung innerhalb eines prognostizierten Wohnflächenbedarfs (z. B. zu Innen- vor Außenentwicklung) ebenso bedeutsam sind wie die Bedarfsänderungen selbst. Dies unterstreicht die Notwendigkeit, dass die Erarbeitung kleinräumlich differenzierter Bestandsentwicklungsszenarien in Zukunft großer Aufmerksamkeit bedarf.

Literatur

Arlt, G. et al. (2001): Auswirkungen städtischer Nutzungsstrukturen auf Bodenversiegelung und Bodenpreis. IÖR-Schriften 34. Dresden: IÖR, 183 S.

Arlt, G.; Lehmann, I. (2002): Inhaltlich-methodische Grundlagen für eine stadtökologische Situationsanalyse in städtischen Wohnquartieren – Werkstattbericht Projekt 107, IÖR Dresden, 11-14.

Deilmann, C.; Gruhler, K.; Werner, M. (2001a): Höhere Wärmekosten durch Leerstand? In: Die Wohnungswirtschaft (11) 66 f. und (12) 70 f.

Deilmann, C.; Gruhler, K.; Werner, M. (2001b): Sanierung oder Abriss und Neubau – stofflich-energetische Bewertung unter Beachtung von Wohnungs-Überangebot. In: Gesundheits-Ingenieur 122 (6), 316-320.

Deilmann, C. et al. (2001): Nachhaltige Entwicklung des Wohnungsbestandes in sächsischen Groß- und Mittelstädten. Entwicklungsszenarien ausgewählter Wohngebiete unter ressourcen- und nutzerorientierten Aspekten. Endbericht. Forschungsbericht. Dresden: IÖR, 205 S.

Deilmann, C.; Iwanow, I.; Schiller, G. (2001): Ökologische Effekte der Bestandsentwicklung bei rückläufiger Wohnungsnachfrage – Szenarien 2015 für die Stadt Bautzen. In: Keim, K.-D. (Hrsg.): Regenerierung schrumpfender Städte – zur Umbaudebatte in Ostdeutschland. Erkner: IRS, 173-192.

Duhme, F.; Pauleit, St. (1999): Stadtstrukturtypen – Bestimmung der Umweltleistungen von Stadtstrukturtypen für die Stadtplanung. In: RaumPlanung (84), 33-44.

Gruhler, K. et al. (2002): Stofflich-energetische Gebäudesteckbriefe – Gebäudevergleiche und Hochrechnungen für Bebauungsstrukturen. IÖR-Schriften 38. Dresden: IÖR, 307 S.

Heber, B.; Lehmann, I. (1993): Stadtstrukturelle Orientierungswerte für die Bodenversiegelung in Wohngebieten. IÖR-Schriften 05. Dresden: IÖR, 88 S.

Heber, B.; Lehmann, I. (1996): Beschreibung und Bewertung der Bodenversiegelung in Städten. IÖR-Schriften 15. Dresden: IÖR, 57 S.

Schiller, G.; Deilmann, C.; Iwanow, I. (2002): Ökologische Effekte der Bestandsentwicklung in schrumpfenden Stadtregionen. In: Bundesbaublatt 51 (7), 30-35.

Iwanow, I.; Eichhorn, D. et al. (2001): Stadtumbau in den neuen Ländern – integrierte wohnungswirtschaftliche und städtebauliche Konzepte zur Gestaltung des Strukturwandels auf dem Wohnungsmarkt der neuen Länder. Berlin: BMVBW, 103 S.

Iwanow, I. et al. (2001): Zukünftige Wohnungsnachfrage und Neubaubedarf in Ost- und Westdeutschland. Eine Forschungs-Kooperation zwischen IÖR und BBR. IÖR-Texte 133. Dresden: IÖR, 44 S.

Konzept Nachhaltigkeit (1998): Konzept Nachhaltigkeit – vom Leitbild zur Umsetzung. Abschlussbericht der Enquete-Kommission „Schutz des Menschen und der Umwelt" – Ziele und Rahmenbedingungen einer nachhaltig zukunftsverträglichen Entwicklung des 13. Deutschen Bundestages. Bonn: Deutscher Bundestag, 467 S.

Möbius, M.; Deilmann, C. (2002): Heizkosten bei Wohnungsleerstand. In: Bundesbaublatt 51 (11), 42 ff.

UBA (Umweltbundesamt) (1999): Bauen und Wohnen – Bedürfnisse und Stoffströme. Berlin: UBA, 41 S.

UBA (Umweltbundesamt) (2003): Stoffflussbezogene Bausteine für ein nationales Konzept der nachhaltigen Entwicklung – Verknüpfung des Bereiches Bauen und Wohnen mit dem komplementären Bereich „Öffentliche Infrastruktur". Endbericht. Berlin: UBA Juli 2003.

Strategien der Bestandsentwicklung in Städten und Regionen

Zwischen spektakulärer Inszenierung und pragmatischem Rückbau – Umbau von schrumpfenden Stadtregionen in Europa

Thorsten Wiechmann

1 Das Phänomen „Schrumpfung" in Europas Stadtregionen

Noch vor wenigen Jahren war „Schrumpfung" ein politisches Tabu und wurde als in Teilräumen dominante Entwicklung systematisch verleugnet. Dies galt auch für Ostdeutschland, obwohl die reale Entwicklung längst offensichtlich wurde. Schrumpfung galt jedoch in dem an Wachstumszielen orientierten administrativen System als nicht „politikfähig". Politische Entscheidungsträger und Fachleute in den Verwaltungen sahen sich außer Stande, konstruktiv mit dem Thema umzugehen.

Seit ca. drei Jahren hat sich die Situation spürbar geändert (Müller, Wiechmann 2003). Schrumpfung ist plötzlich in aller Munde. Es finden in kaum noch zu überschauender Zahl Veranstaltungen zur Thematik statt. Die im Februar 2000 von der Bundesregierung eingesetzte Expertenkommission „Wohnungswirtschaftlicher Strukturwandel in den neuen Bundesländern" legte im November des gleichen Jahres ihren Bericht vor. Parallel dazu gingen Städte wie Schwedt, Guben, Eisenhüttenstadt, Hoyerswerda, Wolfen, Leinefelde und Jena mit staatlicher Unterstützung daran, Wohnraum in großen Plattenbaugebieten abzureißen. Ebenfalls im Jahr 2000 etablierten die neuen Bundesländer (zunächst mit Ausnahme Mecklenburg-Vorpommerns) eine gezielte Stadtumbaupolitik, in deren Mittelpunkt der Rück- bzw. Umbau der Plattenbauareale und die Stärkung der Innenstädte standen. Das Vorliegen integrierter Stadtentwicklungskonzepte wurde zur Fördervoraussetzung für Abrissmaßnahmen. Vorläufiger Höhepunkt der Bemühungen um eine politische Antwort auf den Bevölkerungsrückgang in Ostdeutschland ist das Bund-Länder-Programm „Stadtumbau Ost" (2002 bis 2009), das mit insgesamt 2,5 Mrd. Euro ausgestattet ist. Angeregt durch den darin integrierten Modellwettbewerb „Stadtumbau Ost – Für lebenswerte Städte und attraktives Wohnen" haben in den vergangenen Monaten viele Städte in Ostdeutschland ein integriertes Stadtentwicklungskonzept erarbeitet, um einen strategischen Umgang mit den Folgen von natürlichem Bevölkerungsrückgang und Abwanderung sicherzustellen.

In der aktuellen Diskussion wird jedoch oft vergessen, dass Schrumpfung keineswegs nur ein ostdeutsches Phänomen darstellt. Seit Jahren sind in großen Teilen Europas

Bevölkerungsrückgänge zu beobachten. Zwischen 1995 und 1999 war die höchste jährliche Bevölkerungsabnahme in Nordfinnland, in Mittel- und Nordschweden und allgemein in den mittel- und osteuropäischen Beitrittsländern mit Ausnahme einiger polnischer Regionen zu verzeichnen. Auch in Süditalien, den zentralfranzösischen Regionen, in Schottland und im Alentejo (Portugal) war ein erheblicher Rückgang festzustellen (EU 2002, S. 14).

Generell lassen sich Schrumpfungsgebiete in Europa grob vereinfachend vier Regionstypen zuordnen:

- Westeuropäische Industrieballungen im wirtschaftlichen Niedergang (Ruhrgebiet, Mersey Side, Pays Noir etc.)
- Periphere, sehr dünn besiedelte Entvölkerungsgebiete (v. a. Nordschweden, Ostfinnland und Schottland)
- Transformationsregionen mit stark rückläufiger industrieller Entwicklung (große Teile Russlands sowie der mittel- und ost-europäischen Staaten, u. a. auch die sog. Entwicklungsstädte in der ehemaligen DDR)
- Ländliche Abwanderungsgebiete mit starkem Geburtenrückgang (Teile Spaniens, Italiens und Griechenlands)

Unterstellt man, dass sich die gegenwärtigen Trends bei den Geburten- und Todesziffern und den Wanderungsbewegungen fortsetzen, wird sich die Bevölkerung in der Europäischen Union nach Berechnungen der EU-Kommission bis 2020 relativ stabil entwickeln, da dem erst ab 2008 einsetzenden europaweiten natürlichen Bevölkerungsrückgang einige Jahre lang durch eine Nettozuwanderung (v. a. nach Deutschland, Spanien, Italien und Großbritannien) begegnet werden kann. Erst ab 2020 sehen die Prognosen einen europaweiten Rückgang der Bevölkerung, der auch durch Zuwanderung nicht mehr ausgeglichen werden kann (ebd.).

Allerdings wird auch künftig nicht ganz Europa schrumpfen. Vielmehr gilt es die regional disparitären Entwicklungen stärker zu beachten. Genauso wie in Ostdeutschland[1] finden sich in Europa Wachstums- und Schrumpfungsgebiete in enger Nachbarschaft. In der Konsequenz bedeutet dies eine zunehmende Konkurrenz um immer weniger Einwohner und die Zunahme von räumlichen Disparitäten. Schon heute zeigen europäische Großstädte mittlerer Größe ganz unterschiedliche Entwicklungspfade (Abb. 1). In den vergangenen 20 Jahren haben etwa Städte wie Stockholm, Nantes, Sevilla oder Palermo erhebliche Bevölkerungszuwächse von mehr als 5 % erzielt, während Städte wie Glasgow, Leipzig, Florenz oder Dublin eine gegenteilige Entwicklung mit Bevölkerungsverlusten bis zu einem Fünftel hinnehmen mussten. Neben den Suburbanisierungsverlusten, die die meisten Kernstädte trafen, führte insbesondere der ökonomische Niedergang in strukturschwachen, altindustrialisierten Städten – typische Beispiele sind Turin, Bilbao, Liverpool und Essen – zu

---

[1] Vgl. den Beitrag von Siedentop und Kausch in diesem Band.

problematischen Entwicklungspfaden, wie sie etwa auch aus amerikanischen Großstädten (z. B. Detroit, Pittsburgh, Cleveland) bekannt sind.

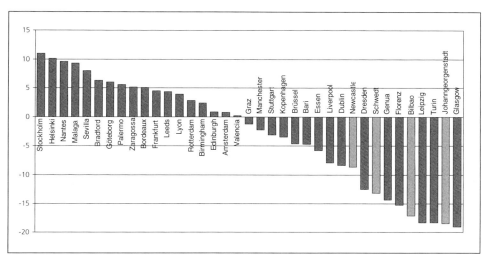

Abb. 1: Bevölkerungsentwicklung (1981-1996) in den behandelten Fallstudien sowie in ausgewählten europäischen Großstädten mit 250 000 bis 1 Million Einwohnern (in Prozent)
(Quelle: EU Urban Audit)[2]

Mit den Folgen der demographischen Schrumpfungsphänomene, mit denen oftmals ökonomische und baulich-physische Schrumpfungsphänomene einhergehen, umzugehen und den Umbau von schrumpfenden Stadtregionen in Europa zu gestalten, gehört zu den großen kommunalen Herausforderungen der Gegenwart.

2 Schrumpfung als kommunale Herausforderung: ausgewählte Problemlagen

Schrumpfende Städte sehen sich mit gewaltigen Aufgaben konfrontiert, für die die bisherigen Instrumente ganz offensichtlich nicht ausreichen. Die damit einhergehenden Problemlagen können in sieben Themenbereiche gegliedert werden:

Wie bereits deutlich wurde, steht langfristig ein europaweiter Bevölkerungsrückgang bevor. Dies bedeutet faktisch, dass sich viele Kommunen – wahrscheinlich die Mehr-

---

[2] Außer Werte für die behandelten Fallstudien Bilbao (Quelle: Instituto Nacional de Estadística), Newcastle (Quelle: Office of National Statistics), Johanngeorgenstadt (Quelle: Statistisches Landesamt des Freistaates Sachsen) und Schwedt (Quelle: Landesbetrieb für Datenverarbeitung und Statistik Land Brandenburg). Der Wert für Newcastle bezieht sich auf Bevölkerungsentwicklung 1981-2001, da die Censusdaten von 2001 deutlich niedrigere Werte ergaben als erwartet. Die notwendige Bereinigung der Daten für die Vorjahre durch das Office of National Statistics steht noch aus.

zahl – darauf einstellen müssen, dass Schrumpfungsprozesse nicht mehr als eine vorübergehende sozioökonomische Schwächephase abgetan werden kann, die durch eine wachstumsorientierte Politik zu überwinden ist. Vielmehr wird oftmals auch bei einer erfolgreichen Stadtentwicklungspolitik mit weiter abnehmenden Bevölkerungszahlen zu rechnen sein. Damit werden in aller Regel ein deutlicher Anstieg von Senioren und eine drastische Abnahme der Schülerzahlen verbunden sein. Die Konkurrenz zwischen den Kommunen um Einwohner wird stark zunehmen und eine selektive Abwanderung zur Folge haben.

Ökonomisch hält der Trend zu einer fortschreitenden Globalisierung an. Der Rückgang des Arbeitskräftepotenzials in den schrumpfenden Regionen dürfte angesichts hoher struktureller Arbeitslosigkeit und einer fortschreitenden Tertiärisierung der Wirtschaft nur in qualifizierten Bereichen zu einem Arbeitskräftemangel führen. Allerdings wird die regionale Kaufkraft vielerorts geschwächt werden.

Ökologisch gesehen scheint eine Entdichtung der Agglomerationen in Europa und der Rückzug des Menschen aus dünn besiedelten peripheren Gebieten einer Umweltentlastung zugute zu kommen, zumal dies begleitet wird von einer anhaltenden großräumigen Auslagerung von Umweltbelastungen durch die Verlagerung von umweltgefährdenden Industriezweigen in Billiglohnländer. Ob dies letztlich zu einem besseren Zustand der Umwelt führen wird, bedarf allerdings noch intensiver Untersuchungen. In Ostdeutschland hält ungeachtet der Bevölkerungsabnahme der Trend zu einem immer höheren Flächenverbrauch an (Dosch 2002). Durch eine Entdichtung könnte zudem die Effizienz des Stoff- und Energieverbrauchs abnehmen und einer weiteren Zunahme des motorisierten Individualverkehrs Vorschub geleistet werden.

Im kulturellen Bereich wird es aus Kostengründen für die Kommunen schwer werden, den erreichten Standard zu halten. Schließungen und Zusammenlegungen von Museen, Theatern und Bibliotheken werden die Folge sein. Gerade der Wandel bietet aber auch kulturelle Perspektiven. Neue Lebensstile, ein neues Freizeitverhalten der Bewohner bieten die Chance, die entstehenden Freiräume zu nutzen und eine neue kulturelle Identität der Orte zu gestalten. In gewisser Weise steht jede schrumpfende Stadt vor der Aufgabe, sich selbst neu zu erfinden und ihr Selbstbild der veränderten Situation anzupassen.

Die Architektur der Zukunft muss, will sie den Erfordernissen einer schrumpfenden Gesellschaft gerecht werden, Gebäude für flexible multifunktionale Nutzungen entwerfen. Nicht zuletzt durch den Alterungsprozess der Gesellschaft werden sich die Bedarfe verändern. Zwischennutzungen und Leerstände werden zunehmen und zum normalen Stadtbild gehören. Durch obsolet gewordene Gebäude besteht die Chance, dem Bedarf an öffentlichem Grün besser als in der Vergangenheit zu entsprechen. Die Aufrechterhaltung einer funktionsfähigen Infrastruktur wird hingegen tendenziell schwieriger, da diese meist statisch angelegt ist und bei sinkenden Nutzern höhere Kosten verursachen wird (Winkel 2002).

Die möglicherweise größte Herausforderung für die Kommunen besteht in der Absicherung der eigenen Handlungsfähigkeit angesichts einer äußerst problematischen Finanzlage. Weniger Einwohner werden weniger Steuern und weniger Gebühren zahlen. Das entstehende Finanzloch kann durch die ausgabenseitigen Einsparungseffekte nicht ausgeglichen werden, da viele Angebote den sinkenden Einwohnerzahlen nicht flexibel angepasst werden können. Die sinkende Effizienz der Infrastruktur und steigende Sozialausgaben verschärfen diese Probleme noch.

Schrumpfung als in Teilräumen dominante Entwicklung zu akzeptieren, erfordert ethisch-normativ gesehen letzten Endes die (Durch-)Setzung neuer Lebensstile und die Entwicklung eines neuen Wohlfahrtsverständnisses. Die verbreitete Gleichsetzung von Entwicklung mit Wachstum muss abgelöst werden durch einen qualitativen Entwicklungsbegriff, der sich an der Leitvorstellung einer nachhaltigen Entwicklung orientiert.

Diese Aufzählung mag ein wenig eklektizistisch wirken und sie kann sicherlich keinen Anspruch auf Vollständigkeit erheben. Gleichwohl verdeutlicht sie die Bandbreite und Dimension der Herausforderung, vor der schrumpfende Kommunen in Deutschland und Europa heute stehen.

3 Umgang mit strukturellen Schrumpfungsprozessen – Fallbeispiele

Im Folgenden soll der Umgang mit strukturellen Schrumpfungsprozessen in Europa anhand von vier ausgewählten Beispielen demonstriert werden.

Zunächst werden dabei zwei europäische Großstädte – Newcastle in Nordostengland und Bilbao im spanischen Baskenland – beleuchtet. Beide stehen beispielhaft für altindustrialisierte Städte, die frühzeitig und in erheblichem Ausmaß von demographischen und ökonomischen Schrumpfungsprozessen betroffen waren, und die daraufhin international beachtete kommunale Strategien entwickelt haben, um die tief greifende Strukturkrise zu überwinden. Sie stehen damit zugleich für einen europaweiten Trend zur Renaissance der integrierten strategischen Planungsansätze (Wiechmann 2002).

Die beiden anderen Beispiele behandeln ostdeutsche Entwicklungsstädte, die monoindustriell ausgerichtet waren und die nach der Wende in Ostdeutschland eine weitgehende Deindustrialisierung mit den entsprechenden ökonomischen und demographischen Folgen hinnehmen mussten. Schwedt und Johanngeorgenstadt gehören damit zweifellos zu den Städten, in denen der Stadtumbau Ost vor besonders großen Herausforderungen steht und in denen entsprechend früh diesbezüglich Maßnahmen ergriffen wurden.

3.1 Strategien Europäischer Großstädte

3.1.1 Newcastle: Die klassische Antwort: „Going for Growth"

Newcastle upon Tyne zählt neben Sunderland und Middlesbrough zu den wichtigsten Zentren im Nordosten Englands. Das engere Ballungsgebiet „Tyne and Wear", benannt nach den beiden wichtigsten Flüssen, zählt insgesamt rund 1,2 Mio. Menschen. Zusammen mit den weiter südlich gelegenen englischen Ballungsräumen gehört es zu den Kernräumen der frühesten Industrialisierung im späten 18. und frühen 19. Jahrhundert. Zugute kamen dem Standort dabei neben der Seenähe v. a. reichhaltige Steinkohlevorkommen in der Region. Seit dem 18. Jahrhundert basierte der zunehmende Wohlstand fast ausschließlich auf der Kohle. Die Stadt wuchs von 28 000 Einwohnern um 1800 auf 215 000 Einwohner um 1900. Im Zuge der Industrialisierung entstanden große Werke der chemischen Industrie, des Maschinen- und Eisenbahnbaus. Der wirtschaftliche Niedergang Newcastles begann bereits mit der Krise der englischen Montanindustrie nach dem Ersten Weltkrieg. Kurzen Phasen des wirtschaftlichen Aufschwungs, so z. B. in den 1960er Jahren, folgten immer wieder anhaltende Phasen des Niedergangs. Ehemalige Arbeiterviertel entlang der Tyne, wie Walker, Byker, Benwell und Scottswood, die in den letzten dreißig Jahren über ein Drittel ihrer Einwohner verloren haben, kämpfen seit Jahren mit massiven sozialen Problemen. 1999 standen im Stadtgebiet 8 600 Wohnungen leer (7 % des Bestandes). Allein zwischen 1981 und 2001 verlor Newcastle 24 500 Einwohner, das entspricht einem relativen Verlust von 8,6 % (Abb. 1). 2001 lebten bei weiter sinkender Tendenz noch 259 600 Einwohner in der Stadt.

Heute ist die Stadt mit zwei Universitäten zum Dienstleistungszentrum für eine dicht verstädterte Region geworden. Die Erneuerung der georgianischen Innenstadt gilt englandweit als Vorbild. Entlang der Quayside ist der Strukturwandel in vollem Gange. Wo sich vor zwanzig Jahren noch das industrielle Zentrum der Region befand, finden sich heute Promenaden mit Hotels, Restaurants und Cafés. Mit der Gateshead Millennium Bridge, einer gewagten Konstruktion einer hochklappbaren Fußgängerbrücke nach dem Modell eines Augenlids (Abb. 2), und dem „Baltic Centre for Contemporary Art" in den umgebauten Silos einer ehemaligen Mühle wurden gerade zwei neue Attraktionen geschaffen, die der Stadt helfen sollen, das Image der Stadt als Englands „Party Town" auszufüllen.[3]

---

[3] Genau betrachtet wurden diese Attraktionen nicht von bzw. in Newcastle geschaffen, sondern von Gateshead, einer eigenständigen Stadt am gegenüberliegenden Ufer der Tyne. An den Projekten zeigten sich exemplarisch die Schwierigkeiten, denen sich eine regionale Kooperation im Raum Newcastle gegenübersieht. Eine geplante gemeinsame Finanzierung der Millennium Bridge kam trotz weitgehender Interessenkongruenz nicht zustande.

Abb. 2: Gateshead Millennium Bridge in Newcastle
(Quelle: www.gateshead.gov-uk)

Das wichtigste Planungsdokument der Stadt Newcastle ist ein vom Stadtrat im Jahr 2000 beschlossener Strategieplan mit dem Titel „Going for Growth". In ihm wird eine Vision für die Stadt mit dem Zeithorizont 2020 beschrieben. Das Hauptanliegen des Strategieplans besteht darin, den lang anhaltenden Schrumpfungstrend in Newcastle zu stoppen. Durch Schaffung von 30 000 neuen Arbeitsplätzen und 20 000 neuen Wohnungen (bei parallelem Abriss von 6 600 alten Wohnungen) soll ein „wettbewerbsfähiges, kohäsives und kosmopolitisches regionales Zentrum von internationaler Bedeutung" (NCC 2000a, S. 3) entstehen. „Our approach needs to be radical, we must accept that in certain areas the urban structure is broken and cannot be mended." (NCC 2000c, S. 4).

Der Strategieplan teilt die Stadt in Bezug auf die Vitalität und Entwicklungsfähigkeit der unterschiedlichen Stadtteile anhand ausgewählter Schlüsselindikatoren in drei Gebietskategorien ein: „Green Areas" sind strukturstarke Gebiete, die ökonomisches Wachstum unterstützen. „Red Areas" haben fundamentale Schwächen und bedürfen daher umfassender Unterstützung. „Amber Areas" liegen zwischen den beiden Extremen und benötigen nur in bestimmten Handlungsfeldern Hilfe. In Bezug auf die drei Gebietskategorien nennt der Plan spezifische Handlungsansätze, ohne diese konkret zu beschreiben.

Für jene Stadtteile, die die größten Schwächen aufweisen oder die größten Entwicklungschancen bieten, sieht der Strategieplan teilgebietsbezogene Area Master Pläne vor, die im Sommer 2000 erstellt wurden, so für das East End und das West End, aber auch für ein 197 ha großes Entwicklungsgebiet auf der „Grünen Wiese". Interessant ist bei letzterem ein verbindliches „Joint venture agreement" für Neubauten im „Newcastle Great Park". Der Developer kann auf der „Grünen Wiese" nur solange bauen, wie der stadtweite Anteil von Neubauten auf Brachflächen nicht unter 66 % aller Neubauten sinkt. Vorbehaltlich der Erreichung der Gewinnschwelle ist der Developer sogar verpflichtet, selbst auf den innerstädtischen Brachflächen Wohngebäude zu errichten, um das angestrebte 2 : 1-Verhältnis von „brown field development" zu „green field development" zu erreichen (Carmona, Carmona, Gallent 2001, S. 61).

Abb. 3: „Going for Growth – a green paper" (Auszüge)
(Quelle: Newcastle City Council 2000a)

Da die Region Newcastle zu den ältesten altindustriellen Schrumpfungsregionen weltweit zählt, wäre eigentlich zu erwarten, dass dort eine weit entwickelte und differenzierte Debatte über den strategischen Umgang mit Schrumpfung vorzufinden ist. Die Antwort der Stadt in Form des Strategieplans „Going for Growth" enthält zwar innovative Elemente, ist aber im Kern konventionell. Der Schrumpfung soll mit neuem Wachstum begegnet werden, ohne dass schlüssig begründet wird, wie der Trendumbruch bewerkstelligt werden soll.

Der Strategieplan wurde von verschiedenen Seiten öffentlich scharf angegriffen (NCC 2000b). Unter anderem wurden kritisiert, dass die Strategie deterministisch angelegt ist (Shaw 2001, S. 8) und isoliert vom regionalen Kontext entwickelt wurde (Byrne 2000). Der Kernvorwurf besteht aber darin, dass der Strategieplan seiner ausgeprägten partizipativen Rhetorik zum Trotz in der lokalen Tradition paternalistischer Politik stehe (Healey 2002, S. 183). Zwar wurden im August 1999 alle 124 000 Haushalte sowie alle Unternehmen in Newcastle per Brief zur Mitwirkung aufgefordert und im Januar 2000 4 500 Exemplare des Green Papers „Going for Growth" verteilt, die Strategieinhalte wurden jedoch in verwaltungsinternen Arbeitsgruppen ausgearbeitet und „Top-down" vorgegeben. Die Sprache, in der die Strategie verfasst wurde, ist dementsprechend geprägt von einem professionell-planerischen Stil, in dem den einzelnen Stadtgebieten Stärken oder Schwächen aus Sicht öffentlicher Akteure und privater Investoren bescheinigt werden, ohne dass die Wahrnehmungen und Sichtweisen der Bewohner selber eingebracht oder reflektiert wurden. „Despite the rhetoric of consultation, participation and neighbourhood management, this plan seems targeted to external audiences, the providers of „massive investment", without which very little of the 'radical change' can happen" (Healey 2002, S. 190).

Die erkennbare Orientierung auf externe Investoren, verbunden mit selektiven Abrissplänen in sozial schwachen Gebieten, stärkt die Befürchtung der lokalen Bevölkerung vor einem „Yuppy Takeover", also davor, Opfer von Gentrifizierungs- und Verdrängungsprozessen in gewachsenen Stadtquartieren zu werden. Öffentliche Proteste waren die Folge. Der City Council sieht sich damit zunehmend in einer Zwickmühle: einerseits ist die Einwerbung von öffentlichem und privatem Kapital unabdingbar, um das anspruchsvolle Ziel einer Trendwende in der Stadtentwicklung Newcastles zu erreichen. Öffentliche Gelder setzen aber auch in England zunehmend den Nachweis von partizipativen Entscheidungsprozessen voraus. Andererseits haben die Stadträte aufgrund der jahrelangen Erfahrungen den Eindruck, dass gerade ein bewohnerorientiertes kleinteiliges Vorgehen nicht zu den notwendigen Reformen und Strukturveränderungen geführt hat. Daher ist zu befürchten, dass die „Going for Growth"-Strategie das Schicksal einer Vielzahl ähnlicher Initiativen in Newcastle teilen wird, die eine Zeit lang mobilisierend wirkten, letztlich aber doch nach relativ kurzer Zeit von einer neuen Initiative oder einem neuen Förderprogramm verdrängt wurden und ohne große Wirkung blieben. „Unfortunately GfG [Going for Growth] has provoked a wider feeling of disquiet and uncertainty which is not the best way to attract business or to win the commitment of the population – both vital to success" (Shaw 2001, S. 13)

3.1.2 Bilbao: Strategische Inszenierung „Metropoli 30"

Bilbao hat ähnlich wie Newcastle seinen Aufstieg zum regionalen Industriezentrum seiner Lage in Seenähe, in diesem Fall am Golf von Biscaya, zu verdanken. Zwar setzte die Industrialisierung der nordspanischen Stadt später ein, dafür verlief der Ausbau der Hafen- und Industrieanlagen entlang des Flusses Nervión seit 1870 umso dynamischer. Vorherrschende Wirtschaftszweige waren die Eisen-, Stahl- und Chemieindustrie, begünstigt durch die Lage an bedeutenden Schifffahrts- und Eisenbahnlinien. Der wirtschaftliche

Aufstieg Bilbaos erreichte in den 1920er Jahren seinen Höhepunkt. Mit der allgemeinen Strukturkrise in der europäischen Schwerindustrie in den 1960er und 1970er Jahren begann eine lang anhaltende krisenhafte Entwicklung der Stadt.

Anfang der 1980er Jahre, als die Krisensymptome in der städtischen Wirtschaft immer deutlicher wurden, lebten noch über 1 Million Menschen in der Metropolregion mit 30 Kommunen, davon mehr als 430 000 Menschen in der Stadt Bilbao. Seither ist in der Kernstadt ein deutlicher Rückgang auf 353 943 Einwohner im Jahr 2001 zu konstatieren (-18 %). Die Arbeitslosigkeit stieg in den 1980er Jahren auf über 25 %. Zentrale Stadtgebiete entlang des Flussufers wurden von heruntergekommenen Industrieruinen und großflächigen Brachen bestimmt. Wie in vielen anderen europäischen Städten liegen die Ursachen dieser Schrumpfung außer in dem krisenhaften Niedergang der Schwerindustrie, auch in einem anhaltenden Suburbanisierungsprozess und in sinkenden Geburtenziffern (in Spanien besonders).

Vor diesem Hintergrund initiierte die Regierung der Autonomen Region Baskenland gemeinsam mit dem Provinzialrat Bizkaia 1989 einen strategischen Plan für die Revitalisierung der Metropolregion Bilbao. 1991 kam es zu der Gründung der Vereins „Bilbao Metrópoli 30" durch die baskische Regierung und das baskische Abgeordnetenhaus. Satzungsgemäß soll der Verein zum Zweck der Revitalisierung der Metropolregion Bilbao Marketingfunktionen übernehmen und Studien erstellen.[4] Da sich die Mitglieder aus dem Kreis der wichtigen staatlichen Institutionen und der größten Firmen der Region rekrutierten, entstand eine politisch und wirtschaftlich einflussreiche Gruppe, die sich um die strategischen Investitionen der nächsten Jahre kümmern sollte. Bis 2001 sind zu den 19 Gründungsmitgliedern 79 weitere zahlende Mitglieder hinzugekommen.

Bereits ein Jahr später, im November 1992, kam es zur Schaffung einer weiteren Einrichtung mit der Bezeichnung „Bilbao Ría 2000" (Ría = nordspan. Fjord). Die Aufgabe dieser staatlich finanzierten GmbH besteht hauptsächlich im Entwurf, in der Planung und Realisation von Projekten auf den Industriebrachen der Stadtregion. Neben der nationalen und regionalen Regierung sowie den Städten Bilbao und Barakaldo, die zusammen 50 % der Gesellschaftsanteile halten, haben sich hier mit einer staatseigenen Grundstücksgesellschaft, der Hafenbehörde und zwei lokalen Eisenbahngesellschaften jene staatlichen Unternehmen zusammengeschlossen, die Eigentümer großer Grundstücke entlang des Nervión waren und sind. Durch diese Akteursbündelung, die ein eigentums- und planungsrechtlich abgestimmtes Vorgehen ermöglichte, konnten in den vergangenen zehn Jahren umfangreiche Projekte

---

[4] Die Satzung von ‚Bilbao Metrópoli 30' definiert in Art. 6 die Aufgaben des Vereins wie folgt: „La 'Asociación para la Revitalización del Bilbao Metropolitano' tiene por finalidad la realización de acciones de promoción y estudio encaminadas hacia la revitalización del Bilbao Metropolitano, entendiendo por tal la aglomeración urbana del Bajo Nervión definida como una realidad social y económica sin limites territoriales precisos".

mit einer Investitionssumme von insgesamt 557 Mio. Euro durchgeführt werden („Bilbao Ría 2000" 2002: 33). Der räumliche Fokus ist dabei beschränkt auf die ehemaligen Industrie- und Hafenanlagen zwischen dem Stadtzentrum Bilbaos und der Mündung des Nervión in den Golf von Biscaya. Zusammen mit „Bilbao Metrópoli 30" fördert und leitet das rein exekutiv operierende Unternehmen „Bilbao Ría 2000" die Revitalisierung der Metropolregion (Mozas 1996).

Zentrales Plandokument ist der von „Bilbao Metrópoli 30" im Jahr 1992 vorgelegte „Plan estratégico para la revitalización del Bilbao Metropolitano", der den Anspruch formulierte „offen, pluralistisch, integriert, modern, kreativ, sozial und kulturell" zu sein („Bilbao Metrópoli 30" 1992). Er wurde unter Mitwirkung von Andersen Consulting in vier Phasen erarbeitet und identifizierte zunächst sieben vorrangige Themen („temas críticos"):

- Investition in die Humanressorucen
- Dienstleistungsmetropole in einer modernen Industrieregion
- Mobilität und Erreichbarkeit
- Regeneration der Umwelt
- Urbane Regeneration
- Kulturelle Zentralität
- Koordiniertes Management durch öffentliche Verwaltung und privaten Sektor

Die unübersehbaren sozialen Probleme führten 1993 dazu, dass ein achtes Thema ergänzt wurde:

- Soziale Maßnahmen

Dem Strategieplan liegt ein nicht-deterministisches Planungsverständnis zugrunde, demzufolge der Plan in einem konstanten dynamischen Prozess dem permanenten sozioökonomischen Wandel in der Stadtregion anzupassen ist. Regelmäßig wurde der Strategieplan durch Aktionspläne untersetzt, die vorrangige und ergänzende Projekte definierten. Als Analyse- und Reflexionsinstrument gibt der Verein „Bilbao Metrópoli 30" zudem seit 1993 jährliche Berichte über den Fortschritt bei der Umsetzung der Strategie heraus. Eine aktuelle Fortschreibung der Strategie mit dem Zeithorizont 2010 erfolgte zuletzt im April 2001 unter dem Titel „Bilbao as a Global City" („Bilbao Metrópoli 30" 2001).

Kennzeichnend für das strategische Vorgehen in Bilbao ist der Versuch, die Stadt als postindustrielle „Global City" des 21. Jahrhunderts neu zu erfinden. Planung wurde „ganz bewusst als Arbeit an dem Bild betrieben, das die Menschen von der Stadt haben. Der Umbau und die Erneuerung galten zunächst dem Image der Orte. Die Strategie war, den Namen international bekannt zu machen und ihn mit Attraktoren zu verknüpfen" (Franck 2002). In einer Art „Schocktherapie" (Kühn 1997) hatte man sich entschlossen, mitten ins verwahrloste Zentrum kulturelle Highlights zu setzen. Viele internationale Stararchitekten arbeiteten in den 1990er Jahren in Bilbao: das spektakulärste Projekt, Frank Gehrys Guggenheim-Museum (Abb. 4), lockt jährlich über eine Millionen Touristen nach Bilbao. „Aus der traurigen Arbeiterstadt ist ein Kunstmekka ersten Ranges geworden, ein wettbewerbsfähiger Standort, der Menschen und Investitionen anlockt, der sich mit dem Mehrwert Kunst das Bild einer modernen Stadt mit Zukunft erkauft hat" (Zeese 2000).

Abb. 4: Das Guggenheim-Museum in Bilbao

Der Erfolg des Guggenheim-Museums in Bilbao hat europaweit Aufsehen erregt und zu einer Neubewertung der Rolle der Kultur in Revitalisierungsstrategien geführt.

Ein weiteres Kennzeichen der strategischen Ausrichtung der Revitalisierungsanstrengungen in Bilbao ist die erfolgreiche Ausformung von Public-Private-Partnerships, wie sie in „Bilbao Metrópoli 30" und „Bilbao Ría 2000" zum Ausdruck kommt (Marshall 2001, S. 64; Vegara 2001, S. 94). Allerdings setzt hier auch die Kritik an: Der Einfluss der – oft auch in öffentlicher Hand befindlichen – Wirtschaft führte zu einer Orientierung auf spektakuläre Projekte und einer relativ schwachen Position von

Gemeinwohlinteressen. „Die Wiederbelebung der Stadt wird zum umfassenden Marketingprojekt, beeinflusst von Werbekonzepten, die ein attraktives Erscheinungsbild, urbane Symbolik, Stararchitektur oder Spektakulärbauten propagieren" (Mozas 1996). Als problematisch erwies sich die Tatsache, dass wirtschaftliche Interessen zu einer faktischen Rollenteilung zwischen der Non-Profit-Organisation „Bilbao Metrópoli 30" und dem finanzstarken Unternehmen „Bilbao Ría 2000" führten. Während „Bilbao Metrópoli 30" für die Strategieformulierung und Verbreitung dieser Strategie zuständig war, selbst aber keine Umsetzungsmöglichkeiten hatte, konzentrierte sich „Bilbao Ría 2000" auf die Umsetzung von Projekten. Die Leitidee dabei war, dass die soziale und ökonomische Regeneration eine völlige Erneuerung der physischen Infrastruktur voraussetzt (Gonzales Ceballos 2001, S. 8). Hier spielten aber nicht die integrierten und langfristigen strategischen Erwägungen, sondern oftmals kurzfristige finanzielle und projektbezogene Erwägungen die entscheidende Rolle. Im Widerspruch zu der Planrhetorik erfolgte die tatsächliche Entwicklung fragmentarisch.

Begünstigt wurde diese Entwicklung durch das Fehlen einer starken politischen Institution in der Metropolregion. Wesentliche Entscheidungen wurden oft in informellen Gesprächen durch eine kleine Gruppe einflussreicher Akteure getroffen (Gonzales Ceballos 2001, S. 14). Kritik macht sich daher in Bilbao auch an der Art fest, wie in dem Strategieentwicklungsprozess Entscheidungen vorbereitet und getroffen wurden. Zwar wurde auch in Bilbao die strategische Planung als Konsensbildungsprozess unter Einbeziehung verschiedenster Interessen verstanden (Euronet 1996). Sporadische Treffen ohne ausreichendes Zeitfenster für den Austausch von unterschiedlichen Positionen machten jedoch einen breiten Konsens über die strategischen Ziele und Maßnahmen unmöglich (Esteban 2000, S. 102). Dadurch konvertierte der Strategieentwicklungsprozess mit der Zeit mehr und mehr zu einem Prozess der Legitimation der großen städtebaulichen Projekte.

Das „Miracle of Bilbao" (Vegara 2001, S. 93) ist nicht das Ergebnis einer systematischen Umsetzung des von „Bilbao Metrópoli 30" entwickelten Strategieplans. Relevante Maßnahmen wurden von anderen Akteuren in anderen Konstellationen beschlossen und durchgeführt. Der eigentliche Erfolg der strategischen Planung in Bilbao ist vielmehr in der Überwindung des negativen Images der Stadt zu sehen. Die beteiligten Akteure waren im Inszenieren ihrer Initiative außerordentlich erfolgreich, und dies wurde in positive Impulse für die Revitalisierung der Stadt umgesetzt.

3.2 Handlungsansätze in ostdeutschen Entwicklungsstädten

Wie verhalten sich nun die Ansätze des Stadtumbaus in Ostdeutschland im Verhältnis zu den Strategien schrumpfender europäischer Großstädte? Um dies zu illustrieren, sollen im Folgenden in knapper Form die Handlungsansätze in Schwedt und

Johanngeorgenstadt beleuchtet werden. Die beiden Beispiele wurden ausgewählt, da hier aufgrund der außerordentlich großen Strukturprobleme der Handlungsbedarf früher erkannt wurde und die zu ergreifenden Maßnahmen weit reichender sind als in der Mehrzahl der ostdeutschen Kommunen. An den beiden Städten lassen sich daher die ostdeutschen Bemühungen besonders deutlich darstellen.

3.2.1 Schwedt: Pionier des Rückbaus

Ein Beschluss des SED-Politbüros zur Ansiedlung des Petrochemischen Kombinats (PCK) ließ ab 1958 im ostbrandenburgischen Schwedt einen der größten Industriestandorte Ostdeutschlands entstehen. Die im Zweiten Weltkrieg weitgehend zerstörte Stadt wuchs dank der Erdöl- und Papierindustrie bis 1980 zu einer Neubausiedlung mit 55 000 Einwohnern an. Insgesamt wurden 21 000 Wohneinheiten (über 90 % des Bestandes) in industrieller Bauweise (Plattenbauten) errichtet.

Bis 1989 beschäftigte das PCK 9 000 Menschen. Nach der politischen Wende und der Einführung der Marktwirtschaft erwies sich die industrielle Monostruktur in Schwedt als schwere Hypothek. Auch wenn der Chemiestandort mit der PCK Raffinerie GmbH erhalten werden konnte, sank die Zahl der Arbeitsplätze auf 1 400 im Jahr 2000. Die Arbeitslosenquote liegt seit Jahren über 20 %. Die Bevölkerung nahm um mehr als 25 % auf heute noch knapp über 40 000 Einwohner ab. Prognosen erwarten einen weiteren Rückgang auf 30 000 Einwohner bis 2010. Mit dem Rückgang verbunden war die Schließung von 6 Kindertagesstätten und 2 Schulen. Bereits Ende 1997 standen ca. 10 % der Wohnungen leer. 2001 waren es über 3 000 Wohneinheiten. Mietausfall und laufende Betriebskosten belaufen sich für die kommunale Wohnungsgesellschaft pro Jahr und leer stehende Wohnung auf ca. 4 000 Euro (Adam 1998).

Diese dramatische Entwicklung führte dazu, dass der Stadtumbau in der Oderstadt frühzeitig in Angriff genommen wurde. War bis Mitte der 1990er Jahre auch in Schwedt die Stadtentwicklungspolitik von den klassischen städtebaulichen Instrumenten „unter dem Paradigma des Wachstums und der Expansion" (Schauer 2001, S. 22) geprägt, so führte eine offene und bewusste Auseinandersetzung mit der zu erwartenden Schrumpfung in der Folgezeit zu einem „Entwicklungsprinzip des Veränderns ohne Wachstum, ja sogar mit bleibenden Verlusten an funktioneller und baulicher Substanz" (ebd.). Um den verbleibenden Wohnungsbestand in der Stadt dauerhaft vermietungsfähig zu halten, sah die Stadt keine Alternative zu einem flächenhaften Abriss. Eine Arbeitsgruppe mit den verschiedenen Ämtern der Stadtverwaltung, den beiden kommunalen Wohnungsunternehmen und Kommunalpolitikern suchte in einem iterativ angelegten Verfahren nach Lösungen, ehe in einem zweiten Schritt die Öffentlichkeit einbezogen wurde.

Im Ergebnis wurde für die am Stadtrand gelegenen und besonders vom Leerstand betroffenen Plattenbaugebiete „Talsand", „Am Waldrand" und „Kastanienallee" mit zusammen 10 100 Wohneinheiten im Jahr 1999 eine Sanierungssatzung nach dem besonderen Städtebaurecht des Baugesetzbuchs beschlossen. Die Maßnahme ist Teil des städtebaulichen Rahmenplans, der bis zum Jahr 2010 den stufenweisen Abriss von 2 850 Wohnungen und weitere Bestandsreduzierungen durch Umnutzungen und Wohnungszusammenlegungen im Umfang von 500 Wohnungen vorsieht (Rietdorf, Liebmann, Haller 2001).

Bis Ende 2000 wurden auf dieser Grundlage bereits 750 Wohnungen abgerissen. Dabei entstanden Kosten von ca. 8 Mio. Euro. Der strategische Ansatz von Stadt und Wohnungsunternehmen sieht vor, die gesamtstädtischen Leerstände möglichst im Wohngebiet „Am Waldrand" zu konzentrieren. Dadurch werden die anderen Wohngebiete der Stadt stabilisiert und ein flächenhafter Abriss am Rand des Siedlungskörpers möglich. Dieses Prinzip soll Sicherheit schaffen und dazu beitragen, dass der „Schrumpfungsprozess kein Prozess des Absterbens wird oder so empfunden wird" (Schauer 2001, S. 25). Die von außen nach innen rückgebauten Siedlungsflächen wurden entweder nicht wieder bebaut und tragen somit als Grünflächen zur Verbesserung der städtebaulichen Situation im Plattenbauareal bei oder werden als potenzielle Eigenheimflächen vorgehalten.

Bereits Ende 2000 musste der Rahmenplan überarbeitet werden, da die gesamtstädtischen Prognosen aufgrund der anhaltend negativen Dynamik nach unten korrigiert wurden. Die aktuellen Planungen sehen den flächenhaften Abriss von 3 000 Wohneinheiten sowie den punktuellen Abriss von max. 1 100 weiteren Wohneinheiten in den nächsten zehn Jahren vor. Die 2. Stufe des Rahmenplans enthält hierfür „gebäudescharfe Abgrenzungen zwischen Erhalt und Sanierung oder Leerzug und Abriss" (Schauer 2001, S. 24).

Die in Schwedt frühzeitig gesammelten Rückbauerfahrungen führten nicht zuletzt dazu, dass die Stadt in dem bereits erwähnten Modellwettbewerb „Stadtumbau Ost – Für lebenswerte Städte und attraktives Wohnen" im Jahr 2002 den 1. Preis gewann. Eine erste Auswertung der Wettbewerbsbeiträge durch das auslobende Bundesministerium für Verkehr, Bauen und Wohnen (BMVBW) kommt zu dem Schluss, dass „wesentliches Kennzeichen für nahezu alle Preisträger ist, dass sie sich weniger durch innovative Ideen als durch eine konsequente, solide Darstellung des stufenweise Machbaren bei klarer Zielsetzung für den Stadtumbau auszeichnen" (BMVBW 2002). Insgesamt würden die Kommunen bei der Darstellung der Stadtumbaustrategien den Schwerpunkt auf die förderfähigen Tatbestände setzen. Allerdings seien Problemanalysen und Strategien oft nicht schlüssig aufeinander bezogen gewesen. Während die städtebauliche Perspektive hervorragend aufgegriffen werde, kämen wohnungswirtschaftliche Aspekte zu kurz. Die Investitionsbereitschaft privater Investoren bzw. der Eigentümer würde einfach vorausgesetzt.

3.2.2 Johanngeorgenstadt: Regionales Sanierungs- und Entwicklungsgebiet[5]

Die Region um Johanngeorgenstadt im sächsischen Westerzgebirge steht gut ein Jahrzehnt nach der politischen Wende in Ostdeutschland vor schwierigen Herausforderungen. Diese gehen im Wesentlichen zurück auf den Uranbergbau der Sowjetisch-Deutschen Aktiengesellschaft Wismut Ende der 1940er und in den 1950er Jahren, der schwerwiegende städtebauliche und landschaftliche Schäden verursacht und die traditionellen Erwerbsquellen und Wirtschaftsstrukturen der Region verdrängt hat (Müller, Rathmann, Wirth 2002).

In den 1950er Jahren waren zeitweise über 100 000 Menschen in den Schachtanlagen der Region beschäftigt. Die Einwohnerzahl erhöhte sich von 6 500 (1946) auf 40 000 (1953). Die Siedlungsfläche verzwanzigfachte sich im gleichen Zeitraum. Trotz der Ansiedlung von Ersatzindustrien im Rahmen der sozialistischen Planwirtschaft ging die Einwohnerzahl nach Ende der ersten Abbauphase wieder auf 10 000 (1960) zurück. Nach der Wende 1989 waren die verbliebenen Industriebetriebe unter Wettbewerbsbedingungen nicht mehr überlebensfähig. Mit dem Arbeitsplatzabbau ging im Zeitraum 1990 bis 2000 ein weiterer Bevölkerungsverlust von -15 % auf 6 306 Einwohner einher.

Neben den durch den Uranbergbau verursachten Umweltschäden und Imageproblemen wirken sich heute vor allem städtebauliche Missstände und Wohnungsleerstände, die mittelbar auf den Uranbergbau zurückzuführen sind, negativ auf die Region aus. Darüber hinaus sehen sich die an der tschechischen Grenze gelegenen Gemeinden mit den allgemeinen Problemen strukturschwacher, peripherer Räume konfrontiert.

Angesichts der Häufung von Einzelproblemen zeichnete sich Mitte der 1990er Jahre ab, dass die zur Verfügung stehenden kommunalen Instrumente nicht ausreichen. Klassische Instrumente staatlicher Strukturpolitik, wie die GA-Mittel, wurden mangels Investoren kaum nachgefragt. Rechtliche Regelungen gingen am Bedarf der Gemeinden vorbei. So erwies sich das auf die Modernisierung und Privatisierung von kommunalem Wohnraum ausgerichtete Altschuldenhilfegesetz als ungeeignet für den erforderlichen Rückbau von ganzen Wohngebieten aus der Wismutzeit. Für die

---

[5] Die Ausführungen zu Johanngeorgenstadt basieren auf dem Modellvorhaben der Raumordnung „Sanierungs- und Entwicklungsgebiet Uranbergbau", das das Institut für ökologische Raumentwicklung unter Federführung Prof. Dr. Bernhard Müller, Jörg Rathmann und Dr. Peter Wirth im Auftrag des Lenkungsausschusses „Sanierungs- und Entwicklungsgebiet Uranbergbau", gefördert durch das Bundesministerium für Verkehr, Bau- und Wohnungswesen sowie das Sächsische Staatsministerium des Innern, im Zeitraum 1997-2001 durchgeführt hat (Müller, Rathmann, Wirth 2002). Das Aktionsprogramm „Modellvorhaben der Raumordnung" wird vom Bundesamt für Bauwesen und Raumordnung (BBR) betreut. Es ist Kernbestandteil der aktions- und projektorientierten Raumordnungspolitik des Bundes seit 1992 und soll nachahmenswerte Beispiele regionaler Kooperationen entwickeln.

Sanierung der Hinterlassenschaften des Uranbergbaus ist die Wismut GmbH nach dem Wismutgesetz nicht zuständig.

In dieser Situation wurde im Zeitraum 1997 bis 2001 ein Pilotprojekt „Sanierungs- und Entwicklungsgebiet Uranbergbau" durchgeführt. Ziel war es, die Ausgangsbedingungen für eine nachhaltige räumliche Entwicklung zu schaffen, in dem fachliche Förderprogramme regional gebündelt werden. Mit Unterstützung von Bund und Land wurde in einer informellen, interkommunalen Kooperation von insgesamt 7 Gemeinden mit 21 000 Einwohnern auf einer Fläche von 127 km² in einem kooperativen Prozess Grundlagen für einen im Mai 2002 verabschiedeten „Sanierungs- und Entwicklungsrahmenplan" (SERP) erarbeitet und ein Regionalmanagement mit Experten- und Promotorengremien etabliert. Zu den in Angriff genommenen Projekten gehören auch Rückbaumaßnahmen: so wurden bis 2002 bereits 500 Wohneinheiten in ehemaligen Bergarbeiterwohnhäusern in Johanngeorgenstadt abgerissen.

Das Sanierungs- und Entwicklungsgebiet (SEG) hat zweifellos dazu beigetragen, die überregionale politische Aufmerksamkeit für die besonderen Probleme der Region zu erhöhen. Mit Unterstützung des Bundesforschungsministeriums wird der regionale Kooperationsprozess bis 2005 fortgeführt. Seit Anfang 2000 werden Bund-Länder-Gespräche zur Altlastensanierung geführt und die Wismut GmbH hat von der Bundesregierung den Auftrag erhalten, erste Erkundungsarbeiten durchzuführen. Dessen ungeachtet bestehen die grundsätzlichen Strukturschwächen weiter, und die Kommunen sind unverändert mit der Sanierungsaufgabe finanziell überfordert. Das Mitte der 1990er Jahre noch angestrebte Ziel, die Bevölkerungszahl zu stabilisieren bzw. auf einen Wachstumspfad zurückzukehren, wurde längst aufgegeben. Die Region stellt sich heute vielmehr auf fortgesetzte Bevölkerungsverluste in den nächsten 15 Jahren in Höhe von mehr als einem Drittel seiner heutigen Einwohner ein (Müller, Matern 2003).

4   Handlungsoptionen in der Stadtentwicklung

4.1   Vergleich der vorhandenen Handlungsansätze

Vergleicht man die verfolgten Strategien in Newcastle und Bilbao, zeigen sich einerseits auffällige Parallelen – beide Städte sehen in der Initiierung neuen Wachstums die Antwort auf strukturelle Schrumpfungsprozesse. Durch stadträumlich selektive Maßnahmen soll ein investorenfreundliches Umfeld geschaffen werden. Unterstützt wird dies von einer Planung, die ihre Erneuerungsbestrebungen nicht nur auf die Stadtphysis bezieht – durch den systematischen Abriss nicht mehr genutzter Gebäude und Infrastrukturen – sondern explizit auch auf das Stadtimage. Spektakuläre Projekte dienen hierfür als Kristallisationspunkt. Eine Partizipation der Bewohner der Stadt wird in beiden Städten zwar verbal reklamiert, findet aber tatsächlich kaum statt.

Andererseits lassen sich auch klare Unterschiede ausmachen: Die strategische Planung setzte in Bilbao deutlich früher ein und fokussierte weitaus stärker als in Newcastle auf spektakuläre Einzelprojekte. Dabei nahm man eine Fragmentierung der Stadtentwicklungspolitik in Kauf und verzichtete anders als Newcastle darauf, integrierte Pläne für einzelne Stadtgebiete zu entwickeln. Dafür wurde von Anfang an die Metropolregion als Ganzes betrachtet, wohingegen in Newcastle nur das Stadtgebiet einbezogen wurde. Durch die Projektorientierung gelang es Bilbao, handlungsfähige Public-Private-Partnerships zu etablieren, während die Bemühungen in Newcastle kommunalverwaltungslastig blieben. Die unterschiedliche Herangehensweise zeigt sich schließlich auch im Planungsverständnis, das in Newcastle eher deterministisch, in Bilbao hingegen stärker dynamisch angelegt war.

In der Bilanz haben es beide Strategien durch ein geschicktes Planungsmarketing vermocht, internationale Aufmerksamkeit auf sich zu ziehen. Die tatsächlichen Wirkungen auf die Stadtentwicklung in Newcastle und Bilbao sind jedoch recht schwierig einzuschätzen. Auf den ersten Blick erscheint Bilbaos Strategie effekt- und damit wirkungsvoller. Ob dies langfristig eine Umkehr der Schrumpfungsprozesse in der Stadtregion bewirken kann, ist jedoch zumindest zweifelhaft. In Bilbao hält der negative Bevölkerungstrend an und die Stadt Newcastle musste aufgrund des jüngsten Zensus in England im Jahr 2001 ihre Einwohnerzahl um ca. 20 000 Einwohner nach unten korrigieren – auf ein Niveau, das laut Strategieplan erst im Jahr 2020 gedroht hätte, wenn nicht gegengesteuert würde.

Auch ein Vergleich der beiden dargestellten ostdeutschen Beispiele zeigt eine Reihe Gemeinsamkeiten. Die Adressaten der Strategien, die in einem mehr oder weniger breiten Kooperationsprozess erarbeitet wurden, sind in erster Linie Bund und Land als öffentliche Fördermittelgeber. Das Fehlen privatwirtschaftlicher Finanzierungsmodelle ist mangels Investoren und eigener Leistungsfähigkeit der Kommunen konsequent und bedingt eine planerisch-administrative Sprache. Diese ist zumeist sachlich-nüchtern und zur Vermittlung einer Aufbruchstimmung nur bedingt geeignet. Die besondere Problematik in Schwedt und Johanngeorgenstadt hat in beiden Städten in den letzten Jahren zu einem pragmatischen Realismus geführt, der von traditionellen Wachstumserwartungen Abstand genommen hat. Man konzentriert sich auf Machbares und hofft insbesondere auf die Hilfe von Bund und Land.

Vergleicht man nun den Umgang mit strukturellen Schrumpfungsprozessen in den beiden europäischen Großstädten und den beiden ostdeutschen Entwicklungsstädten miteinander, treten bei grundsätzlich vergleichbaren Herausforderungen interessante Unterschiede zutage.

In allen vier Fällen

- führten veränderte wirtschaftliche Rahmenbedingungen zu einer anhaltenden Strukturkrise,

- in deren Folge die Arbeitslosigkeit stark anstieg und zwischen 8 % und 18 % der Einwohner in einem Zeitraum von weniger als 15 Jahren die Stadt verließen;
- Leerstand von Wohn- und Gewerbeimmobilien und ein sich verschlechterndes Image verschärften die Problemlage.
- Die Städte versuchten auf diese Krisen mit langfristig angelegten, strategischen Rahmenkonzepten und sektoral übergreifende Lösungen zu reagieren,
- die einerseits auf eine Um- und Nachnutzung des Bestands und andererseits auf einen gezielten Rückbau nicht mehr genutzter Gebäude und Infrastrukturen orientierten.
- Ein Hauptadressat der Strategiepläne waren die öffentlichen Fördermittelgeber auf nationaler oder regionaler Ebene.

Jedes dieser strategischen Konzepte wies in seiner Spezifik eine Reihe von Besonderheiten auf. Sie waren regional oder lokal angelegt, eher verwaltungs- oder projektbezogen, flächendeckend oder punktuell, eher deterministisch oder stärker dynamisch. Interessant für die hier behandelte Thematik ist aber ein prinzipieller Unterschied zwischen den deutschen Beispielen und dem englischen bzw. spanischen Beispiel, der sich v. a. an zwei Punkten festmachen lässt:

1. Sowohl in Newcastle als auch in Bilbao wird in der Initiierung neuen Wachstums die einzig überzeugende Antwort auf die Schrumpfungsphänomene gesehen. Anders als in Schwedt und Johanngeorgenstadt geht es nicht um die pragmatisch-realistische Begleitung und „Abfederung" unvermeidbarer Schrumpfungsprozesse, sondern um eine anvisierte radikale Trendumkehr.
2. Zur Vermarktung des Strategieplans und zur Anwerbung der für das angestrebte Wachstum benötigten Investoren greifen die Strategiepläne in Newcastle und Bilbao eine ökonomisch geprägte Sprache auf. Stadtentwicklung wird als Marketingprojekt definiert, das auf urbane Symbolik und spektakuläre Projekte setzt.

Natürlich müssen die Unterschiede vor dem Hintergrund der unterschiedlichen ökonomischen Rahmenbedingungen und institutionellen Kapazitäten gesehen werden. Gleichwohl ist in keinem der vier dargestellten Beispiele tatsächlich eine Trendumkehr zu neuem Wachstum gelungen und es spricht relativ wenig dafür, dass dies in den kommenden Jahren gelingt. Allerdings konnten sowohl Newcastle als auch Bilbao mit ihren Strategien das schlechte Image ihrer Städte in den vergangenen Jahren deutlich verbessern, während die Rückbaumaßnahmen in Schwedt und Johanngeorgenstadt die Imageprobleme eher noch vergrößert haben.

Es ist jedoch zu früh, um die Strategien abschließend einzuschätzen. Was passiert in Newcastle und Bilbao, wenn deutlich wird, dass allen Bemühungen zum Trotz der

Bevölkerungsrückgang anhält? Häußermann und Siebel kritisierten bereits Ende der 1980er Jahre die gängigen Wachstumsplanungen: „Unsere zentrale These ist, dass die gegenwärtig dominante Orientierung, Schrumpfen in Wachstum umkehren zu wollen, die negativen Folgen nicht nur verstärkt, sondern auch Möglichkeiten neuer urbaner Lebensformen verbaut" (Häußermann, Siebel 1987). Es besteht zweifellos die Gefahr, dass wachstumsorientierte Strategien erhebliche Ressourcen für Investoren aufwenden, die niemals kommen werden. Großräumig betrachtet wird an der demographischen Schrumpfung vieler Städte in Europa kein Weg vorbei führen. Eine vorausschauende Stadtentwicklungspolitik sollte diese Tatsache berücksichtigen und nicht einseitig alle Maßnahmen auf neues Wachstum konzentrieren.

In diesem Sinne könnte der Stadtumbau in Ostdeutschland europaweit wichtige Erfahrungen sammeln. Es ist das erste Mal in der Geschichte des modernen Städtebaus, dass Planer sich angesichts von Strukturkrisen in großem Umfang von der Illusion neuen Wachstums frei machen und einen pragmatischen Rückbau anstreben. Allerdings wird es notwendig sein, stärker als bisher kreative Lösungen zu entwickeln und die mit der Schrumpfung verbundenen Chancen zu nutzen. Eine Überschätzung der sozialökonomischen Entwicklung zu vermeiden und dennoch eine Aufbruchstimmung zu erzeugen, könnte sich als entscheidender Erfolgsfaktor beim strategischen Umgang mit Schrumpfungsprozessen herausstellen.

4.2 Zur Notwendigkeit eines neuen Planungsverständnisses

Schrumpfungsprozesse werden im 21. Jahrhundert ein normaler Vorgang gesellschaftlicher Entwicklung und ein wichtiger Trend in der europäischen Stadtentwicklung. Die Raum- und Stadtplanung ist in der Praxis jedoch noch nicht ausreichend auf Schrumpfungsprozesse vorbereitet. Oftmals folgt das kommunalpolitische Instrumentarium noch den vorherrschenden Wachstumszielen und orientiert sich am Planungsbedarf unter Wachstumsbedingungen. Die gleiche Orientierung gilt auch für das raumordnerische Instrumentarium, da auch hier der Grundsatz des Bestandsschutzes von erheblicher Wirkung ist. Die Festlegung von Zentralen Orten und Entwicklungsachsen verliert ihre steuernde Wirkung, wenn es keine zusätzlichen Bedarfe zu verteilen gibt. Typische Vorgaben in regionalen und kommunalen Plänen sind von expansiven Entwicklungserwartungen geprägt: Schaffung zusätzlicher Arbeitsplätze, das Wachstum der Wirtschaft, der Infrastrukturausbau etc. Eine Umorientierung von Wachstums- auf Schrumpfungsprozesse bedeutet ein anderes Verständnis von Planung und verlangt eine Abkehr von „ingenieurtechnischer Planung". Es geht vielmehr um Prozesssteuerung und Bestandsentwicklung, um Umbau statt Neubau. Das bedingt eine generelle Abkehr von vertrauten Vorgehensweisen.

Die aktuellen Entwicklungstendenzen legen es nahe, dass neben das traditionell wachstumsorientierte Planungsparadigma in Zukunft ein „Paradigma der Schrumpfung" treten muss (Müller, Wiechmann 2003; Müller 2003). Dieses ist charakterisiert durch die Kernelemente Bestandsentwicklung, Stabilisierung, Regeneration und qualitative Entwicklung (Abb. 5). Das Management von Schrumpfungsprozessen bedarf v. a. der Vernetzung von Akteuren. Einflussnahme erfolgt als Prozesssteuerung und insbesondere durch Beratung, Anleitung und Moderation. Mit den Worten von Tom Koenigs, dem ehemaligen grünen Stadtkämmerer Frankfurts, geht es darum, „in den Menschen zu investieren, nicht in Beton".

Klassische Wachstumsplanung	Nachhaltige Bestandsentwicklung
• Ziel: Wachstum	• Ziel: Korrektur, Stabilisierung und Erhalt der Regenerationsfähigkeit
• Vorrangige Aufgabe: Defizite durch zusätzliche Angebote abbauen, Investitionen kanalisieren	• Vorrangige Aufgabe: Defizite im Bestand abbauen, Deinvestitionen verhindern
• Steuerung durch Pläne bei umfassenden Bestandsschutz	• Prozesssteuerung (Beratung, Moderation)
• Orientierung auf neue Bauflächen und Neubauten	• Orientierung auf Um- und Nachnutzung des Bestands und kreativen Rückbau
• Eindeutige, verbindliche Vorgaben (z. B. für Art und Maß der Nutzung)	• Alternative Entwicklungsmöglichkeiten, multifunktionale Architektur
• Sozial-räumliche Trennung von Wohnen, Arbeiten, Einkaufen und Erholen	• Effizienter Mitteleinsatz durch strategische Rahmenkonzepte und sektoral übergreifende Lösungen

Abb. 5: Klassische Wachstumsplanung versus Nachhaltige Bestandsentwicklung

Die Initiierung und Organisation von Rückbau erfordert ebenso eine strategische Planung und integrierte Konzepte, wie die Verbindung von Sanierungs- und Entwicklungsaufgaben bei knapperen finanziellen Ressourcen. Von der Planung werden nicht nur Folgenabschätzungen und die Entwicklung von Nutzungsoptionen erwartet, sondern auch die direkte Umsetzung durch Projekte und vertragliche Regelungen sowie die Aktivierung von Akteuren aus Staat, Wirtschaft und Zivilgesellschaft (Müller, Wiechmann 2003). Dabei sollte Schrumpfung auch als Chance begriffen werden – neue Raum- und Zeitpotenziale werden verfügbar. Der Verzicht auf die weitere Zersiedelung des Raumes oder die Sicherung von landwirtschaftlich wertvollen Böden könnten langfristig positive Effekte sein. Eine nachhaltige Entwicklung wird es ohne Stagnation bzw. Schrumpfung nicht geben. „Das Schrumpfen gehört zum Wachsen wie das Ausatmen zum Einatmen. Schrumpfen ist wie Ausatmen: Wer nur einatmet, erstickt." (Jorden 2000, S. 145)

Schrumpfen als in Teilräumen dominante Entwicklung darf nicht verleugnet werden, auch wenn Planung der Schrumpfung schwieriger und politisch unverdaulicher ist als Planung des Wachstums. Der zwangsläufige Verzicht auf üppige Finanzmittel und der fehlende Bedarf an Neubauten verlangt ein neues Planungsverständnis, eine neue Planungskultur, die sich an der behutsamen und strategischen Entwicklung des Bestandes orientiert. Die Erfahrungen mit dem Stadtumbau in Ostdeutschland können hier europaweit als wichtiger Schritt in diese Richtung interpretiert werden. Politisch wird Schrumpfung in den Städten und Regionen aber erst diskussionsfähig, wenn ein neues Leitbild entworfen wird, dass ein positives Denken ermöglicht und Investitionen anlockt. Diesbezügliche Bestrebungen in Bilbao können als beispielhaft angesehen werden. Schrumpfung an sich kann kein Ziel sein, sondern muss in eine mobilisierende und zukunftsgewandte Strategie übersetzt werden.

Literatur

Adam, Stefan (1998): Plattenbauten in Schwedt werden blockweise abgerissen – Abtragen der obersten Stockwerke käme teurer. In: Berliner Zeitung vom 18.04.1998.

Bilbao Metrópoli 30 (1992): Plan Estratégico para la Revitalización del Bilbao Metropolitano. Bilbao.

Bilbao Metrópoli 30 (2001): Bilbao as a Global City – Making Dreams come True, Bilbao 2010 La Estrategia. Bilbao.

Bilbao Ría 2002 (Hrsg.) (2000): What is Bilbao Ría 2000? In: „Bilbao Ría 2000" – Magazine, Nr. 5, Mai bis Oktober 2002, S. 32-34.

BMVBW (Bundesministerium für Verkehr, Bauen und Wohnen) (2002): Erste Ergebnisse der Auswertung der Wettbewerbsbeiträge, unter: http://www.bmvbw.de/ Aktuelles.

Byrne, David (2000): Newcastle's Going for Growth: governance and planning in a post-industrial society, Northern Economic Review, Nr. 30, S. 3-16.

Carmona, Matthew; Carmona, Sarah; Gallent, Nick (2001): Working together – a guide for planners and housing providers. London.

Dosch, Fabian (2002): Auf dem Weg zu einer nachhaltigeren Flächennutzung? In: Informationen zur Raumentwicklung, Heft 1/2.2002, S. 31-45.

Esteban, Marisol (2000): Bilbao, Luces y Sombras del Titanio – El proceso de regeneración del Bilbao Metropolitano. Bilbao.

EU Kommission (Hrsg.) (2002): Erster Zwischenbericht über den wirtschaftlichen und sozialen Zusammenhalt, KOM(2002) 46, Brüssel (http://europa.eu.int/comm/ regional_policy).

EURONET (1996): Metropolitan Bilbao, Spain, Strategic Plan for the Revitalisation of Metropolitan Bilbao, A Local Sustainability Case Study, Last Update: October 1996 (http://www3.iclei.org/egpis/egpc-052.html).

Franck, Georg (2002): Zur urbanen Ökonomie der Aufmerksamkeit, Georg Franck im Interview – Email-Interview von Ch. Kamleithner und U. Häberlin. In: dérive-Zeitschrift für Stadtforschung, Nr. 7 (März 2002), S. 8-10.

Gonzales Ceballos, Sara (2001): Key concepts in the „new institutionalism" approach, the context of Urban Regeneration strategies (unveröffentlichtes Manuskript).

Häußermann, Hartmut; Siebel, Walter (1987): Neue Urbanität, Frankfurt/M.

Healey, Patsy (2002): Place, identity and governance: transforming discourses and practice. In: Hillier, J.; Rooksby, E. (Hrsg.): Habitus: a sense of place, Aldershot, S. 173-202.

Jorden, Walter (2000): Schrumpfen heißt Ausatmen, Analogien zum Wandel in Welt und Wirtschaft. In: Hager, Frithjof; Schenkel, Werner (Hrsg.): Schrumpfungen – Chancen für ein anderes Wachstum, Ein Diskurs der Natur- und Sozialwissenschaften. Berlin et al., S. 137-146.

Kühn, Christian (1997): Von Highways und Sackgassen. In: Spectrum vom 22.11.1997.

Marshall, Richard (2001): Remaking the image of the city: Bilbao and Shanghai. In: Marshall, Richard: Waterfronts in Post-Industrial Cities, S. 53-73.

Mozas, Javier (1996): Bilbao: Eine städtebauliche Collage. In: Werk, Bauen + Wohnen, Nr. 12 /1996. S. 43-48.

Müller, Bernhard (2003): Regionalentwicklung unter Schrumpfungsbedingungen. Herausforderungen für die Raumplanung in Deutschland. In: Raumforschung und Raumordnung (RuR), Jg. 61, H. 1/2, S. 28-42.

Müller, Bernhard; Matern, Antje (2003): Teilstudie Bevölkerungsprognose im Untersuchungsgebiet, Umbau von Siedlungsstrukturen unter Schrumpfungsbedingungen – Modellvorhaben im „Zentralen Erzgebirge um Johanngeorgenstadt", Dresden (unveröff. Studie).

Müller, Bernhard; Wiechmann, Thorsten (2003): Anforderungen an Steuerungsansätze der Stadt- und Regionalentwicklung unter Schrumpfungsbedingungen. In: Müller, Bernhard; Pohle, Hans; Siedentop, Stefan (Hrsg.): Raumentwicklung unter Schrumpfungsbedingungen, ARL-Arbeitsmaterial. Hannover (im Erscheinen).

Newcastle City Council (NCC) (2000a): Going for Growth – a green paper, A citywide vision for Newcastle 2020, Newcastle (http://www.newcastle.gov.uk/gfg2002.nsf/).

Newcastle City Council (NCC) (2000b): Review of the Going for Growth Consultation Process, Cabinet Report by Select Committees Going for Growth Working Group, 15. November 2000 (http://www.newcastle.gov.uk/cab2000.nsf/).

Newcastle City Council (NCC) (2000c): Press pack for launch of Masterplans, June 2000 (http://www.newcastle.gov.uk/gfg2002.nsf).

Rietdorf, Werner; Liebmann, Heike; Haller, Christoph (2001): Schrumpfende Städte – verlassene Großsiedlungen? Stadtstrukturelle Bedeutung und Probleme von Großwohnsiedlungen. In: DISP, Nr. 146, S. 4-12.

Schauer, Peter (2001): Perspektiven der Stadtentwicklung in der Stadt Schwedt/Oder – wie weiter mit dem Stadtumbau. In: Ministerium für Stadtentwicklung, Wohnen und Verkehr des Landes Brandenburg (Hrsg.): MSWV AKTUELL, Nr. 4/2001, Schwerpunktthema: Perspektiven der Brandenburger Städte – Stadtumbau, S. 22-25.

Shaw, Keith (2001): Promoting Urban Renaissance in an English City: Going for Growth in Newcastle upon Tyne, Business Review North East, Vol. 12, S. 18-30 (http://www.sustainable-cities.org.uk).

Vegara, Alfonso (2001): New millennium Bilbao. In: Marshall, Richard: Waterfronts in Post-Industrial Cities, S. 86-94.

Wiechmann, Thorsten (2002): New Strategic Planning Approaches in European Metropolises. In: Provincia di Roma (Hrsg.): International Conference „Quale modello di sviluppo e di organizzazione per l'area metropolitana romana". Rom (im Erscheinen).

Winkel, Rainer (2002): Raumplanung unter neuen Vorzeichen – Konsequenzen veränderter Rahmenbedingungen für die überörtlichen Planungsebenen. In: RaumPlanung, Nr. 104, S. 241-245.

Zeese, Volker (2000): Die Sehnsucht nach Bilbao – Geld oder Liebe: Marketing-Experten und Kulturpolitiker debattieren über die Zukunft der Stadt. In: Die Welt vom 25.10.2000.

Wettbewerbsstrategien von Kommunen zur Weiterentwicklung des Wohnungsbestands – am Beispiel von Leipzig und Münster

Gérard Hutter, Christiane Westphal

1 Einführung

Vor allem Groß- und Mittelstädte leiden unter der Abwanderung von Privathaushalten in die Umlandgemeinden und in der Folge unter Wohnungsleerstand und benachteiligten Stadtquartieren in den Innenstädten oder in innenstadtnahen Bereichen. Dies betrifft neben ostdeutschen Städten auch stagnierende oder schrumpfende Städte und Stadtquartiere im Westen Deutschlands. Folgerichtig hat das Bundesministerium für Verkehr, Bau- und Wohnungswesen (BMVBW) neben dem Programm „Stadtumbau Ost" auch ein Programm „Stadtumbau West" formuliert. Zur Erhaltung der Attraktivität und Funktionsfähigkeit städtischer Strukturen ergibt sich die Notwendigkeit, gezielt Strategien für die Erhaltung und Aufwertung der Siedlungsbestände zu entwickeln. Von besonderer Bedeutung sind dabei die demographischen Rahmenbedingungen für Wohnungsnachfrage und Bestandsentwicklung (vgl. Iwanow in diesem Band).

Die demographische Entwicklung in der Bundesrepublik Deutschland stellt die Kommunen vor die Herausforderung, Strategien mit einer stärkeren Zielgruppenorientierung als bisher zu formulieren (Budäus, Finger 2001, S. 42 ff.). Strategien für Zielgruppen werden bisher vornehmlich von Wohnungsunternehmen entworfen, um ihr Leistungsangebot entsprechend der spezifischen Wünsche einzelner Zielgruppen zu gestalten (vgl. Glatter in diesem Band). Angesichts der sich ausdifferenzierenden Lebensstile (Schneider, Spellerberg 1999) und Wohnwünsche von Privathaushalten, aber auch zur Koordination kommunaler Bestrebungen mit den Vorhaben von Wohnungsunternehmen, wird es für Städte wichtiger, ihre planerischen Strategien auf die besonderen Wohnvorstellungen einzelner Zielgruppen zu beziehen. Plausibel ist zugleich, dass sich städtische Strategien von den Ansätzen der Wohnungsunternehmen deutlich unterscheiden. Kommunen sind institutionell in besonderem Maße auf eine ausgewogene Strategie für alle lokalen Akteursgruppen verpflichtet (Eichhorn 2001). Dies umschließt u. a. lokale Interessen an einer hohen Umweltqualität und einem hochwertigen Arbeitsplatzangebot sowie einem attraktiven Einzelhandel (Mäding 1992).

Kommunen sollten deshalb eine an Zielgruppen orientierte Strategie im Rahmen einer integrierten Bestandsentwicklung formulieren (vgl. Wiechmann in diesem Band). Unter dem Oberbegriff „*Wettbewerbsstrategie*" hat dies in Deutschland beispielsweise die Großstadt Leipzig getan. Ein weiteres Beispiel sind die Planungen Münsters. Es ist nicht verwunderlich, dass zwei Großstädte in gut dokumentierter und anspruchsvoller Weise Strategien mit Zielgruppenorientierung formulieren. Die Differenzierung großstädtischer Verwaltungen in vielfältige Einheiten, insbesondere das Vorhandensein von Stellen speziell für Strategieanalyse und Strategieformulierung, erleichtert es, spezifische Handlungskonzepte für Zielgruppen zu entwickeln. Auffällig ist die Ähnlichkeit der Strategieinhalte und verwendeten Prozessmuster trotz teilweise sehr unterschiedlicher demographischer Rahmenbedingungen (vgl. Hutter et al. 2003).

Die Gemeinsamkeiten und Unterschiede der Strategien von Leipzig und Münster sind Gegenstand der folgenden Ausführungen.[1] Dabei wird zunächst der Ausdruck „*Kommunale Wettbewerbsstrategie für den Wohnungsbestand*" begrifflich geklärt, um eine Abgrenzung vom Konzept unternehmerischer Wettbewerbsstrategien vorzunehmen. Zudem werden die Leitfragen für den Vergleich der beiden Strategiebeispiele skizziert *(Abschnitt 2)*. Danach erfolgt die Darstellung der Wettbewerbsstrategie Leipzigs, wie sie vor allem im Stadtentwicklungsplan „*Wohnungsbau und Stadterneuerung*" dokumentiert ist *(Abschnitt 3)*. Die Stadt Münster spricht in der Studie „*Neues Wohnen im Bestand*" zwar von einer „*marktorientierten Strategie*", verbindet hiermit jedoch ähnliche Überlegungen wie die Stadt Leipzig *(Abschnitt 4)*. Abschließend werden die Untersuchungsergebnisse in den Kontext einer am Bestand orientierten Stadt- und Regionalentwicklung eingeordnet *(Abschnitt 5)*.

2 Begriffliche Klärung und Leitfragen

Wettbewerb wird gemeinhin als Charakteristikum von Marktprozessen gesehen. Von Wettbewerbsstrategien spricht man deshalb, um die Strategien von Unternehmen zu beschreiben, wie ein Blick in verschiedene Lehrbücher des Strategischen Managements zu Unternehmen zeigt (Steinmann, Schreyögg 2000; Müller-Stewens, Lechner 2001). Wettbewerb und Wettbewerbsstrategien sind jedoch auch für Kommunen von zunehmender Bedeutung. Der Verweis auf den „*Bürgermeisterwettbewerb*" innerhalb einer Region um einkommensstarke Einwohner und (vor allem große) Unternehmen findet sich in zahlreichen Erklärungsskizzen zur Stadt- und Regi-

---

[1] Grundlage der Ausführungen sind die Ergebnisse des im Auftrag des Umweltbundesamtes (UBA), Berlin durchgeführten F+E-Vorhaben 200 16 112 „Handlungsansätze zur Berücksichtigung der Umwelt-, Aufenthalts- und Lebensqualität im Rahmen der Innenentwicklung von Städten und Gemeinden – Fallstudien". Das Vorhaben wurde vom Institut für ökologische Raumentwicklung e. V. in Zusammenarbeit mit dem Finanzwissenschaftlichen Forschungsinstitut an der Universität zu Köln (FiFo) durchgeführt. Die Endergebnisse des Vorhabens sind in Hutter et al. (2003) dargelegt.

onalentwicklung, beispielsweise um Ursachen des anhaltend hohen Siedlungs- und Verkehrsflächenwachstums zu bestimmen (Bizer et al. 1998). Auch wird oftmals von einem zunehmenden Wettbewerb zwischen Kommunen unterschiedlicher Regionen ausgegangen (Mäding 1992). Im Mittelpunkt steht dabei zumeist der Wettbewerb von Großstädten als Kernen von Stadtregionen.

Plausibel ist, dass Kommunen *intra*regional sowohl miteinander kooperieren als auch konkurrieren. Reine Kooperation und reiner Wettbewerb sind unwahrscheinliche Extremfälle eines Kontinuums von Mischungen aus Kooperation und Wettbewerb (vgl. Mäding 1998). Für eine sowohl den lokalen als auch den regionalen Interessen angemessene Strategieentwicklung könnte es deshalb dienlich sein, wenn Kommunen neben bewusst kooperativen Handlungsansätzen auch Wettbewerbsstrategien systematischer als bisher formulieren würden. Unterschwellig bzw. implizit verfolgte Wettbewerbsstrategien könnten dadurch explizit und damit der Kritik zugänglich gemacht werden. Auf diese Weise wären im Idealfall die erwünschten Wirkungen von Wettbewerb (*„Anreize zu besseren Leistungen"*) mit Vorteilen der Kooperation (*„gemeinsame Problemlösungen"*) zu kombinieren. Kommunale Wettbewerbsstrategien für den Wohnungsbestand beinhalten also ein Steuerungspotenzial für eine am Bestand orientierte Stadt- und Regionalentwicklung, das hier anhand von zwei großstädtischen Beispielen näher untersucht werden soll.

Der Ausdruck *„Kommunale Wettbewerbsstrategie für den Wohnungsbestand"* wird dabei in einem weiten Sinne verstanden. Wettbewerbsstrategien von Kommunen zielen auf die dauerhafte Gewährleistung der *intra*regionalen Wettbewerbsfähigkeit des lokalen Wohnungsbestands gegenüber dem Wohnungsneubau an nicht-integrierten lokalen und regionalen Standorten. Sie versuchen, die Attraktivität des Bestands im Vergleich zum Neubau auf der *„grünen Wiese"* unter Berücksichtigung des Spektrums von Zielgruppen zu erhöhen und nutzen hierfür eine breite Wissensbasis unter Berücksichtigung u. a. des bauleit- und umweltplanerischen Instrumentariums (Hutter et al. 2003, S. 211 ff.). Wettbewerbsstrategien von Unternehmen hingegen sind in einem engen Verständnis primär durch die Orientierung am Verhalten von Konkurrenten gekennzeichnet. Müller-Stewens und Lechner (2001) unterscheiden deshalb systematisch zwischen unternehmerischen *Wettbewerbs*strategien (z. B. Kostenführerschaft, Fokussierung) und *Markt*strategien (u. a. Rückzug, Marktdurchdringung).

Vier Leitfragen zu kommunalen Wettbewerbsstrategien für den Wohnungsbestand stehen im Vordergrund der Betrachtung:

- *Kommunale Wettbewerbsstrategien als Ausdruck eines neuen Planungsverständnisses?* Zwischen den gesellschaftlichen Verfahren „Markt" und „Planung" bestehen traditionell Spannungen (Fürst, Ritter 1993). Welches Planungsverständnis wird durch den Ausdruck *„Kommunale Wettbewerbsstrategie"* signalisiert?

- *Breites oder enges Spektrum an Zielgruppen?* Wettbewerbsstrategien für den Bestand sollten an dem Verhalten unterschiedlicher Zielgruppen ausgerichtet sein. Angesichts der zunehmenden Differenziertheit der Wohnwünsche ist jedoch unklar, ob Großstädte ein breites auf die Vielfalt der Zielgruppen oder ein relativ enges an lokalspezifischen Besonderheiten ausgerichtetes Spektrum an Zielgruppen für die Strategieformulierung wählen (sollten).
- *Rückbaumaßnahmen als Besonderheit ostdeutscher Städte?* Maßnahmen des Rückbaus werden vor allem bei der Diskussion der Weiterentwicklung ostdeutscher Wohnungsbestände thematisiert. Münster ist eine westdeutsche Stadt nördlich des Ruhrgebiets mit anhaltendem Bevölkerungswachstum. Ist Rückbau hier ein Thema? Gibt es für Großstädte ein Spektrum grundsätzlich relevanter Maßnahmen?
- *Wie verschränken Großstädte strategische und projektbezogene Planungsansätze?* Großstädte wie Münster und Leipzig sind durch Hyperkomplexität gekennzeichnet. Wie kombinieren sie projektübergreifende und projektbezogene Ansätze sowie einzelne Maßnahmen unter Beachtung ihres Ressourcenpotenzials und von externen Umsetzungsbedingungen?

Anhand der Strategien von Leipzig und Münster werden diese abstrakten Ausführungen konkretisiert. Dabei wird zunächst auf die Strategie Leipzigs eingegangen, da ihr ausdrücklich der Begriff „*Wettbewerbsstrategie*" als Oberbegriff zugrunde liegt.

3 Der Stadtentwicklungsplan „Wohnungsbau und Stadterneuerung" der Stadt Leipzig

Leipzig ist eine von Industrie, Handel und Messewesen gekennzeichnete Großstadt im Westen des Freistaates Sachsen. In baulicher Hinsicht ist der hohe Anteil gründerzeitlicher Viertel am Wohnungsbestand und das Vorhandensein großer „*Plattenbaugebiete*" charakteristisch. Leipzig wird deshalb wie Dresden auch als „Doppelstadt" bezeichnet (zum Ausdruck „*Doppelstadt*" vgl. Pfeiffer et al. 2000, S. 21 ff.). Im oftmals durchgeführten Vergleich (z. B. Friedrichs, Küppers 1997) mit der flächenmäßig sehr viel größeren ehemaligen Residenzstadt Dresden fällt die hohe Bebauungsdichte Leipzigs auf. Leipzig gehörte im Jahre 1933 mit 713 000 Einwohnern (in nahezu denselben Grenzen wie 1989) zu den fünf größten Städten Deutschlands (IRS et al. 2001). Seither ging die Einwohnerzahl kontinuierlich zurück. Nach 1989 hat sich dieser Prozess deutlich beschleunigt (Ew. 1989: 538 000, Ew. 2000: 492 854 einschließlich Eingemeindungen). Gegenwärtig ist eine Stagnation der Einwohnerentwicklung zu verzeichnen. Im Jahr 2000 standen ca. 60 000 Wohneinheiten bzw. 19 % des Wohnungsbestands von 311 000 Wohnungen leer. Davon wird nach Ansicht der Stadt Leipzig noch etwa die Hälfte aktiv am Markt angeboten. Der Leerstand konzentriert sich im gründerzeitlichen Bestand, hat jedoch im DDR-Wohnungsbau eine überdurchschnittlich steigende Tendenz.

Der derzeit dramatische Wohnungsüberhang in Leipzig gefährdet aufgrund der negativen Ertragserwartungen für Investitionen in Bau, Modernisierung oder Erhaltung die weitere Bestandsentwicklung. Dabei besteht die Gefahr einer Auflösung des städtebaulichen Gefüges durch den Verlust stadthistorischer und denkmalpflegerischer Zusammenhänge und der mangelnden Auslastung vorhandener Infrastruktur sowie privater und öffentlicher Versorgungseinrichtungen (Stadt Leipzig 2000, S. 41). Deshalb geht es der Stadt Leipzig um die Formulierung einer Strategie, „die bei schrumpfenden Beständen ein funktionsfähiges und gestalterisch hochwertiges städtebauliches Gefüge sicherstellt und die Neubautätigkeit so steuert, dass vorhandene Strukturen sinnvoll gestützt und abgerundet werden" (Stadt Leipzig 2000, S. 42). Für eine offensive stadtentwicklungspolitische Strategie zum Umgang mit dem hohen Wohnungsleerstand hat die Stadt Leipzig, nach eigener Aussage vergleichsweise frühzeitig (Stadt Leipzig, 2000) den Stadtentwicklungsplan *„Wohnungsbau und Stadterneuerung"* formuliert (im Folgenden kurz: STEP). Der STEP ist ein informelles Planungsinstrument im Sinne einer sonstigen Planung des § 1 Abs. 5 Nr. 10 BauGB. Die Stadt Leipzig steuert damit ihr Handeln durch Selbstbindung in Form eines politischen Beschlusses (Stadt Leipzig 2000, S. 83). Der STEP definiert eine gemeinsame Strategie für die drei Aktionsfelder *„Stadterweiterung"*, *„Stadterneuerung"* und *„Großwohnsiedlungen"*. Im Teilplan *„Wohnungsbau"* werden die Standortpotenziale der Wohnungsneubaustandorte in den äußeren Stadtteilen untersucht. Der Teilplan *„Großsiedlungen"* soll sozial, städtebaulich und wirtschaftlich vertretbare Umbaupotenziale zur Verbesserung der Wohnumfeldqualität in diesen Siedlungen liefern. Im Folgenden bleiben diese beiden Teilpläne weitgehend außer Betracht. Im *Teilplan „Stadterneuerung"* werden strategische Überlegungen für die gründerzeitlich geprägten Stadtteile formuliert.

3.1 Der Stadtentwicklungsplan als explizite Wettbewerbsstrategie

Der STEP ist ein sektoral ausgerichteter Stadtentwicklungsplan, der allerdings vor dem Hintergrund einer umfassenden integrativen Perspektive formuliert wird. Ziel ist die Entwicklung eines nachfragegerechten und differenzierten Wohnungsangebots unter Berücksichtigung von ökologischen und städtebaulichen Qualitätskriterien. Im Sinne einer Gleichgewichtsstrategie will die Stadt die in den jeweiligen Angebotssegmenten und Standorten vorhandenen Potenziale ausbauen und damit für jeden Teilmarkt ein hohes Qualitätsniveau gewährleisten. Dabei verwendet die Stadt Leipzig als Oberbegriff ihrer strategischen Überlegungen explizit den Begriff *„Wettbewerbsstrategie"* und greift damit einen Ausdruck auf, mit dem traditionell Gewinnunternehmen ihre Strategien für Marktprozesse bezeichnen.

Die Marktorientierung des STEP kommt auch in der differenzierten Analyse der Entwicklungsperspektiven einzelner Wohnungsmarktsegmente zum Ausdruck. Eine Verschärfung des Wettbewerbs erwartet die Stadt Leipzig vor allem im Einfamilienhaussegment. Sie vermutet, dass künftig innerstädtische Standorte aufgrund vergleichsweise geringer Bodenpreise preislich mit den Angeboten im Umland mithalten könnten. Vorzugsweise sind dabei Standorte in Lücken, Brachen oder Rückbaubereichen zu entwickeln. Innerstädtischer Neubau von *Geschosswohnungen* wird nach Ansicht Leipzigs zukünftig mit ca. 150 WE pro Jahr eine zu vernachlässigende Bedeutung haben. Weiterhin wird von einem Rückgang der Nachfrage nach unsanierten Wohnungen im gründerzeitlichen Wohnungsbau und insgesamt von Wanderungsgewinnen in sanierte Gründerzeitbeständen zulasten der Großwohnsiedlungen ausgegangen. Zur Erhöhung der Wettbewerbsfähigkeit gründerzeitlicher Wohnungen soll das Angebot qualitativ hochwertiger Freiräume verbessert werden, insbesondere das Angebot wohnungsnaher Erholungsflächen, für die Leipzig in vielen Stadtteilen eine Unterversorgung i. w. S. feststellt (Stadt Leipzig 2001a, S. 39).

Die Leitideen ihrer Handlungsstrategie bringt die Stadt Leipzig mit der Formel „*Mehr Grün, weniger Dichte*" zum Ausdruck (Stadt Leipzig 2000, S. 9). Nicht alle Baulücken und Brachflächen seien unter den Rahmenbedingungen ostdeutscher Großstädte baulich zu entwickeln. Zu erwarten seien vielmehr neue Brachen. Wohnungen, die finanziell nicht mehr tragbar seien, müssten vom Markt genommen werden. Die Stadt Leipzig sieht darin aber nicht nur Verluste, „sondern es ergeben sich neue Chancen, in den dichten gründerzeitlichen Gebieten die Lebensqualität durch eine Verbesserung der Ausstattung mit Grün- und Freiflächen zu erhöhen sowie neue Wohn- und Eigentumsformen in gründerzeitliche Strukturen zu integrieren" (Lütke Daldrup 2000, S. 165). Hervorzuheben ist, dass die Stadt Leipzig mit ihrem Leitsatz „*Mehr Grün, weniger Dichte*" keine radikale Abkehr von traditionellen Idealvorstellungen der Wohnungsbebauung anstrebt, sondern eine nuancierte Loslösung vom Anspruch hoher großstädtischer Bebauungsdichten an einzelnen Standorten (Lütke Daldrup 2002). Letztlich soll je nach Standort über die angemessene bauliche Dichte unter Berücksichtigung gesamtstädtischer und standortspezifischer Einflussfaktoren entschieden werden.

3.2 Zielgruppenorientierung – am Beispiel von „Familien mit Kindern"

Die Orientierung des STEP an Zielgruppen kommt nicht allein in inhaltlichen planerischen Aussagen zur Weiterentwicklung des Wohnungsbestands zum Ausdruck, sondern auch in der Art, *wie* sie formuliert sind, um sie an die Adressaten in überzeugender und gut nachvollziehbarer Form zu vermitteln. Strategische Überlegungen werden argumentativ als Strategie zur Gewährleistung eines zukunftsfähigen städtischen Wohnungsmarktes formuliert, ausführlich erläutert und anhand von zahlreichen Karten und Graphiken auch visuell unterstrichen. Diese Gestaltung des

Plandokuments wird verständlich, wenn man berücksichtigt, dass die Stadt Leipzig den STEP auch als *Informationsinstrument* interpretiert. Sie vermutet, dass die Umsetzung insbesondere des Teilplans „*Stadterneuerung*" auf der Mitwirkung zahlreicher lokaler privater Akteure beruht. Der Stadtentwicklungsplan soll deshalb über die Selbstbindung der Stadtverwaltung und Kommunalpolitik hinaus vor allem auch der Information und Motivation der betroffenen Akteure dienen (Unternehmen, Privathaushalte, Verbände, Bürgerinitiativen u. a.). Die Stadt Leipzig will mit ihrem Plan also zur Verbesserung des Informationsstandes lokaler privater Akteure beitragen und die Investitionssicherheit am regionalen Wohnungsmarkt erhöhen, indem sie über kommunale Investitionsabsichten informiert. Angesichts der Natur des STEP als Stadtentwicklungsplan mit gesamtstädtischem Bezug bleiben die Überlegungen gleichwohl relativ abstrakt, verglichen mit Planungen für einzelne Stadtteile (vgl. Abschnitt 3.4).

Zur Erhöhung der Konkurrenzfähigkeit des innerstädtischen gründerzeitlichen Wohnungsbestands gegenüber den Wohnstandorten am Stadtrand und im Umland ist u. a. die Schaffung neuer Wohn- und Eigentumsformen, die Aufwertung städtischer Problemgebiete und eine zielgruppenspezifische Entwicklung neuer Wohnqualitäten und soziokultureller Infrastruktur vorgesehen. Die Stadt Leipzig verfolgt mit dem Stadtentwicklungsplan explizit das Ziel, „die Entwicklung eines nachfragegerechten und differenzierten Wohnungsangebotes zu ermöglichen, das nahezu allen Nachfragegruppen die Gelegenheit gibt, innerhalb der Stadtgrenzen die gewünschte Wohnform zu realisieren." (Stadt Leipzig, 2000, S. 16) Grundsätzlich wird somit keiner Zielgruppe ein Vorrang vor den anderen eingeräumt. Aus den weiteren Aussagen des Stadtentwicklungsplans kann allerdings eine planerische Schwerpunktsetzung für die Nachfragegruppe „Familie mit Kindern" erschlossen werden.

Der Plan zielt darauf ab, die Konkurrenzfähigkeit der inneren Stadt gegenüber dem Stadtrand deutlich zu erhöhen, indem Ansätze forciert werden, die auf die Bedürfnisse potenzieller „*Stadtflüchtlinge*" zugeschnitten sind. Vor allem Familien mit Kindern verlassen nach Auffassung Leipzigs die Altbauquartiere, insbesondere auch aufgrund fehlender wohnungsnaher Grünflächen. Singles, Lebensgemeinschaften ohne Kind, studentische Wohngemeinschaften sowie ältere Ein- und Zweipersonenhaushalte mit Quartiersbindung bevorzugen hingegen die gründerzeitlichen Wohnstandorte. Familien mit Kindern sind sowohl potenzielle Abwanderer als auch Zielgruppe für Maßnahmen zur Integration einfamilienhausähnlicher Wohnformen in den Bestand. Gelingt es, die Vorteile individuellen Wohnens (Eigentumsbildung, Haus und Garten) mit den Vorteilen großstädtischen Lebens (Versorgungseinrichtungen, ÖV, Kulturangebot, Szene) zu kombinieren, so werden diese Standorte gegenüber dem Stadtrand und dem Umland von Familien mit Kindern deutlich bevorzugt. Nach Ansicht Leipzigs sind deshalb zur Weiterentwicklung des Wohnungsbestands neben Maßnahmen des Rückbaus und der Aufwertung von Freiräumen auch Neubauvorhaben von Bedeutung. Dies wird im Folgenden näher erläutert.

3.3 Das Spektrum an Maßnahmen – Neubau auch bei Wohnungsüberversorgung?

Die Stadt Leipzig formuliert ihre Wettbewerbsstrategie für den Bestand als *Doppelstrategie* aus *Erhaltung* und *Umbau*. Ziel der Teilstrategie „*Erhaltung*" ist die nachfragegerechte Unterstützung des Sanierungsprozesses in erhaltungsfähigen Quartieren, die das „*Bild*" der Stadt Leipzig prägen. Individuelle und vielfältige Wohnformen mit unterschiedlichen Standards sowie Ansätze zur Steigerung des Wohnflächenverbrauchs in den gründzeitlichen Beständen sind zu entwickeln. Die Erhaltungsstrategie setzt also auf eine Weiterentwicklung der Bestandsnutzung entsprechend gesellschaftlicher Trends zur Individualisierung, Flexibilisierung und eines steigenden Wohnflächenkonsums ohne größere baulich-physische Eingriffe in Form von Umbaumaßnahmen. Ziel der *Teilstrategie „Umbau"* ist es hingegen, in Gebieten mit Defiziten und gegenwärtig sehr begrenzter „*Zukunftsfähigkeit*" einen Umbauprozess in Form größerer Eingriffe in die baulich-physische Substanz zu initiieren. Insbesondere in diesen Gebieten sollen auch in Loslösung zur überlieferten Identität der Stadt Leipzig neue Wohnqualitäten im Bestand realisiert werden, beispielsweise durch Erhöhung der Freiraumverfügbarkeit infolge des Rückbaus von nicht mehr markt- und zukunftsfähigen Siedlungsteilen. In den Umstrukturierungsgebieten sowie in Erhaltungsgebieten ermittelt die Stadt Leipzig ein stadtstrukturell verträgliches Rückbaupotenzial von insgesamt ca. 7 500 WE. Stadträumlich zeigt der Zielplan, dass die Schwerpunkte des Problemdrucks vor allem im Westen und Osten der Stadt sowie entlang der Geschäfts- und Ausfallstraßen liegen. Die Wettbewerbsstrategie als Doppelstrategie wird in *fünf Programmbereiche* differenziert, die die Komplexität der grundsätzlich relevanten Maßnahmen und den integrativen Charakter des Stadtentwicklungsplans verdeutlichen (Integration von Verkehrsplanung, Freiraum- und Bauleitplanung, kommunale Arbeitsmarktpolitik u. a.).

Hervorzuheben ist, dass auch Neubau von Wohnungen kein „*Tabuthema*" in Leipzig darstellt. Neubau ist sowohl für die Erhaltung als auch den Umbau des Bestands von Bedeutung. So ist z. B. im Rahmen des Stadtteilplans „*Maßnahmenplan Gohlis-Süd*" der Neubau von Stadthäusern auf im städtischen Eigentum befindlichen baulich ungenutzten Flächen vorgesehen (Stadt Leipzig, 2001b). Die Stadt Leipzig betont zugleich den geringen quantitativen Stellenwert von Neubau für die Wettbewerbsstrategie insgesamt. Neubau, insbesondere zur Integration einfamilienhausähnlicher Formen in den Bestand, dient vor allem dazu, ortsansässige „*junge Familien*" am Standort zu halten oder dort anzusiedeln. Insofern widerspricht die Berücksichtigung von Maßnahmen des Neubaus auch nicht der Gesamtausrichtung der Strategie Leipzigs zur Weiterentwicklung des Wohnungsbestands im Rahmen eines regionalen Wohnungsmarkts ohne Wachstum.

Im Sinne einer modernen Stadtentwicklungsplanung (Brake 2000), die verfügbare Ressourcen und Umsetzung beachtet (Budäus, Finger 2001), fragt die Stadt Leipzig, wie eine realistische Strategie bei sehr begrenzten kommunalen finanziellen Ressourcen, der begrenzten Effektivität des bauleitplanerischen Instrumentariums zur Steuerung von Schrumpfung (vgl. Müller, Wiechmann 2003) und der hohen Komplexität von großstädtischen Entwicklungen zu entwickeln ist. Zentrales analytisches Mittel, um diese Frage zu klären, ist die Beurteilung des Handlungsbedarfs und Handlungsmöglichkeiten anhand der Differenzierung von fünf Gebietstypen: *Konsolidierungsgebiete* sind Gebiete, die aufgrund ihrer spezifischen Rahmenbedingungen und des erreichten Sanierungsstands eine positive Entwicklung ohne weiteren Einsatz von Förderinstrumenten zeigen oder erwarten lassen. *Erhaltungsgebiete* sind Gebiete, die aufgrund guter Lagequalitäten und eines gegenwärtig oder künftig positiven Umfeldes eine langfristige, realistische Perspektive als Wohnstandort haben und deren Struktur weitgehend erhalten, erhaltungswürdig und unter Einsatz von Fördermitteln auch erhaltungsfähig ist. In *Umstrukturierungsgebieten mit Priorität* soll eine gravierende Störwirkung auf die Umgebung beseitigt, eine Planungsabsicht dringend gesichert oder ein Potenzial kurzfristig genutzt werden. *Umstrukturierungsgebiete ohne Priorität* kennzeichnet eine offene Entwicklungsperspektive. Der Einsatz von Förderinstrumenten für investive Maßnahmen ist nicht vorgesehen. *Gebäudezeilen mit Priorität* können in allen vier o. g. Gebietstypen auftreten. Sie haben eine hohe städtebauliche Bedeutung (z. B. wichtiger Erschließungsraum) und weisen einen akuten Handlungsbedarf auf.

3.4 Differenzierung gesamt- und teilstädtischer Ansätze

Städtische Entwicklungsprozesse im Allgemeinen, großstädtische Prozesse im Besonderen, sind durch eine hohe Komplexität gekennzeichnet (vgl. die Studie von Holtmann, Schaefer 1996 zu Nürnberg). Offen ist deshalb die Frage, wieweit die Adressaten kommunaler Planungen über die formellen, beispielsweise bauleitplanerisch geregelten Verfahren hinaus, in die Strategieformulierung einbezogen werden sollten (IRS et al. 2001). Am Strategiebeispiel Leipzig fällt im Hinblick auf diese Frage die systematische Differenzierung der planerischen Handlungsansätze nach verschiedenen räumlichen Bezugsebenen auf.

Die räumliche Bezugsebene des STEP ist das gesamte Stadtgebiet. Gleichwohl ist der STEP bisher nicht flächendeckend angelegt. Der Erarbeitung der Teilpläne ging eine gesamtstädtische Analyse voraus, aus der drei Problemsegmente abgeleitet wurden: die 24 gründerzeitlichen Gebiete, die 14 DDR-Großsiedlungen und die 263 Standorte des Wohnungsneubaus, von denen 163 im Teilplan „Wohnungsbau" näher untersucht wurden. Nicht näher analysiert wurden beispielsweise die bestehenden Kleinsiedlungsgebiete. Die Stadt vermutet, dass sich diese Gebiete auch ohne stärkere Einflussnahme positiv entwickeln. Insofern erfolgt mit dem Stadtentwicklungsplan zwar eine Konzentration der planerischen Aktivitäten. Deren Selektivität ist jedoch angesichts der Berücksichtigung von insgesamt 38 Bestandsgebieten und 163 von 263 Standorten des Wohnungsneubaus nicht übermäßig hoch.

Der STEP wurde primär von Kommunalpolitik und Stadtverwaltung Leipzig erarbeitet. *Stadtteilpläne* hingegen werden im Ansatz unter Berücksichtigung der Vorstellungen der Adressaten in den Stadtteilen erarbeitet, beispielsweise anhand der Durchführung von Befragungen und Workshops. Die Stadt Leipzig strebt an, dass Stadtteilpläne Bürgern und Investoren ein konkretes *„Bild"* davon vermitteln, welche Maßnahmen die Stadtverwaltung in den nächsten fünf Jahren in einem bestimmten Gebiet durchzuführen vorsieht. Sie sieht darin einen Beitrag zur Verbesserung der Investitionssicherheit in einer von hohen Risiken geprägten Marktsituation (Stadt Leipzig 2001b). Stadtteilpläne sollen die Bewohner der Stadtteile über die Planungsvorstellungen der Stadt Leipzig informieren und zum Verbleib motivieren. Für diejenigen Stadtteile, die in ihren Grundstrukturen als gefestigt angesehen werden können und nur teilräumlich Probleme aufweisen (z. B. Gohlis-Süd, Leutzsch, Connewitz), sind *„Maßnahmenbezogene Stadtteilpläne (kurz: Maßnahmenpläne)"* zu erarbeiten (Stadt Leipzig 2001b). In Stadtteilen mit gravierendem Leerstand (vor allem Stadtteile im Leipziger Osten und Westen) werden zur Entwicklung neuer stadträumlicher Strukturen *„Konzeptionelle Stadtteilpläne"* erarbeitet.

4 Die Strategie Münsters für den Siedlungsbestand

Die Stadt Münster ist durch eine kompakte Kernstadt, k ar abgegrenzte Stadtteile mit funktionsfähigen Stadtteilzentren sowie ein Grünsystem mit Ringen und Radialen gekennzeichnet. Sie bietet deshalb gute Voraussetzungen für eine am Bestand orientierte Siedlungsentwicklung (Hauff 2000, S. 82). Seit Anfang der 90er Jahre ist in der Stadt Münster auf der gesamtstädtischen Ebene ein anhaltendes, mittlerweile moderates Einwohnerwachstum zu verzeichnen. Die Stadt Münster hat derzeit 280 000 Einwohner (http://www.muenster.de/stadt/wifoe/st_infra_text.html am 28.02.2003). Für das Jahr 2010 werden 291 000 Einwohner prognostiziert (Pahl-Weber et al. 2000, S. 1). Schrumpfung ist trotz des gesamtstädtischen Wachstums ein Thema in Münster (siehe das Vorwort des Baubürgermeisters in der Studie *„Neues Wohnen im Bestand"*, Pahl-Weber et al. 2000). Schrumpfungsprozesse sind in zentrumsnahen Stadtteilen zu beobachten. Dies betrifft v. a. die inneren Stadtquartiere, die gegenüber den Außenstadtteilen und dem Umland Wanderungsverluste verzeichnen (Stadt Münster 2001a, S. 8 f.).

Die Stadt Münster formulierte das Ziel einer am Bestand orientierten Stadtentwicklung (Vorrang *„Innen- vor Außenentwicklung"*) bereits Anfang der 1990er Jahre als Ziel der Stadtentwicklung. Ziel war es, die Flächenpotenziale im Bestand durch Konversion, Lückenschließung und Nachverdichtung bestmöglich zu nutzen. Maßnahmen der Innenentwicklung sollten sich auf Gebäude und Gebäudegruppen, Straßenzüge, Baulücken oder Brachflächen beziehen (Stadt Münster 1997, S. 11). Aktuell wird eine auf den Siedlungsbestand konzentrierte Innenentwicklung primär als eine qualitative Herausforderung verstanden. Ziel der Strategie Münsters ist demnach weniger die Vermeidung eines allein quantitativ definierten Wohnungsmangels und mangelnder Baulandreserven als vielmehr die Anreicherung des Bestands mit neuen Wohn- und Lebensqualitäten. Die Mitten der Siedlungsräume sollen zu aktiven Erlebnisräumen werden und die Anpassung der Siedlungsbestände an künftige Anforderungen gefördert werden (Stadt Münster 2000a, S. 38). Damit zeichnet sich in Münster eine ähnliche Interpretation einer am Bestand orientierten Strategie wie in Leipzig ab: Innenentwicklung wird als Stärkung der Konkurrenzfähigkeit des Bestands gegenüber neuen Wohnbaugebieten verstanden. „Das Motiv, freie Flächen im Siedlungsbestand zu nutzen, mit dem Ziel, den Flächenverbrauch in Neubaugebieten zu reduzieren, wird zurücktreten hinter das Motiv, innere Entwicklung zu fördern, um den Gebrauchswert des Siedlungsbestands aufrechtzuerhalten und nach Möglichkeit weiterzuentwickeln." (Stadt Münster 2000a, S. 19). Um die strategischen Überlegungen Münsters zu konkretisieren, eignet sich die strategische Studie „Neues Wohnen im Bestand" sowie das vom Rat der Stadt Münster verabschiedete Handlungsprogramm Wohnen (Stadt Münster 2000a) sofern man sie im Zusammenhang mit weiteren Dokumenten zur Strategie Münsters interpretiert (Hauff 2000).

Die Bemühungen um eine Wettbewerbsstrategie des Wohnungsbestands sind in einen gesamtplanerischen Kontext eingebunden. Umweltplan, Grünordnung, Raumfunktionales Entwicklungskonzept (RFK) und das Zentrenkonzept wirken gemeinsam im Hinblick auf eine qualitative Entwicklung des Siedlungs- und Wohnungsbestands. Sie enthalten integrativ aufeinander abgestimmte Aussagen zu Siedlungs- und Freiraumstrukturen und gewährleisten die umfassende Berücksichtigung ökologischer Belange bei der Siedlungsflächenplanung. Zur Steigerung der Qualitäten des Bestands maßgeblich sind weiterhin Grün- und Freiflächenkonzepte, Qualitätskriterien für die Entwicklung von Wohngebieten sowie Zielkonzepte für eine integrierte Siedlungs- und Verkehrsentwicklung und zur Stärkung von Zentren (Stadt Münster 1997, Stadt Münster 1999).

4.1 Die Strategie als Wettbewerbsstrategie für neue Wohnqualitäten im Bestand

Wie beim Stadtentwicklungsplan „Wohnungsbau und Stadterneuerung" der Stadt Leipzig handelt es sich bei der Studie „Neues Wohnen im Bestand" (Pahl-Weber et al. 2000) um ein informelles Planungsinstrument im Sinne einer sonstigen Planung des § 1 Abs. 5 Nr. 10 BauGB. Das Ausmaß politischer Legitimation dieser Studie ist jedoch geringer, da es sich um ein stärker analytisch ausgerichtetes Dokument handelt, das als Grundlage für die Formulierung eines Bausteins innerhalb der wohnungspolitischen Konzeption der Stadt Münster dienen soll. Gleichwohl ist diese Studie geeignet, dass Planungsverständnis der Stadt Münster zu verdeutlichen (vgl. die ausführlichere Darstellung in Hutter et al. 2003).

Die Studie „Neues Wohnen im Bestand" bedient sich nicht ausdrücklich des Begriffs der Wettbewerbsstrategie. Zu finden ist jedoch der Ausdruck einer Marktstrategie, mit der die sich ausdifferenzierenden Wohnwünsche und Marktdynamik als Chance für die Entwicklung von Bestandsstrategien genutzt werden sollen. Demographischer Wandel wird damit nicht als Bedrohung, sondern als Chance für eine Weiterentwicklung und Steigerung der Wettbewerbsfähigkeit des Bestands gesehen, eine unerlässliche Bedingung, um externe Entwicklung auch strategisch nutzen zu können (Eichhorn 2001, S. 24). Unwahrscheinlich ist, dass die Autoren der Studie von einer klaren Abgrenzung zwischen Marktstrategien und Wettbewerbsstrategien im Sinne des Strategischen Managements für Unternehmen ausgehen (vgl. Abschnitt 2). Es ist deshalb gerechtfertigt, die Strategie „Neues Wohnen im Bestand" in einem weiten Verständnis als Bestandteil einer „kommunalen Wettbewerbsstrategie für den Wohnungsbestand" zu interpretieren, um hieran einen Vergleich mit Strategiebeispiel Leipzig zu knüpfen. Weiterer wesentlicher Bestandteil der kommunalen Wettbewerbsstrategie für den Wohnungsbestand ist das Handlungsprogramm Wohnen, das die wesentlichen Ziele der städtischen Bauland- und Wohnungspolitik enthält und im Rahmen des dort geforderten Wohnstandortmarketings sowie der Orientierung an die Zielgruppen junge Erwachsene und ältere Menschen eine besondere Zielgruppenorientierung aufweist (Stadt Münster 2000a).

4.2 Zielgruppenorientierung – am Beispiel „älterer Menschen"

Die Wettbewerbsstrategie für den Wohnungsbestand weist eine eindeutige Zielgruppenorientierung auf: Nach Ansicht der Stadt Münster ist gegenwärtig aus Gründen der stadtregionalen Wettbewerbsfähigkeit im Segment des individuellen Wohnungsbaus eine familiengerechte Bau- und Wohnungspolitik zu forcieren. Als weitere Zielgruppen werden junge Erwachsene und ältere Menschen genannt. Um eine Qualitätssicherung in Einfamilienhausgebieten der 50er, 60er und 70er Jahre zu gewährleisten und den Gebrauchswert des Siedlungsbestands aufrechtzuerhalten, sollen die Bestände mit marktgängigen Wohnformen (familiengerecht, altengerecht) angereichert werden (Stadt Münster 2000a, S. 33).

Diese Bemühungen stehen in einem engen Zusammenhang mit dem Ansatz des „Wohnstandortmarketings". Ziel des Wohnstandortmarketings ist die Erkundung von Nachfragewünsche, die Entwicklung zielgruppenspezifischer Angebote und die Erweiterung des Umsetzungsinstrumentariums zu erweitern (Stadt Münster 2000a, S. 36 f.). Im Rahmen des Wohnstandortmarketings werden bestehende Ansätze der Stadt Münster gebündelt, wie z. B. die Ermittlung von Wanderungsmotiven in der

Wanderungsumfrage (Stadt Münster 2000b) und die Ableitung von Kriterien zur Gestaltung von Wohngebieten in der Studie „Neue Wohngebiete im Meinungsspiegel" (Behrendt et al. 2000). Auf der Basis dieser Kenntnis zentraler Wohnwünsche formuliert die Stadt Münster Teilstrategien für einzelne Zielgruppen, was im Folgenden für die Gruppe „älterer Menschen" verdeutlicht werden soll.

Die Stadt Münster geht von einem steigenden Nachfragepotenzial in diesem Marktsegment aus, womit die Aussicht besteht, durch kontinuierliche Investitionen in den Bestand dessen Werterhaltung zu sichern (Stadt Münster 2000a, S. 38). Im Rahmen der Bürgerumfrage 2000 der Stadt Münster wurden deshalb u. a. die mit dem „Wohnen im Alter" in Zusammenhang stehenden spezifischen Bedürfnisse erhoben. Von besonderer Bedeutung sind vor allem die Möglichkeit, in den „eigenen vier Wänden" selbständig zu bleiben, Unterstützungsleistung bei eintretender Hilfsbedürftigkeit, kurze Wege zum Einkaufen und ein sicheres Wohnumfeld. Aber auch die gute ärztliche Versorgung, die altersgerechte Ausgestaltung des Wohnumfelds, Kontakte, Freizeit- und Kulturangebot in der näheren Umgebung und der Verbleib in der vertrauten Nachbarschaft/Wohngegend sind von hoher Bedeutung (Stadt Münster 2001b, S. 19).

Als wesentliche Hindernisse für einen Wohnungswechsel im Alter werden der Verlust des gewohnten sozialen Umfelds, das Unbehagen bezüglich der neuen Umgebung, die finanzielle Belastung für eine andere Wohnung, die Mühen und Kosten des Umzugs sowie ein zu geringes Angebot an geeigneten Alternativen genannt (Stadt Münster 2001b, S. 21). Bei entsprechender Gestaltung altengerechter Wohnmöglichkeiten besteht allerdings ein hohes Potenzial für Umzüge in altengerechte Wohnformen, da unter den Befragten grundsätzlich eine hohe Bereitschaft besteht, die Wohnsituation den Bedürfnissen des Alters anzupassen (Stadt Münster 2001b, S. 24). Zentrales Ziel der Strategie Münsters ist es deshalb, Angebote für generationsbewusstes Wohnen und serviceorientierte Wohnformen für ältere Menschen in alle Siedlungsstrukturtypen zu integrieren (Pahl-Weber et al. 2000, S. 35).

Die Studie „Neues Wohnen im Bestand" nennt hier insbesondere folgende Ansatzpunkte: Integration von Altenwohnungen in bestehende Einfamilienhausgebiete mit zusätzlicher kleinteiliger Versorgungsinfrastruktur im innerstädtischen Wohnquartier. Dies beinhaltet z. B. die Realisierung von „Mehr-Generationen-Wohnen" auf einer Grundstücksparzelle durch Ergänzungen und Anbauten innerhalb einer bestehenden Einfamilienhaussiedlung. Solche Maßnahmen sind durch qualitative Verbesserungen zu ergänzen, z. B. durch eine Verkehrsberuhigung von Anliegerstraßen, Schallschutzmaßnahmen und grünordnerische Maßnahmen im privaten und öffentlichen Raum. Für den Beispielstandort „Münster Gremmendorf" wurde hierzu eine Entwurfsstudie durchgeführt (Pahl-Weber et al. 2000, S. 39 ff.). Ein weiterer konkreter Handlungsansatz ist die Integration altengerechter Wohnformen in alte Ortskerne. Auch bei der Revitalisierung und Ergänzung alter Ortskerne ergeben sich besondere Potenziale für die Schaffung altengerechten Wohnraums mit entsprechenden Infrastruktur- und Serviceangeboten, wie z. B. im Rahmen der exemplarischen Entwurfsstudie Münster Handorf aufgezeigt (Pahl-Weber et al. 2000, S. 64 f.).

4.3 Rückbau auch bei gesamtstädtischem Wachstum?

Im Rahmen der strategischen Studie „*Neues Wohnen im Bestand*" wird ein sehr komplexes Spektrum von konkreten Handlungsansätzen unter Typologien zur Beschreibung von Siedlungsstrukturen verwendet, um der Differenziertheit von Bestandssituationen Rechnung tragen. Dieses Spektrum kann hier nicht vollständig abgebildet werden (vgl. Pahl-Weber et al. 2000 sowie die Darstellung in Hutter et al. 2003).

Hervorzuheben sind allerdings die vier entwickelten Strategiebausteine „*Baulandmobilisierung*", „*Qualitätssicherung im Bestand*", „*Leitbildänderung*" und „*Infrastrukturplanung*". Während die drei Strategiebausteine Baulandmobilisierung, Qualitätssicherung im Bestand und Infrastrukturplanung auf eine bauliche Erweiterung bestehender Strukturen abzielen, erhält im Rahmen des Strategiebausteins „*Leitbildänderung*" auch der Rückbau eine Bedeutung. Insbesondere für den Siedlungsstrukturtypus „*Umnutzungsgebiet*" ist der Rückbau von Siedlungsteilen zur qualitativen Umgestaltung des Bestands vorgesehen (Pahl-Weber 2000). Damit wird deutlich, dass Rückbau auch in Großstädten mit gesamtstädtischem Einwohnerwachstum keine ausgeschlossene Handlungsalternative sein muss.

Erstaunlich ist auch, wie weit sich die strategischen Überlegungen der beiden Städte in ihrer grundsätzlichen Ausrichtung ähneln, wenn man die von politisch verantwortlichen Akteuren der Stadtverwaltung verfassten Vorworte zu den beiden informellen Planwerken „*Wohnungsbau und Stadterneuerung*" Leipzigs und „*Neues Wohnen im Bestand*" im Zusammenhang berücksichtigt. Dies stützt die Vermutung, dass für Großstädte auch bei verschiedenen demographischen Rahmenbedingungen ein ähnliches Spektrum an Maßnahmen von grundsätzlicher Bedeutung sein kann. Was vor allem variieren wird, ist das Gewicht, das den einzelnen Ansätzen für die Strategieformulierung insgesamt zukommt. In Münster sind Rückbaumaßnahmen vor allem für eine bestimmte Bestandssituation mit geringerer Häufigkeit vorgesehen. In Leipzig werden sie als gesamtstädtisch relevante Handlungsweise diskutiert, insbesondere für die großen Umstrukturierungsgebiete mit Priorität.

4.4 Strategieformulierung mit den Adressaten

Ziel der Studie „*Neues Wohnen im Bestand*" ist es, auf einer gesamtstädtischen Ebene die Potenziale für ein verdichtetes Wohnen im Bestand unter Berücksichtigung der Interessen und Vorstellungen der betroffenen Akteure (Bewohner, Wohnungsbaugesellschaften u. a.) zu ermitteln sowie geeignete Umsetzungsstrategien zu formulieren. Die Studie ermittelt deshalb, welche quantitativen Potenziale für die Integration neuen Wohnens in den Bestand bestehen, unter welchen Bedingungen sie mobilisiert sowie mit welchen Wohnqualitäten und Wohnungsangeboten sie verbunden sein können. Insgesamt ergibt sich ein Potenzialkorridor von 3 000 bis 8 200 Wohneinheiten, die je nach Intensität der eingesetzten Maßnahmen in den Bestand integriert werden können. Die vor allem qualitativ definierten Siedlungsstrukturtypen *„Gartenbezogenes Wohnen"*, *„Stadthäuser"*, *„Gegliederte und aufgelockerte Stadt"*, *„Urbanität durch Dichte"* und *„Alter Ortskern"* haben sich als besonders geeignet gezeigt, um neue Wohnnutzungen in den Bestand zu integrieren.

Die Abschätzung quantitativer Potenziale und die Formulierung strategischer Überlegungen erfolgen zeitgleich unter Berücksichtigung der Vorstellungen der von den quantitativen Abschätzungen betroffenen Akteure und nicht sukzessive, sodass sich die Studie durch einen flexiblen Prozess der Ziel- und Strategiebestimmung auszeichnet. Dabei wird iterativ zwischen der Ebene der Gesamtstadt und der Beispiel- und Projektebene gewechselt. Die Ermittlung des quantitativen Potenzials für *„Neues Wohnen im Bestand"* erfolgt ausgehend von einer rational-analytisch begründeten Eingrenzung eines Suchraums, um die ansonsten zu hohe Bestandskomplexität auf ein handhabbares Maß zu reduzieren. Auch werden bei der Formulierung Erfahrungen aus Projekten intensiver Bestandsnutzung ausgewertet, u. a. Erfahrungen mit einem als typisch einzuschätzenden Nachverdichtungsprojekt (Quartier Von-Witzleben-Straße). Kennzeichnend für dieses Projekt waren massive Proteste der Bewohner gegen eine Nachverdichtung, u. a. aufgrund der befürchteten Freiraumverluste im inneren Bereich der Wohnsiedlung. Diese Proteste führten zu einer Reduzierung der ursprünglich angestrebten Bebauungsdichte (Wissen 1998). Aus solchen Erfahrungen wurden Konsequenzen für die Vermittlung des Anliegens eines *„Neuen Wohnens im Bestand"* gezogen. Anstelle des eher negativ besetzten Begriffs der Nachverdichtung findet der offene, allerdings auch unbestimmtere Ausdruck *„Neues Wohnen im Bestand"* Anwendung. Vermieden werden sollen Begriffe, die pauschale Assoziationen von hohen Dichten und Freiraumverlusten erwecken. Die Verschränkung von quantitativer Potenzialabschätzung und Strategieformulierung unter Einbeziehung von Wohnungsunternehmen, Bürgerinnen und Bürger unter Moderation eines Vertreters der Kommunalverwaltung u. a. ist komplex (Werkstatt- und Expertengespräche, Demonstrationsumfrage bei Wohnungsunternehmen, Auswertung „gelungener" Referenzbeispiele). Eine solche strategische Zielformulierung hat vermutlich hohe Chancen, auch umgesetzt zu werden. Doch selbst bei diesem Vorgehen entscheidet sich letztlich erst beim Umgang mit den Vorstellungen, Interessen und Handlungsmöglichkeiten der vom Einzelvorhaben konkret Betroffenen, ob ein Vorhaben mittel- bis langfristig als Erfolg zu verstehen ist.

5 Schlussfolgerungen und Ausblick

Kommunen werden, wie oftmals bemerkt (Reuther 2002), ihren konkreten individuellen Weg zu einer am Bestand orientierten Entwicklung finden. Zugleich zeigen die Strategiebeispiele zu Leipzig und Münster, dass trotz aller Unterschiede im Detail auch Gemeinsamkeiten großstädtischer Handlungsansätze festzustellen sind:

Kommunale Wettbewerbsstrategien sind Ausdruck eines Planungsverständnisses, das die Nutzung von Marktchancen betont. Markt und Planung werden in Leipzig und Münster nicht in einen unauflösbaren Gegensatz, sondern in ein spannungsreiches, aber konstruktives Verhältnis zueinander gesetzt. Wettbewerbsstrategien signalisieren einerseits die Loslösung von „klassischen" baulichen Idealvorstellungen (z. B. „*der geschlossene Block*") durch eine genauere Berücksichtigung des Marktverhaltens von Zielgruppen, das ein marktkonformes Potenzial zur Integration neuer Angebote in den Bestand erkennen lässt. Andererseits wird an den Vorstellungen des Leitbilds der kompakten europäischen Stadt festgehalten. Die Ausdifferenzierung der Wohnwünsche wird damit als Chance für die Schaffung neuer Qualitäten im Bestand gesehen, die im Umland oder am Stadtrand aufgrund der dort gänzlich anderen infrastrukturellen Versorgung nicht möglich sind. Beide Städte streben danach, den Wohnungsbestand an innerstädtischen infrastrukturell gut versorgten Standorten, die den Vorteil von Kompaktheit und Erreichbarkeit vielfältiger Nutzungen aufweisen, um neue Wohnqualitäten zu ergänzen. Besondere Aufmerksamkeit kommt der Integration einfamilienhausähnlicher Wohnformen sowie der Schaffung zusätzlicher wohnungsnaher Erholungsflächen und vernetzter größerer Freiräume zu (Seelemann 2002). Leipzig und Münster suchen also, durch Wettbewerbsstrategien ihre „*unterscheidenden Kompetenzen*" gegenüber dem Umland stärker herauszustellen und Marktchancen strategisch zu nutzen. Um Funktionsverlusten des Siedlungsbestands entgegenzuwirken, sollten – soweit vorhanden – die Nachfrage- und Marktdynamik zur Erhaltung und Aufwertung des Siedlungsbestands genutzt werden. Ergänzend sind gezielte öffentliche Investitionen in den Bestand erforderlich.

Qualitäts- und breite Zielgruppenorientierung sowohl bei Schrumpfung als auch gesamtstädtischem Wachstum. Auch unter gesamtstädtischen Wachstumsbedingungen und angenommenem Baulandmangel geht es nicht primär um eine quantitative, expansive Strategie zur Deckung baulicher Neubedarfe, sondern um die Formulierung und Realisierung von Qualitätszielen unter Berücksichtigung der konkreten Vorstellungen von Zielgruppen. Strategien, die die qualitativen Komponenten des Wohnnachfrageverhaltens in Betracht ziehen, haben höhere Erfolgschancen als Strategien, die quantitative Aspekte in den Vordergrund rücken, wie z. B. Ausdehnung des Angebots an Bauland und Wohnraum. Dabei verwundert es nicht, dass Großstädte wie Münster und Leipzig mit ihrer Strategie ein ähnlich breites Spektrum an Zielgruppen berücksichtigen (Singles, neue Haushaltstypen, junge Familien, ältere Menschen, vgl. Eichhorn 2001). Das Gewicht einzelner Zielgruppen für die Strategiebildung variiert jedoch in Abhängigkeit vorhandener Ressourcen und konkreter Handlungserfordernisse. So ist das Ziel, einfamilienhausähnliche Qualitäten in den Bestand zu integrieren, in Leipzig in Hinblick auf das vorhandene Flächenpotenzial leichter realisierbar und angesichts der baulich-dichten Ausgangssituation auch dringlicher als in Münster. Die Strategie Leipzigs hat deshalb einen Schwerpunkt in der Bereitstellung von neuen Wohnqualitäten für „junge Familien". Die Strategie Münsters richtet sich einerseits auf Zielgruppen aus, die kein Einfamilienhaus anstreben, z. B. junge Erwachsene und ältere Menschen, deren Wohnwünsche sich gut im Siedlungsbestand verwirklichen lassen. Andererseits sind auch potenzielle „Häuslebauer" eine wesentliche Zielgruppe, sodass auch Neubau von Einfamilienhäusern in erheblichem Umfang angestrebt wird, allerdings nur zu einem sehr geringen Anteil im vorhandenen Siedlungsbestand.

Entwicklung des Wohnungsbestands anhand eines komplexen Maßnahmenspektrums. Dem für großstädtische Strategien angemessenen Spektrum an Zielgruppen entspricht ein komplexes Spektrum an Maßnahmen zur Weiterentwicklung des Wohnungsbestands. Dies zeigt sich vor allem daran, dass Neubau und Rückbau von beiden Städten grundsätzlich in die Strategieformulierung einbezogen werden. Unterschiede zeigen sich wiederum bei der Gewichtung dieses Strategieelements für konkrete Handlungsansätze. Bei Einwohnerwachstum ist Rückbau nur auf wenige sehr spezifische Problemlagen beschränkt, bei Schrumpfung bzw. Stagnation oder geringem Wachstum impliziert die an Zielgruppen orientierte Umgestaltung des Bestands in höherem Maße die Berücksichtigung von Rückbaumaßnahmen im gesamtstädtischen Kontext. Neubau ist auch zur Bestandsentwicklung vorgesehen, beispielsweise um altersgerechte Wohnformen in der Nähe der bisherigen Wohnung von älteren Menschen zu entwickeln. In Städten mit schrumpfender bzw. stagnierender Bevölkerung stellen Neubaumaßnahmen punktuelle Maßnahmen geringer quantitativer Bedeutung dar (Winkel 2002), die in Form einfamilienhausähnlicher Wohnformen vor allem sozialstrukturellen Zielen dienen können (Stadt Leipzig 2000).

Verschränkung gesamtstädtischer sowie stadtteil- und projektbezogener Planungsansätze. Die Wohnwünsche einzelner Zielgruppen sind nicht einfach feststellbar und anhand pauschaler Annahmen formulierbar. Städte wie Münster und Leipzig müssen die spezifischen, erfolgskritischen Faktoren des Wohnnachfrageverhaltens anhand der Einbindung von Akteuren in die Strategieformulierung erst in Erfahrung bringen. Leipzig und Münster setzen deshalb vor allem auf der Stadtteil- und Projektebene kooperative Verfahren und Veranschaulichungstechniken ein (z. B. Entwurfsstudien), um der ortsansässigen Bevölkerung sowie potenziellen Nachfragern „mögliche Bestandsrealitäten" zu vermitteln. Auf der gesamtstädtischen Ebene kommen hingegen in stärkerem Maße rational-analytische Verfahren zum Einsatz, um die einzelnen Maßnahmen und Stadtteilplanungen in einen „flexibel durchdachten" Kontext zu stellen. So wird in Münster in Abhängigkeit der Eingriffsintensität zur Realisierung von „Neuen Wohnqualitäten im Bestand" eine Spannbreite von

3 000 bis 8 000 Wohneinheiten (WE) als *Verdichtungs*potenzial ermittelt. Die Stadt Leipzig fokussiert hingegen verständlicherweise auf die Feststellung des gesamtstädtischen *Entdichtungs*potenzials (Lütke Daldrup 2002). Entscheidend für die Prozessqualität großstädtischer Strategien für den Wohnungsbestand dürfte deshalb die Kombination verschiedener Entscheidungsmodi, wie „Rationale Analysen", „Kooperatives Lernen", in Abhängigkeit des zu lösenden Problems (Tonn et al. 2000) und in Bezug auf die verschiedenen Ebenen der Stadtentwicklung sein. Hier besteht noch erheblicher Forschungsbedarf (Hutter, Wiechmann 2003). Eine Einbindung der naturgemäß sektoral ausgerichteten Planungen zur Weiterentwicklung des Wohnungsbestands in den gesamtplanerischen Kontext erfolgt in sehr unterschiedlicher Weise, was vermutlich auf Traditionslinien der Kommunalpraxis zurückzuführen ist und die Herausbildung einer individuellen planerischen Gesamtstrategie im Zeitverlauf unterstreicht.

Notwendigkeit einer regionalen Koordination kommunaler Strategien. Das Herausarbeiten der Unterschiede und Gemeinsamkeiten zwischen den Wettbewerbsstrategien Münsters und Leipzigs für den Wohnungsbestand rechtfertigt es, von einer Konvergenz dieser Strategien zu sprechen, die allerdings noch genauer herausgearbeitet werden müsste. Dies erleichtert den Vergleich zwischen den Wirkungen dieser Strategien auf die soziale und baulich-physische Stadt- und Regionalentwicklung, weil jetzt untersucht werden kann, wie ähnliche Strategien bei partiell ähnlichen Rahmenbedingungen unterschiedlich wirken. Von besonderem Interesse ist dabei die Frage, wie die Formulierung großstädtischer Wettbewerbsstrategien die interkommunale Abstimmung in einer Stadtregion für eine ressourcenschonende regionale Bestandsstrategie verbessern könnte (vgl. Siedentop in diesem Band). Denkbar ist, dass eine *Koordination in zwei Stufen* hohe Erfolgschancen hat: Auf einer *ersten Stufe* erfolgt zunächst eine *„strategische Konversation"* zwischen den Kommunen, um den Informationsstand über die Strategien des jeweils anderen zu verbessern. So wird auch in Münster in einem ersten Schritt die Verständigung auf eine stadtregionale Wohnungsmarktbeobachtung angestrebt. Dabei liegt eine Verständigung über Problemstellungen nahe, die alle Partner gleichermaßen berühren. Als Beispiel hierfür wird von der Stadt Münster das altengerechte Wohnen genannt, dass angesichts der demographischen Entwicklung als bedeutsam für die gesamte Stadtregion eingeschätzt wird (Stadt Münster 2000a, S. 35 f.) Lösungen, die auf eine wechselseitige Einschränkung des Verhaltensspielraums auf der Basis freiwilliger Selbstverpflichtungen abzielen, werden erst auf einer *zweiten Stufe* angestrebt, wenn sich die *„interkommunale Konversation"* stabilisiert und der Informationsstand der Kommunen über die Strategien der anderen verbessert hat. Empirische Befunde aus der Region Bonn / Rhein-Sieg / Ahrweiler zeigen, dass diese Vorgehensweise zu einer wirkungsvollen Abstimmung führte, insbesondere zu einer Fokussierung von Umlandgemeinden auf ein bestimmtes Wohnungsmarktsegment als Grundlage für die Formulierung einer regionalen Bestandsstrategie (Einig et al. 2003). Es sollte näher untersucht werden, unter welchen Bedingungen kommunale Wettbewerbsstrategien für den Wohnungsbestand solche Ergebnisse fördern. Hierfür bestehen in den Stadtregionen Leipzig und Münster gute Ausgangsbedingungen.

Literatur

Berendt, Ulrike; Eichener, Volker; Kloth, Melanie; Schlüsener, Thilo (2000): Neue Wohngebiete im Urteil der Bewohner und Bewohnerinnen: Folgerungen für zukünftige Wohnquartiere. Bochum.

Bizer, Kilian; Ewringmann, Dieter; Bergmann, Eckhard; Dosch, Fabian; Einig, Klaus; Hutter, Gérard (1998): Mögliche Maßnahmen, Instrumente und Wirkungen einer Steuerung der Verkehrs- und Siedlungsflächennutzung Berlin u. a.

Brake, Klaus (2000): Strategische Entwicklungskonzepte für Großstädte: Mehr als eine Renaissance der „Stadtentwicklungspläne"? In: Archiv für Kommunalwissenschaften (AfK), II. Halbjahresband, S. 269-288.

Budäus, Dietrich; Finger, Stefanie (2001): Grundlagen eines strategischen Managements auf kommunaler Ebene. In: Eichhorn, Peter (Hrsg.): Strategisches Management für Kommunalverwaltungen. Baden-Baden, S. 40-51.

Eichhorn, Peter (2001): Besonderheiten strategischen Managements in Kommunalverwaltungen. In: Eichhorn, Peter (Hrsg.): Strategisches Management für Kommunalverwaltungen. Baden-Baden, S. 21-27.

Einig, Klaus; Siedentop, Stefan; Weith, Thomas; Kujath, Hans-Joachim (2002): Regionales Flächenmanagement – Ansatzpunkte für eine ressourcenschonende Siedlungsentwicklung. Dresden.

Friedrichs, Jürgen; Küppers, Rolf (1997): Dresden und Leipzig – Divergierende oder konvergierende Stadtentwicklungen? In: Archiv für Kommunalwissenschaften (AfK), I. Halbjahresband, S. 22-47.

Fürst; Dietrich; Ritter, Ernst Hasso (1993): Landesentwicklungsplanung und Regionalplanung – ein verwaltungswissenschaftlicher Grundriß. 2., neubearb. und erw. Aufl., Düsseldorf.

Holtmann, Everhard; Schaefer, Rainer (1996): Wohnen und Wohnungspolitik in der Großstadt. Eine empirische Untersuchung über Wohnformen, Wohnwünsche und kommunalpolitische Steuerung. Opladen.

Hutter, Gérard; Westphal, Christiane; Siedentop, Stefan; Janssen, Gerold; Müller, Bernhard; Vormann, Michael; Ewringmann, Dieter (2003): Handlungsansätze zur Berücksichtigung der Umwelt-, Aufenthalts- und Lebensqualität im Rahmen der Innenentwicklung von Städten und Gemeinden – Fallstudien. Berlin. (In Vorbereitung)

Hutter, Gérard; Wiechmann, Thorsten (2003): Strategische Planung ökologischer Umbauprozesse – am Beispiel kommunaler Strategien für eine angemessene bauliche Dichte. Dresden (unveröffentlichtes Manuskript im Rahmen des Forschungsprogramms 2003/2004 des Instituts für ökologische Raumentwicklung e. V., Dresden).

Institut für Regionalentwicklung und Strukturplanung e. V. (IRS); Institut für ökologische Raumentwicklung e. V. (IÖR); ADVIS (Bearb.); BMVBW (Bundesministerium für Verkehr, Bau- und Wohnungswesen) (Hrsg.) (2001): Stadtumbau in den neuen Ländern: Integrierte wohnungswirtschaftliche und städtebauliche Konzepte zur Gestaltung des Strukturwandels auf dem Wohnungsmarkt der neuen Länder. Berlin.

Lütke Daldrup, Engelbert (2000): Die „Neue Gründerzeit": Veränderte Rahmenbedingungen erfordern neue Strategien in der Stadtentwicklung. In: RaumPlanung Heft 91, 2000, S. 164-167.

Lütke Daldrup, Engelbert (2002): Risiken und Chancen der Schrumpfung: Der Fall Leipzig. In: Deutsche Akademie für Städtebau und Landesplanung (DASL): Schrumpfende Städte fordern neue Strategien für die Stadtentwicklung. Aus dem Leerstand in neue Qualitäten? Berlin, S. 43-50.

Mäding, Heinrich (1992): Verwaltung im Wettbewerb der Regionen. In: Archiv für Kommunalwissenschaften (AfK), II., Halbjahresband, S. 205-219.

Mäding, Heinrich (1998): Perspektiven für ein Europa der Regionen. In: Akademie für Raumforschung und Landesplanung (ARL); Deutsche Akademie für Städtebau und Landesplanung (DASL): Die Region ist die Stadt. Hannover.

Müller, Bernhard; Wiechmann, Thorsten (2003): Anforderungen an Steuerungsansätze der Stadt- und Regionalentwicklung unter Schrumpfungsbedingungen. In: Müller, Bernhard; Pohle, Hans; Siedentop, Stefan (Hrsg.): Raumentwicklung unter Schrumpfungsbedingungen, ARL-Arbeitsmaterial. Hannover (im Erscheinen).

Müller-Stewens, Günter; Lechner, Christoph (2001): Strategisches Management. Wie strategische Initiativen zum Wandel führen. Der St. Galler General Management Navigator. Stuttgart.

Pahl-Weber, Elke; Bleck, Rüdiger; Goerke, Peter; Siemonsen, Brigitte; Fiebig, Thomas (2000): Neues Wohnen im Bestand „Potentiale und Strategien für verdichtetes Wohnen im Bestand" im Rahmen des Experimentellen Wohnungs- und Städtebaus (ExWost) „Städte der Zukunft". Münster.

Pfeiffer, Ulrich; Simons, Harald; Porsch, Lucas (2000): Wohnungswirtschaftlicher Strukturwandel in den neuen Bundesländern. Bericht der Kommission. Stuttgart.

Reuther, Iris (2002): Leitbilder für den Stadtumbau. In: Bundesministerium für Bau- und Wohnungswesen (BMVBW); Bundesamt für Bauwesen und Raumordnung (BBR) (Hrsg.): Fachdokumentation zum Bundeswettbewerb „Stadtumbau Ost". Expertisen zu städtebaulichen und wohnungswirtschaftlichen Aspekten des Stadtumbaus in den neuen Ländern. Bonn, S. 12-24.

Seelemann, Gabriele (2002): Neue Lebensqualität in alten Stadtquartieren – Beispiele aus Leipzig. Unveröffentl. Manuskript zum Vortrag auf der Fachtagung „Stadtumbau – Zukunft des Wohnens in der Stadt" des Forums Zukunft Bauen der BetonMarketing Ost GmbH. Leipzig.

Schneider, Nicole; Spellerberg, Annette (1999): Lebensstile, Wohnbedürfe und räumliche Mobilität. Opladen.

Stadt Leipzig (2000): Stadtentwicklungsplan Wohnungsbau und Stadterneuerung. Leipzig.

Stadt Leipzig (2001a): Landschaftsplan. Leipzig.

Stadt Leipzig (2001b): Maßnahmenplan Gohlis-Süd. Leipzig.

Stadt Münster (1997): Münster im Jahr 2010, Konzeptionelle Grundlagen zur Fortschreibung des Flächennutzungsplans. Münster.

Stadt Münster (1999): Stadtplanungsamt / Abteilung Stadt- und Regionalplanung (Hrsg.): Erläuterungsbericht Fortschreibung Flächennutzungsplan 2010 – Entwurf; Stand April 1999. Münster.

Stadt Münster (2000a): Handlungsprogramm Wohnen. Fortschreibung 2000. Öffentliche Beschlussvorlage für den Rat. Vorlage Nr. 1337/00 vom 15.12.2000. Münster.

Stadt Münster (2000b): Wanderungsumfrage 2000. In: Beiträge zur Statistik, Heft 75. Münster.

Stadt Münster (2001a): Wohnbaulandentwicklung – Einwohner, Bautätigkeit, Baulandentwicklung, Beiträge zur Stadtforschung, Stadtentwicklung, Stadtplanung 1/2001. Münster.

Stadt Münster (2001b): Bürgerumfrage, Wohnen, Stadtentwicklung, Planung, Beiträge zur Statistik Nr. 76. Münster.

Steinmann, Horst; Schreyögg, Georg (2000): Management: Grundlagen der Unternehmensführung. Konzepte – Funktionen – Fallstudien. 5., überarb. Aufl., Wiesbaden.

Tonn, Bruce.; English, Mary; Travis, Cheryl (2000): A Framework for Understanding and Improving Environmental Decision Making. In: Journal of Environmental Planning and Management. 43(2), S. 163-183.

Winkel, Rainer (2002): Bestandsentwicklung und schrumpfende Stadt – wie ist damit konzeptionell umzugehen. In: PlanerIn, Heft 1, S. 16-18.

Wissen, Jürgen (1998): Nachverdichtung von Wohnsiedlungen als Beitrag für eine nachhaltige Stadtentwicklung am Beispiel einer Siedlung im Stadtteil Münster-Aaseestadt. Diplomarbeit an der Westfälischen Wilhelms-Universität Münster, Fachbereich Geowissenschaften, Institut für Geographie. Münster.

Strategien der Wohnungsunternehmen in schrumpfenden und wachsenden Märkten

Jan Glatter

1 Vorwort

Im Zusammenhang mit der Wohnungsleerstandssituation in Ostdeutschland ist immer wieder die Rede von Wohnungsabriss und Wohnungsrückbau. Es scheint gerade so, als wäre der Abriss von Wohnungen die einzige Alternative als Reaktion auf die Wohnungsleerstände. Dies entspricht jedoch nicht der Sichtweise der Wohnungsunternehmen. Aus deren Blickwinkel gibt es ein weit größeres Spektrum an Strategien und Handlungsansätzen, auf die Situation des entstandenen Mietermarktes zu reagieren. Leider gibt es bisher zur Thematik der Strategien und Sichtweisen der Wohnungsunternehmen bei Mietermärkten kaum systematische wissenschaftliche Erkenntnisse. Der folgende Beitrag hat daher zum Ziel, eine Übersicht über die von den Wohnungsunternehmen entwickelten Handlungsstrategien und deren spezielle Sichtweise auf die Problematik des Wohnungsleerstandes aufzuzeigen. Die Ausführungen basieren auf Erfahrungen aus Projekten und Gesprächen mit Vertretern der Wohnungswirtschaft und kommunaler Verwaltungen zur Entwicklung des ostdeutschen Wohnungsmarktes.

2 Vermieter- und Mietermarkt

Zentrales Kriterium für die Entscheidung, ob es sich bei Wohnungsmärkten um Mieter- oder Vermietermärkte handelt, ist das Verhältnis von Angebot und Nachfrage. Dabei wird das Angebot durch die Zahl der zur Verfügung stehenden Wohnungen bestimmt und die Nachfrage durch die Zahl der Haushalte. Entspricht der Umfang des Angebotes dem der Nachfrage, so spricht man von einem ausgeglichenen Wohnungsmarkt. Ist die Nachfrage nach Wohnungen größer als das Angebot, spricht man von einem Vermietermarkt. Vermietermärkte weisen aufgrund des Nachfrageüberhangs Wachstumspotenziale auf. Ist das Wohnungsangebot größer als die Nachfrage, handelt es sich um einen Mietermarkt. Da es auf dem Wohnungsmarkt immer eine gewisse Fluktuation gibt, muss das Nachfragepotenzial um eine Fluktuationsreserve von ca. 3 bis 5 % des Bestandes erhöht werden.

Das Beispiel der Stadt Dresden (Abb. 1) zeigt, dass sich das Verhältnis von Angebot und Nachfrage seit 1992 über der Diagonalen der ausgeglichenen Wohnungsmarktsituation befindet und es sich daher um einen Mietermarkt handelt. Bereits 1992 bestand ein Angebotsüberschuss von ca. 20 000 Wohnungen. Bei diesen Wohnungen des so genannten „geerbten Leerstands" handelt es sich um Wohnungen, die aufgrund der baulichen Situation unbewohnbar waren. Aus diesem Grund wäre der Begriff des „Bestandsüberschusses" für die Beschreibung der Situation besser geeignet. Denn trotz eines rechnerischen Überschusses der Zahl der Wohnungen gegenüber der Zahl der nachfragenden Haushalte bestand bis 1996/97 ein Mangel an real verfügbaren Wohnungen. Aufgrund der regen Neubautätigkeit und Sanierungen erhöhte sich die Zahl der Wohnungen bis 2001 auf über 293 000. Die Zahl der Haushalte stieg in diesem Zeitraum von ca. 218 000 im Jahr 1992 auf 252 000 Haushalte im Jahr 2001. Als Resultat bestand im Jahr 2001 ein Angebotsüberschuss von ca. 41 000 Wohnungen, was einem Anteil von 14,2 % entspricht. Dieser Wohnungsleerstand ist in Dresden seit etwa fünf Jahren gleichbleibend hoch. Man kann bei diesem dauerhaften Überschussverhältnis von einem strukturellen Mietermarkt sprechen.[1]

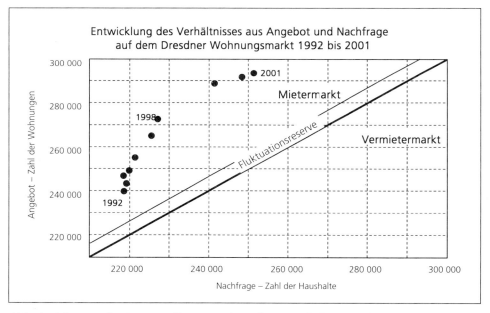

Abb. 1: Mietermarkt; Datenquelle: Datenübernahme Landeshauptstadt Dresden, Kommunale Statistikstelle 2002

Eine gegensätzliche Wohnungsmarktsituation besteht für die bayrische Landeshauptstadt München (Abb. 2). Seit 1992 ist die Zahl der Haushalte größer als die Zahl der

---

[1] Die Angaben beziehen sich auf die jeweiligen Gebietsstände. Daraus erklärt sich auch der auf umfangreiche Eingemeindungen zurückzuführende Unterschied zwischen den Jahren 1998 und 1999.

am Markt verfügbaren Wohnungen. Es besteht die Situation eines Vermietermarktes.

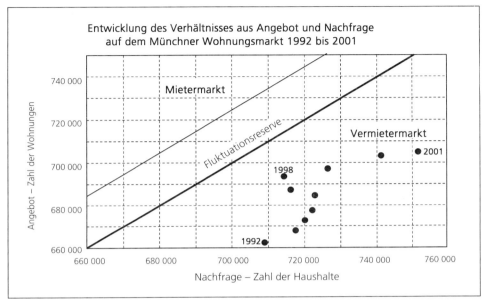

Abb. 2: Vermietermarkt; Datenquelle: Datenübernahme Landeshauptstadt München, Stadtplanungsamt 2002

Die in Abbildungen 1 und 2 dargestellte Form der Betrachtung eines lokalen Wohnungsmarktes ist gut geeignet, die Gesamtsituation des Wohnungsmarktes zu beschreiben. Dennoch ist diese Betrachtung sehr allgemeiner Art und pauschalisiert die Verhältnisse lokaler Wohnungsmärkte. In der Realität unterteilen sich lokale Wohnungsmärkte in viele verschiedene Teilmärkte. So unterscheidet man u. a. Märkte für unterschiedliche Eigentumsformen; unterschiedlicher Preislagen; sowie unterschiedlicher Wohnungstypen und Wohnlagen.

Trotz quantitativer Nachfragekrise des Gesamtmarktes kann es auf Teilmärkten zu Nachfrageüberhängen und Nachfragesteigerungen kommen. Für ostdeutsche Städte trifft dieser Nachfrageüberhang zum Beispiel auf die Wohnungsmarktsegmente des Einfamilienhauses und des altengerechten Wohnens zu. Es besteht demnach ein Nebeneinander von Mieter- und Vermieter-Teilmärkten. Während einerseits Angebotsüberschüsse zu schrumpfenden Teilmärkten führen, bestehen gleichzeitig wachsende Teilmärkte, deren Wachstum sich auf die Entwicklung nachgefragter Wohnqualitäten gründet. Daraus ergeben sich unterschiedliche Handlungserfordernisse für die einzelnen Teilmärkte, die sich an der entsprechenden Marktsituation orientieren müssen.

2.1 Merkmale und Folgen von Vermietermärkten

Auf einem Vermietermarkt ist die Nachfrage nach Wohnungen größer als das momentane Angebot. Die Vermieter befinden sich in einer strategisch guten Position und können gegenüber dem Mieter, der mit anderen Wohnungssuchenden konkurriert, Bedingungen und Anforderungen stellen. Die Mieter müssen mit einer höheren Mietbelastung rechnen. Die Wohnmobilität und Wohnstandortwahl sind aufgrund des knappen Angebots eingeschränkt. In den Jahren großer Wohnungsnachfrage zogen in Dresden 1992/3 lediglich 4,4 % der Einwohner innerhalb der Stadt um. In München, einem klassischen Vermietermarkt, bestehen mit einem Anteil von 8 bis 10 % innerstädtischer Umzüge relativ hohe Werte für Verhältnisse eines Vermietermarktes. (vgl. Oertel 2002; Landeshauptstadt München 2001) Für die zur Auswahl stehenden freien Wohnungen gibt es eine Vielzahl von Bewerbern, und im Falle einer Vermietung ist man meist gezwungen, eine Provision zu zahlen. Aufgrund des Nachfrageüberhangs kommt es zu einer Überbelegung von Wohnungen und zu einer Zunahme der Untermietverhältnisse. Zusätzlich werden durch die Wohnungssuchenden weitere alternative Wohnungsangebote erschlossen. So mieten beispielsweise in München Firmen bereits ganze Hotels an, um ihren neu zuziehenden Mitarbeitern eine Unterkunft zu sichern. Viele Wohnungssuchende weichen auch in benachbarte Orte aus, was zu einer Zunahme der Pendlerentfernungen führt. Schließlich droht einer höheren Zahl von Menschen der völlige Ausstieg aus dem Wohnungsmarkt, d. h. die Obdachlosigkeit.

Aufseiten der Wohnungsanbieter ist die Situation weit komfortabler als aus Mietersicht. Die Vermieter können aufgrund der größeren Nachfrage mit höheren Mieteinnahmen rechnen. Der Aufwand für die Neuvermietung von Wohnungen, die zumeist nur eine kurze Zeit leer stehen, ist aufgrund der hohen Nachfrage und der geringen Mieterfluktuation relativ gering. Viele Anbieter entscheiden sich bei diesen Marktverhältnissen mit hohen Vermietungschancen für eine Ausweitung des Wohnungsangebotes.

Auf die gesamte Stadtregion bezogen bedeutet die Konstellation eines Vermietermarktes, dass der Nachfragedruck auf benachbarte Wohnungsmarktregionen übertragen wird. So liegen zum Beispiel die Mietpreise im Umland von München nur bis zu 20 % unter dem Niveau der Kernstadt. Bei ausgewählten Lagen, zum Beispiel südlich der Kernstadt, liegen die Werte sogar darüber. Weiterhin herrscht in den meisten Fällen ein hoher Suburbanisierungsdruck. Der Staat versucht, durch öffentliche Förderungen den Neubau von Wohnungen zu unterstützen, um den Wohnungsmarkt zu entspannen.

2.2 Merkmale und Folgen von Mietermärkten

Mietermärkte, wie man sie aktuell in vielen ostdeutschen Kommunen vorfindet, weisen aus Sicht der Mieter und Vermieter sowie für die Stadtregion folgende Merkmale und Folgewirkungen auf:

Folgen für die Mieter	Folgen für die Vermieter
• geringe Mietbelastung • relativ freie Wohnstandortwahl • erhöhte Wohnmobilität • Bedeutungsgewinn der Qualitätsmerkmale der Wohnung • Bedeutungsgewinn der Qualität der Wohnlage • geringeres Verantwortungsbewusstsein der Mieter • Aufweichen des Mieterschutzes (Zweckentfremdungsverbot; Kündigungsschutz)	• geringere Mieteinnahmen • Leerstand von Wohnungen • Zunahme der ökonomischen Belastungen für die Wohnungsunternehmen • Abnahme der Liquidität und Kreditwürdigkeit • Sinken der Gebäude- und Grundstückswerte bei langfristigen Vermietungsschwierigkeiten • hohe Mieterfluktuation führt zu höherem Verwaltungsaufwand und Instabilität der Quartiere • hohe Vermietungschancen haben nur Bestände mit guter Ausstattung und guter Wohnlage • verstärkter Verteilungskampf zwischen den Wohnungsanbietern

Auswirkungen auf die Stadtregion
• sinkende Steuereinnahmen der Kommunen • Sinken der Baulandpreise mit zeitlicher Verzögerung • Rückgang der Neubautätigkeit mit Auswirkungen auf die betroffenen Arbeitsmärkte • geringerer Suburbanisierungsdruck • Gefahr des ungesteuerten Abwertungsprozesses in Stadtteilen mit hohen Leerständen • Gefahr der Auflösung des städtebaulich-funktionalen Gefüges • mangelhafte Auslastung der sozialen und kulturellen Infrastruktur • rückläufige Auslastung in der Fläche weiterhin benötigter technischer Infrastruktur • mangelhafte Auslastung und Ausdünnung der Nahversorgung • Zunahme der sozial-räumlichen Polarisierung • geringere Identifikation der Bewohner in Stadtteilen mit hoher Fluktuation • geringerer Verdrängungsdruck in Sanierungsgebieten • erschwerte Vermarktung von Stadtentwicklungsgebieten • Einnahmeausfälle und Bedrohung der Wirtschaftlichkeit von Landes- und Förderbanken, deren Risikoabsicherung durch den Wertverlust der Immobilien sinkt

Aufgrund des Angebotsüberhangs kommt es zu einem Sinken der Mieten in den oberen und mittleren Preissegmenten, die Mietbelastung der Haushalte sinkt. Die moderaten Mietpreise erlauben den Mietern eine relativ freie Wohnstandortwahl und es kommt zu einer erhöhten Umzugsbereitschaft. Im Jahr 1998 wechselten 14 % der Dresdner ihre Wohnung innerhalb der Stadt. Das war jeder Siebente. Ebenso viel waren es in Halle und Magdeburg. In Leipzig wechselten sogar über

15 % der Mieter ihre Wohnung. (vgl. Oertel 2002, S. 67) Bei der Wahl der neuen Wohnungen nimmt die Bedeutung von Qualitätsmerkmalen der Wohnung und der Wohnlage zu. (vgl. Glatter u. a. 2000) Die Mieter selber zeigen ein geringes Verantwortungsbewusstsein gegenüber dem Mietgut, wohingegen rechtliche Regelungen des Mieterschutzes aufgeweicht werden. So wurde beispielsweise in Berlin und Sachsen das Zweckentfremdungsverbot aufgehoben und auch der Druck auf den für DDR-Mietverträge bestehenden Bestandsschutz gegenüber Verwertungskündigungen wächst.

Die Vermieter spüren den Mietermarkt vor allem aufgrund von Mietausfällen und geringeren Mieteinnahmen. Da für nicht vermieteten Wohnraum betriebliche Fixkosten anfallen, sind für die Kostendeckung einer leer stehenden Wohnung die Mieteinnahmen von vier abgeschriebenen Wohnungen nötig. Diese Unterhaltskosten (Heizkosten, Betriebs-, Verwaltungs- und Instandhaltungskosten, Abfallumlage) liegen im Durchschnitt bei etwa einem Drittel der Aufwendungen für bewohnte Wohnungen. (GdW 1999, S. 32) Der Grad des Verkraftens von Wohnungsleerständen hängt sehr stark von der ökonomischen Situation der Unternehmen ab. Laut Aussagen des Gesamtverbandes der Wohnungsunternehmen schrieben im Jahr 2001 460 der 1 200 ostdeutschen Wohnungsunternehmen rote Zahlen. Aufgrund der Einnahmeverluste und laufenden Kreditbelastungen aus Modernisierungsdarlehen oder Altschulden nimmt die Liquidität und Kreditwürdigkeit der Unternehmen ab. Bestände, die langfristig eine geringe Vermietungsquote und insgesamt geringe Mieteinnahmen aufweisen, verlieren an Gebäude- und Grundstückswert, auch wenn dies viele Eigentümer nicht einsehen wollen. Die steigende Zahl der Mieterwechsel erhöht den Verwaltungsaufwand und gefährdet die Stabilität von Quartieren. Unter den Wohnungsanbietern entbrennt ein härterer Verteilungskampf, um die wenigen hochmobilen anspruchsvollen Mieter zu halten bzw. zu gewinnen.

Sehr umfangreich und komplex sind die Folgen des Mietermarktes für die Stadtregion. Die Kommune verliert Steuereinnahmen. Mit einem „timelag" gegenüber der Mietpreisentwicklung sinken die Baulandpreise in der Stadt und im Umland. Insgesamt kommt es zu einem Rückgang der Bautätigkeit mit Auswirkungen auf den Arbeitsmarkt und die nachgelagerten Branchen. Der Suburbanisierungsdruck nimmt ab. Sind ganze Baublöcke oder Stadtquartiere von Wohnungsleerstand betroffen, so drohen diese in einen sich selbstverstärkenden Abwertungsprozess zu geraten. Ab einem Leerstand von ca. 3 bis 6 % kommt es bereits zu gezielten Desinvestitionen durch die Hauseigentümer (vgl. Massey, Denton 1993, S. 133). Ab Leerständen von 20 bis 30 % sind immer weniger Mieter bereit, in die „Leerstandshäuser" zu ziehen und es kommt zu einem weiteren Anstieg der Leerstände (Harms, Jacobs 2002, S. 26). Leer stehende und sich selbst überlassene Gebäude werden zum Gegenstand von Vandalismus und verfallen. Damit beeinflussen sie die Nachbarlagen, verschlechtern das Image und die Leerstände drohen sich auszubreiten. Bei großräumigen Leerständen droht eine Auflösung des städtebaulich-funktionalen Gefüges. Es besteht die Gefahr des Verfalls und Verlustes bauhistorisch wertvoller und stadtstrukturell wirksamer Gebäude und Gebäudeensembles. Entstehende Brachen führen zu Räumen der Leere und Unwirtlichkeit. Die soziale, kulturelle und technische Infrastruktur ist nicht mehr ausgelastet und muss reduziert werden. Gleiches droht den Einrichtungen der lokalen Nahversorgung. Angenommen wird eine verstärkte sozialräumliche Polarisierung in Städten mit schrumpfenden Wohnungsmärkten. (vgl. Rietdorf u. a. 2001, Wiest 2001) Aufgrund der sinkenden Mietpreise wird es auch für die untere Mittelschicht leichter, den Wohnort zu wechseln und ihre Mobilität steigt. Immobil bleiben aber die untersten Sozialschichten. Sie sind auf Gebiete des sozialen Wohnungsbaus oder besonders preiswerte Wohnungsbestände mit geringer Wohnqualität angewiesen. Es kommt zur passiven Segregation. Eine hohe Fluktuation kann zu einer geringeren Identifikation und Wohnortbindung der Bewohner mit den Stadtteilen führen. Aus Sicht der Stadterneuerung haben Mietermärkte den Vorteil eines geringeren Verdrängungsdrucks in Sanierungsgebieten. Gleichzeitig aber wird durch die ausgeglichenen Mietpreise eine Vermarktung aufgewerteter Stadtgebiete erschwert, da die günstigeren Mietpreise der Sanierungsgebiete bei gesamtstädtisch sinkendem Mietniveau ihre Wirkung verlieren. Die Einnahmeausfälle der Wohnungsunternehmen bedrohen zum Teil auch die Wirtschaftlichkeit von Landes- und Förderbanken, deren Risikoabsicherung durch den Wertverlust der Immobilien sinkt.

Die Merkmale und Folgen des Mietermarktes sind wichtige Rahmenbedingungen für die Entwicklung von Strategien der Wohnungsunternehmen in Reaktion auf das Wohnungsüberangebot.

3   Strategien der Wohnungsunternehmen auf dem Mietermarkt

Die folgenden Ausführungen zu Strategien der Wohnungsunternehmen auf dem Mietermarkt beziehen sich ausschließlich auf ostdeutsche kommunale und genossenschaftliche Wohnungsunternehmen. Eine Beschränkung auf diese Wohnungsanbieter erfolgt aus folgenden Gründen. Erstens haben die großen ostdeutschen Wohnungsunternehmen mit einem Marktanteil von ca. 40 bis 45 % eine enorme Bedeutung für die Wohnungsmärkte in ostdeutschen Städten. Zweitens ist die Gruppe der weiteren Anbieter auf dem Wohnungsmarkt in ihrer Struktur und Arbeitsweise zu heterogen. So haben Immobiliengesellschaften, Anlegergemeinschaften oder kleine Privatanbieter sehr unterschiedliche Handlungspotenziale.

Die Situation eines Mietermarktes ist für die Wohnungsunternehmen relativ neu. Dies gilt im Besonderen für die ostdeutschen Wohnungsunternehmen, die inklusive ihrer Vorgängerunternehmen stets unter den Bedingungen eines Nachfrageüberhangs agierten. Mit dem Entstehen eines Mietermarktes kommt es zu einer Neubewertung der Situation der Wohnungsunternehmen, die gezwungen sind, neue Strategien der Bestandsentwicklung und Vermarktung zu entwickeln. Für die Vorstellung dieser Strategien der Wohnungsunternehmen werden fünf Strategiefelder unterschieden.

3.1 Problembewertung und Problemkommunikation

Die Wahrnehmung und Bewertung der ostdeutschen Leerstandsproblematik weist seit 1990 eine charakteristische Entwicklung in Phasen auf. Beobachten läßt sich eine Abfolge von Stadien des Ignorierens; des Leugnens; des Annehmens, Ansprechens und Forderns; des Abwartens und Verbergens sowie des Handelns.

Die Phase des Ignorierens begann in dem Moment, in dem die großen Wohnungsunternehmen sich allein auf die Entwicklung ihrer Bestände konzentrierten und die Situation auf dem gesamtstädtischen Wohnungsmarkt ignorierten. Wie das Beispiel der Stadt Dresden gezeigt hat, bestand bereits Anfang der 1990er Jahre rechnerisch eine Überschusssituation, die sich aufgrund der hohen Zahl nicht vermietbarer Wohnungen aber in eine Mangelsituation umkehrte. So begannen die großen Wohnungsunternehmen die eigenen Bestände, in stiller Annahme eines auf längere Sicht bestehenden stabilen Wohnungsmarktes, zu modernisieren. Die dabei kalkulierten Mieteinnahmen orientierten sich an Mietpreisverhältnissen vergleichbarer westdeutscher Städte. Wurde das Problem überschüssiger Wohnungsbestände angesprochen, wie beispielsweise in der so genannten Pestel-Studie von 1996, reagierte man mit klarer Abwehr und spielte sofort die Karte des noch notwendigen Modernisierungsbedarfs aus.

In der zweiten Hälfte der 1990er Jahre begannen in den Beständen der großen Wohnungsunternehmen die Wohnungsleerstände zu steigen. Als erste betroffen waren Unternehmen in den DDR-Entwicklungsstädten und ehemaligen Militärstandorten, wie beispielsweise Schwedt, Wolfen, Eisenhüttenstadt, Hoyerswerda, Leinefelde und Eggesin. Mit den steigenden Leerständen wurde dieses Problem zwar unternehmensintern wahrgenommen, aber in der Kommunikation mit der Presse, Politik und Verwaltung noch lange geleugnet; getreu dem Motto: „Wir haben keinen Leerstand, den haben die anderen."

Nach langem Ignorieren und Leugnen des Problems ging der Bundesverband deutscher Wohnungsunternehmen e. V. (GdW) als wichtigster Lobbyist der großen Wohnungsunternehmen seit Ende 1999 in die Offensive. Das Problem der Wohnungsleerstände wurde offiziell angesprochen, in die Medien getragen und es wurden sofort Forderungen an die Politik gestellt. Hauptargument des Unternehmensverbandes war und ist auch heute noch die wirtschaftliche Situation der Unternehmen.

Zu den Forderungen der Wohnungsunternehmen zählen (vgl. GdW 2002):

- die Auflegung von Förderprogrammen zum Wohnungsumbau – worauf der Bund im September 2001 mit dem Programm Stadtumbau Ost reagiert hat;
- die Streichung der Altschulden;
- die schnelle Umsetzung und höhere Finanzausstattung der Altschuldenverordnung[2];
- die Bereitstellung von Bundes- und Landesbürgschaften als Liquiditätshilfen für die Finanzierung von Abrissmaßnahmen;
- die Legalisierung der Verwertungskündigung für Ostdeutschland;
- die Befreiung der Wohnungsunternehmen von der Grundsteuer bei strukturellem Leerstand und
- den Erlass der Grunderwerbssteuer bei Unternehmensfusionen.

Im Februar 2000 wurde die Expertenkommission „Wohnungswirtschaftlicher Strukturwandel in den neuen Ländern" gebildet, die im Herbst 2000 ihren Endbericht vorlegte. Mit der Arbeit dieser so genannten „Lehmann-Grube-Kommission" wuchs das Problembewusstsein in den Unternehmen sowie in Verwaltung und Politik auf kommunaler, Landes- und Bundesebene. In den Bundesländern Sachsen und Sachsen-Anhalt wurden Stadtentwicklungskonzepte in Auftrag gegeben und in Brandenburg lief in Schwedt an der Oder das Modellvorhaben Wohnungsabriss (vgl. MSWV Brandenburg 2000).

Trotz der politischen Lobbyarbeit reagieren viele Unternehmen aber noch immer abwartend und verbergen ihre eigenen Strategien und Maßnahmen gegenüber der Öffentlichkeit. Die Themen Leerstand und Wohnungsabriss gelten bei den meisten Wohnungsunternehmen auch heute noch als „heißes Eisen". Das wahre Ausmaß der eigenen Leerstände wird nach außen verschwiegen. Dafür werden aber Leerstände und Abrisspotenziale bei anderen Marktteilnehmern angemahnt, insbesondere in den Altbauquartieren. Dennoch gibt es unternehmensintern bereits eine Vielzahl von Reaktionen. Die entwickelten Strategien und durchgeführten Maßnahmen bleiben jedoch in den meisten Fällen nach außen verborgen. Diese Einstellung des Abwartens und Verbergens ergibt sich vor allem aus folgenden Gründen:

- Es besteht eine große Unsicherheit in der Bewertung der weiteren Marktentwicklung. Noch immer gehen einige Branchenvertreter von einer positiven Marktentwicklung in den nächsten Jahren aus, so u. a. Gerd Koppenhofer vom

---

[2] Unternehmen, die den Erlass der Altschulden aufgrund eines Leerstands von über 15 % erhalten, sollten möglichst unbürokratisch und schnell entlastet werden. In Folge der Forderungen wurden bspw. die zu diesem Zweck für 2002 vom Bund veranschlagten 358 Mio. Euro auf 638 Mio. Euro aufgestockt. Die bisherige Summe hätte nach Auskunft des GdW lediglich für ca. 50 Unternehmen gereicht – bereits Mitte 2002 lagen aber Anträge von ca. 70 Unternehmen vor.

Bundesverband Freier Immobilien- und Wohnungsunternehmen BFW. „Nach seiner Einschätzung wird der Überhang an Wohnungen rasch abgebaut werden." (Sächsische Zeitung 15.06.2001) Nur sehr langsam setzt sich die Erkenntnis durch, dass die entstandenen Wohnungsleerstände kein vorübergehendes Phänomen sind.

- Bei vielen Wohnungsanbietern besteht die Hoffnung vom Abriss anderer Anbieter zu profitieren. Man geht davon aus, dass mit jeder Reduktion des Gesamtangebots auch die Vermietungschancen der eigenen Bestände steigen.
- Im verstärkten Konkurrenzkampf zwischen den Anbietern kann Informationsvorsprung zu entscheidenden Wettbewerbsvorteilen führen. Die Informationen werden daher nur sehr zögerlich nach außen preisgegeben.
- Es bestehen Ängste bei den Wohnungsanbietern, dass es in ihren eigenen Beständen bei Negativmeldungen über Leerstände oder Wohnungsrückbau zu Auszugswellen kommt.

Letzteres gilt im Besonderen für Plattenbaubestände. Nach dem bereits geschehenen Imageverfall dieser Stadtgebiete seit 1990 befürchtet man ein weiteres Abrutschen, wenn diese Gebiete als Abrissgebiete betitelt werden. Dass diese Ängste durchaus berechtigt sind, zeigen Auszugswellen in Gebieten, für die Rückbaupläne

Abb. 3: Falschmeldung und Korrektur zum Wohnungsabriss in Dresden Prohlis (Quelle: Sächsische Zeitung 19. Juli 2000 und 20. Juli 2000)

bekannt gegeben wurden wie bspw. in Schwedt „Am Waldrand", die „Kräutersiedlung" in Dresden Gorbitz sowie das Quartier „Am Jägerpark" in Dresden. Berechtigte Ängste bestehen aber auch aufgrund der Gefahr unseriöser Pressearbeit, wie der Zeitungsartikel (Abb. 3) zeigt.

Am 19. Juli 2000 wurde in der Sächsischen Zeitung ein Foto mit dem Titel „Dresden Prohlis: Der Häuser-Abriss beginnt" veröffentlicht. Am nächsten Tag konnte man, in etwas kleinerer Schrift die Schlagzeile lesen: „Sanierung statt Abriss. Dresden Prohlis: Balkons werden saniert". Die Wohnungen wurden nicht abgerissen, sondern saniert. Aber offensichtlich hatte ein Reporter die Situation falsch interpretiert und die zu dieser Zeit aufkommende Abrissdiskussion mit der Beobachtung vor Ort in Verbindung gebracht.

Dennoch stellen sich einige Wohnungsunternehmen der Situation und beginnen zu handeln. Erste Unternehmen in besonders betroffenen Städten haben bereits Ende der 1990er Jahre begonnen Wohnungen vom Markt zu nehmen, wie zum Beispiel die Wohnungsgesellschaft Johanngeorgenstadt sowie die Wohnungsbau- und Verwaltungsgesellschaft Leinefelde. Während in den letzen Jahren und Monaten von immer weiteren Wohnungsunternehmen Pläne über Teilrückbau, Abriss u. ä. bekannt gegeben werden, betrifft es bei weitem nicht alle Unternehmen. Die Wahrnehmung und der Umgang mit dem Problem der Leerstände sind in den Unternehmen sehr verschieden. In der Regel entscheidet der von den eigenen Wohnungsleerständen ausgehende ökonomische Druck über die Bewertung der Wohnungsleerstände und die Bereitschaft zum Abriss. Der Leidensdruck der Unternehmen ist zum Teil sehr verschieden. Erst wenn man an klare ökonomische Grenzen oder auf politisch-administrativen Druck stößt, werden auch Strategien des Wohnungsrückbaus diskutiert.

3.2 Marktanalysen

Die Unbekanntheit der Situation eines Mietermarktes und die Unsicherheit über die zukünftige Marktentwicklung führen aufseiten der Wohnungsunternehmen zu einem erhöhten Bedarf an Analysen. Die möglichst genaue Kenntnis des Marktes und das schnelle Erkennen von Trends werden aufgrund der zunehmenden Konkurrenz und der hohen Mieterfluktuation zu einem der entscheidenden Marktvorteile. Gegenstand der Analysen sind zum einen die Bestände und zum anderen die Nachfrage.

Bestandsanalysen

Bestandsanalysen untersuchen das vorhandene Angebot. Bereits seit mehreren Jahren wird in diesem Zusammenhang die Portfolioanalyse angewandt. Das Konzept wurde aus anderen Wirtschaftsbranchen übernommen und auf die Immobilienwirtschaft übertragen. Ziel der Portfolioanalyse ist die möglichst objektive Kategorisierung der Wohnungsbestände eines Unternehmens nach dem Kriterium der Wirtschaftlichkeit. Dabei werden die Objekte nach Merkmalen der Substanz, Lage und Wirtschaftlichkeit bewertet. (vgl. Bone-Winkel 1998; Kofer u. a. 2001)

Die klassische Portfolio-Matrix ist zweidimensional. Auf ihr werden die Dimensionen Marktattraktivität und Wettbewerbsstärke abgetragen. In vereinfachter Weise entspricht beim Immobilienportfolio die Marktattraktivität den externen Faktoren wie z. B. der Standortattraktivität. In die Wettbewerbsstärke gehen unternehmensinterne Faktoren wie z. B. die Objektqualität und Wirtschaftlichkeit ein. Die Werte der Dimensionen werden mittels Indexbildung ermittelt und auf einer Skala von gering bis hoch abgetragen. Je nach Lage der Bestände innerhalb der Matrix lassen sich die „Stars", die „Cash Cows" und die „Poor Dogs" ablesen. Auf diese werden dann die entsprechenden Strategien Investieren, Halten und Verkaufen angewandt.

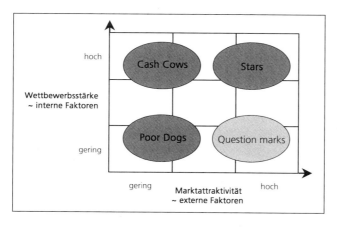

Abb. 4:
Portfolio-Matrix
(verändert nach Kofer u. a. 2001)

Die „Stars" (Investitionsstrategie) haben eine hohe Wettbewerbsstärke und hohe Marktattraktivität. Hier lohnen sich Investitionen im Rahmen von Modernisierung, Umbau, Ausbau und Standortaufwertungen. Beispiele für Bestände dieser Marktlage sind kleinere und modernisierte Wohnquartiere der 1950er und 1960er Jahre mit günstiger Wohnraumstruktur und hoher Lagequalität.

Die „Cash Cows" (Abschöpfungsstrategie) haben eine geringe Marktattraktivität, weisen aber eine hohe Wettbewerbsstärke auf. Ziel ist es, das hohe Vermietungsniveau zu halten und Investitionen lediglich zum Zweck der Instandhaltung durchzuführen. Beispiel für Bestände dieser Marktlage sind kleine, bisher nicht modernisierte Plattenbauquartiere der 1980er Jahre mit günstigen Mieten und gutem Vermietungserfolg.

„Poor Dogs" (Desinvestitionsstrategie) haben eine geringe Marktattraktivität und weisen eine geringe Wettbewerbsstärke auf. Die Bewirtschaftung erfolgt am Rande der Wirtschaftlichkeit und Investitionen in diese Wohnungsbestände lohnen sich nicht mehr. Wenn ein gewisser Grad des Leerstandes überschritten ist, dann heißt die Strategie gezielter Leerzug mit anschließendem Umbau, Abriss oder Verkauf. Beispiel für Bestände dieser Marktlage sind die unsanierten, einfachen Altbaubestände der Gründerzeit, die im Besitz der kommunalen Wohnungsunternehmen sind.

Die so genannten „Question marks" sind mit keinen eigentlichen Strategien verbunden, sondern markieren das Feld, in dem der wirtschaftliche Erfolg der Bestände noch nicht absehbar ist. (vgl. Bone-Winkel 1998; Kofer u. a. 2001)

Portfolioanalysen werden als Ist- und Soll-Analysen erstellt und sind auf einen Zeitraum von ca. 10 bis 15 Jahre angelegt. Besonders wichtig sind Portfolioanalysen bei sehr ähnlich strukturierten Beständen, was zum Beispiel bei ähnlichen Bautypen und einer annähernd gleichen Restnutzungsdauer gilt.

Leerstandsanalysen

Ein vereinfachtes Modell der Portfolio-Matrix findet Anwendung bei der Analyse der Leerstände. (vgl. Harms, Jacobs 2002, S. 3) Die Leerstandsmatrix dient der Suche nach den bestandsbedingten Ursachen der Mikrostandorte.

Die Leerstandsmatrix ist zweidimensional. Auf ihr werden der Lagewert und der Wohnwert der Bestände abgetragen. Der Wohnwert wird aus Merkmalen der Wohnung und des Wohngebäudes zusammengesetzt, die mithilfe der Kategorie Vermietbarkeit bewertet werden. Ungünstige Wohnwerte bestehen u. a. für unsanierte Altbauwohnungen, Wohnungen im Erdgeschoss und in der 6. Etage (ohne Aufzug), Wohnungen ohne Balkon sowie Wohnungen mit ungünstiger Raumaufteilung.

Der Lagewert der Bestände wird aus Merkmalen des nahen Wohnumfeldes und Lagequalitäten des Stadtteils gebildet. Als ungünstige Lagewerte gelten eine hohe Verkehrsbelastung, hohe Lärmbelastung, ein schlechter Ruf des Viertels sowie eine schlechte Infrastrukturausstattung.

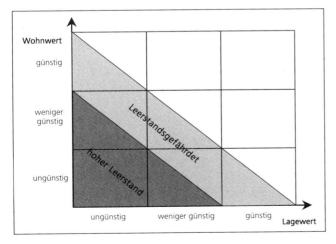

Abb. 5: Leerstandsmatrix (verändert nach Harms, Jacobs 2002)

Anhand der Leerstandsmatrix lassen sich die Bestände den Leerstandstypen zuordnen und Prognosen über die weitere Entwicklung ableiten. Trotz der Mehrdimensionalität der Leerstandsmatrix wird diese der realen Situation der Wohnungsleerstände nur eingeschränkt gerecht, denn es sind eine Vielzahl an Einflussfaktoren und Ursachen, die zu Wohnungsleerständen führen und sich oft in einer sehr kleinräumigen Differenzierung der Leerstände äußern (vgl. Reichart 2001, S. 48).

Nachfrageanalysen

Neben der Analyse der Bestände spielt die Untersuchung der Wohnungsnachfrage eine besondere Rolle. Die Wohnungsunternehmen haben einen verstärkten Bedarf nach Analysen der quantitativen und qualitativen Nachfrage. Nachfrageuntersuchungen beinhalten zum einen Auswertungen sekundärstatistischer Daten der statistischen Ämter und zum anderen Mieterbefragungen. Hauptgegenstände der Untersuchungen sind:

- die Sozialstruktur (Altersstruktur, Haushaltsformen),
- die Zufriedenheit mit der Wohnung, dem Wohngebäude, Wohnumfeld bzw. dem Vermieter,
- die Wohnwünsche und
- das Mobilitätsverhalten (Zuzüge, Um- und Fortzugsabsichten).

Die Analyse von Angebot und Nachfrage auf dem Mietermarkt dient der aktuellen Situationsbewertung, der Szenarienentwicklung sowie der Ableitung von Strategien für das Marketing, der Bestandsentwicklung und möglichen Veränderungen in den Unternehmensstrukturen.

3.3 Marketing

Die Erkenntnisse aus den Angebots- und Nachfrageanalysen dienen den Wohnungsunternehmen, eine gezieltere Produktentwicklung und Mieteransprache zu entwickeln. Auf einem schrumpfenden Markt, auf dem es nicht mehr eine wachsende Nachfrage zu verteilen gilt, sondern darum geht, hochmobile, anspruchsvolle Mieter anzusprechen, müssen sich die Wohnungsunternehmen stärker bemühen, bisherige Mieter zu halten und neue Mieter zu gewinnen. Dies führt zu einem verstärkten Konkurrenzkampf zwischen den Wohnungsanbietern, welche auf dem Gebiet des Marketings neue, offensive, kreative aber auch aggressive Strategien entwickeln. Zu diesen Strategien zählen offensive Wege der Werbung, Sonderangebote und Preisnachlässe bei Neuvermietungen sowie ein erweiterter Mieterservice.

Offensive Wege der Werbung

Am auffälligsten sind die seit einigen Jahren in Ostdeutschland zu sehenden großflächigen Werbeplakate (Abb. 6 und 7).

Abb. 6 und 7: Großflächige Vermietungs- und Verkaufswerbung in Leipzig Grünau bzw. Werbung für eine Musterwohnung in Leipzig Grünau (Foto: J. Glatter)

Auch die Kommunikationswege werden erweitert. So werden u. a. Kinospots aufgenommen und kostenlose Postkarten mit Werbung ausgelegt. In Dresden wirbt die Eisenbahnerwohnungsgenossenschaft e. G. (EWG) auf Regionalbussen, die im Südwesten der Stadtregion Dresden verkehren. Dadurch sollen die Pendler, die im Einzugsgebiet der EWG aus dem Umland nach Dresden fahren, für die eigenen Bestände gewonnen werden. Die SÜDOST WOBA Dresden GmbH fordert ihre eigenen Mieter auf, für das Wohnungsunternehmen neue Mieter zu werben und bietet den erfolgreich Werbenden im Programm „Mieter werben Mieter" attraktive Prämien an.

Auch aggressive Fälle der Werbung sind bekannt, bei denen Wohnungsunternehmen versuchen, Mieter anderer Unternehmen abzuwerben. So warb ein Spremberger Wohnungsunternehmen mit Postwurfsendungen in Hoyerswerda. Auch in Dresden gab es nach dem Bekanntwerden der Umbaupläne für die Siedlung „Am Jägerpark" Abwerbungsversuche mittels Postwurfsendung durch einen benachbarten Anbieter.

Sonderangebote und Preisnachlässe bei Neuvermietungen

Eine der frühesten Reaktionen vieler Wohnungsanbieter war der Verzicht auf Provision bei Neuvermietungen. Mittlerweile geht man sogar dazu über, den Mietern bei Neuverträgen für einen Zeitraum von bis zu drei Monaten die Miete zu erlassen.

Um schwer vermietbare Wohnungen an den Mieter zu bringen, werden spezielle Angebote gemacht. Drei-Raum-Wohnungen werden zum Preis von Zwei-Raum-Wohnungen angeboten nach dem Motto: „Drei Räume mieten, zwei bezahlen." Wohnungen der sechsten Etage in Gebäuden ohne Fahrstuhl werden mit einem „Kraxel-Bonus" belegt und preiswerter angeboten. Die Leipziger Wohnungsbaugesellschaft (LWB) bietet in ausgewählten Beständen ihren Neukunden die Übernahme der Hausrat- und Haftpflichtversicherung an.

Sehr kreative und zielgruppenspezifische Vermietungsangebote entwickelte die SÜDOST WOBA Dresden GmbH (Abb. 8, 9, 10).

Abb. 8, 9, 10: Angebot „BigBox", „333 Euro" und „FiftyFiftyFamily" der SÜDOST WOBA Dresden GmbH

Mit dem Angebot „BigBox" wird jungen Auszubildenden zum Ausbildungsstart im August 2002 eine Wohnung von maximal 30 qm über drei Jahre zu einem Staffelmietpreis (inklusive Nebenkosten) von 140 Euro, 170 Euro und 200 Euro angeboten. Das Angebot „333 Euro Students Home" wendet sich an Studenten. Ihnen werden sanierte Drei-Raum-Wohnungen in Uni-Nähe zum Preis von 333 Euro inklusive Nebenkosten angeboten. Ein drittes Angebot mit dem Titel „FiftyFiftyFamily" zielt auf junge Paare und Familien. Sind die zukünftigen Mieter zum Zeitpunkt des Einzugs gemeinsam nicht älter als 50 Jahre und beträgt ihr monatliches Einkommen zusammen nicht mehr als 1 300 Euro, erhalten sie eine von 50 angebotenen Wohnungen zwischen 50 und 70 qm. Das Angebot war befristet bis zur 50. Kalenderwoche 2002.

Mit diesen Angeboten ist das moderne Marketing auch in der Wohnungswirtschaft angekommen. Mit speziellen Produkten und einem speziellen Preis wird für eine spezifische Zielgruppe mittels gezielter Kommunikation geworben.

Erweiterter Mieterservice

Auf Mietermärkten kommt es nicht nur darauf an, mit innovativen Marketingkonzepten neue Mieter zu gewinnen. Gleichzeitig besteht die Aufgabe, die Mieter, denen sich eine Vielzahl attraktiver Wohnungsangebote bieten, in den eigenen Beständen zu halten. Aus diesem Grund werden den Mietern über das reine Wohnungsangebot hinaus weitere Serviceleistungen angeboten wie z. B. Fahrdienst, Wäschewaschen, Werkzeugverleih. Den Mietern der Wohnungsgenossenschaften Lipsia und VLW in Leipzig wird eine Servicekarte angeboten, mit der sie im Blumenladen, in der Parfümerie oder im Fitness-Studio Preisnachlässe erhalten. Die lokale Konkurrenz, die Leipziger Wohnungsbaugesellschaft, bietet eine „Trumpfkarte" an, mit der die Mieter in einer Vielzahl von Geschäften Rabatte erhalten. Erfolgversprechend sind auch Maßnahmen der Einrichtung von Consierge-Diensten. Eine besonders erwünschte Zielgruppe vieler Wohnungsunternehmen sind Familien. So bekommt bei der SÜD-OST WOBA Dresden GmbH jeder Mieterhaushalt bei der Geburt eines Kindes einen Gutschein.

Wohnungsunternehmen, deren Bestände über große Teile von Wohnquartieren reichen, engagieren sich zunehmend in Initiativen der Stadtteilentwicklung. Zum Teil stellen sie sich selbst an die Spitze der Stadtteilinitiativen, fördern Aktionen engagierter Bewohner, Stadtteilfeste oder richten ein Stadtteilmarketing ein.

Mit der beginnenden Rückbautätigkeit wächst auch die Erkenntnis über die Bedeutung des Umzugsmanagements als erweiterten Mieterservice. Dabei geht es nicht nur darum, Mietern in Rückbaugebieten die entstehenden Aufwendungen auszugleichen, sondern auch Mietern in anderen Beständen im Falle eines Umzugs innerhalb des Unternehmens Hilfen anzubieten.

3.4 Bestandsentwicklung

Die Vorstellung der Portfolioanalyse hat bereits gezeigt, dass sich die Hauptstrategien der Bestandsentwicklung entlang der finanziellen Dimensionen Investieren und Deinvestieren bewegen. Abbildung 11 zeigt die Ansätze der Bestandsentwicklung, die im Folgenden vorgestellt werden.

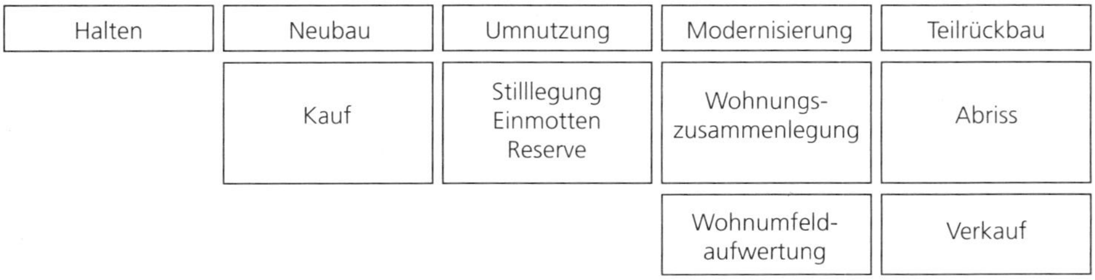

Halten	Neubau	Umnutzung	Modernisierung	Teilrückbau
	Kauf	Stilllegung Einmotten Reserve	Wohnungszusammenlegung	Abriss
			Wohnumfeldaufwertung	Verkauf

Abb. 11: Strategien der Bestandsentwicklung

Strategien des Haltens

Eine große Zahl an Wohnungsunternehmen wird in den nächsten Jahren nicht in der Lage sein, weitere Investitionen zu tätigen. Dabei handelt es sich zum einen um vollmodernisierte Bestände, auf denen größere, langfristige finanzielle Belastungen liegen und für die lediglich mit Mitteln des Marketings eine höhere Vermietungsquote erreicht werden soll. Gehalten werden zweitens Bestände mit geringerem Modernisierungsgrad und relativ hoher bzw. stabiler Vermietungsquote. Diese Bestände, die dem Unternehmen als „cash cows" Gewinne bringen, sollen nicht durch Sanierungen oder Modernisierungen gefährdet werden. Bei den Beständen geringen Modernisierungsgrads, die gleichzeitig als Gebiete sozialer Belegung dienen, kommt eine Modernisierung auch aufgrund der sich daraus ergebenden höheren Mietkosten nicht in Betracht. Auf diese Weise können die Wohnungsgesellschaften das Segment des preiswerten Wohnungsangebots weiterhin erhalten und gleichzeitig ihrem kommunalen Auftrag als auch ihren ökonomischen Zielen gerecht werden.

Strategie des Neubaus und Kaufs

Auch auf einem gesamtstädtisch schrumpfenden Wohnungsmarkt gibt es Wohnungsmarktsegmente, die eine steigende Nachfrage erfahren. Einige Wohnungsunternehmen sehen in diesen Nischen zukünftige Geschäftsfelder, mit denen die Bestandsstruktur eines Unternehmens qualitativ aufgewertet werden kann. Diese Nischen bestehen in anspruchsvollen Wohnformen, die eine spezielle Zielgruppe ansprechen. Die LWB Immobilien entwickelte in Leipzig das Projekt „Neues Wohnen". An 13 verschiedenen Standorten sollen für eigentumsorientiertes Klientel attraktive Wohnangebote geschaffen werden. (Die Wohnungswirtschaft 5/2002, S. 30 f.) Neubau ist auch eine Strategie für die Wiedererrichtung von Wohngebäuden auf Abrissflächen. Ein erfolgreiches Beispiel sind die Stadtvillen im WK VIII der Hoyerswerdaer Neustadt. Mit Projekten des Neubaus dringen die Wohnungsunternehmen in den Geschäftsbereich der Projektentwickler und kleineren Immobilienunternehmen ein, was wiederum zu einer Verschärfung des Konkurrenzkampfes führt.

Strategie der Nutzungsänderung

Eine bereits sehr früh in die Diskussion um Wohnungsleerstand ins Gespräch gebrachte Strategie ist die der Umnutzung von Gebäuden und Wohnungen. Dementsprechend ist man auf diesem Gebiet auch schon weiter und erfahrener. So werden die häufig leer stehenden Erdgeschosswohnungen zu Abstellräumen, Kitas, Gemeinschaftsräumen, Büros von Stadtteilinitiativen[3] oder Gästewohnungen umfunktio-

---

[3] Zum Beispiel stellt die LWB in Leipzig Vereinen preiswerte Häuser zur Verfügung, die mithilfe von Fördergeldern umgestaltet werden können. Neungeschosser in Grünau werden so umgebaut, dass in den Erdgeschossen Betreuungsangebote für ältere Mieter bereitgestellt werden können. (Leipziger Volkszeitung Online vom 11.02.2002)

niert. Leer stehende Wohnungen in den obersten Etagen werden zu Dachböden umgebaut oder ganz stillgelegt.

Noch relativ wenig angewandt werden Projekte zur Schaffung von Verfügungsrechten für Bewohner. Damit könnten Freiräume zur kreativen Neuaneignung von leeren Beständen geschaffen werden.

Strategien der Modernisierung, Wohnungsgrundrissänderung und Wohnumfeldaufwertung

Maßnahmen der Wohnungsmodernisierung, Grundrissänderung und Wohnumfeldaufwertung zählten in den 1990er Jahren zu den wichtigsten Strategien und Arbeitsfeldern der Wohnungsunternehmen. In den letzten Jahren haben jedoch viele Unternehmen ihre Baumaßnahmen stark reduziert. Zum Ersten erklärt sich dies aus den bereits hohen Sanierungsständen, was insbesondere für viele Genossenschaften gilt. Zum Zweiten liegt es am Rückgang der finanziellen Kapazitäten. Die öffentliche Förderung der Wohnungsmodernisierung wurde reduziert bzw. an den Rückbau von Wohnungen geknüpft und auch die private Förderung über Kredite ist aufgrund der Überschuldung vieler Unternehmen und gewachsener Vorsicht der kreditgebenden Banken rückläufig.

Dennoch gibt es weiterhin Projekte der Wohnungsmodernisierung und -grundrissänderung. Zu den erfolgversprechenden Maßnahmen zählen die Anbringung von Balkonen, die Anlage von Mietergärten und die Gestaltung des Wohnumfeldes sowie der Umbau von Wohnungen zu Maisonette-Wohnungen bzw. der Umbau von Wohngebäuden zu Anlagen für altengerechtes Wohnen. Diese Projekte sind in den meisten Fällen auf sehr spezielle Zielgruppen ausgerichtet, wie zum Beispiel junge Singles, Familien mit sicherem Einkommen oder ältere Bewohner.[4]

Strategien des Teilrückbaus, Abrisses und Verkaufs

In fast jeder ostdeutschen Großstadt gibt es mittlerweile Projekte des Wohnungsrückbaus. Diese werden in den nächsten Jahren zunehmen. Für die Auswahl der Abrissbestände hat sich in den letzten Jahren eine Entscheidungsstruktur aus kommunalen und unternehmerischen Akteuren entwickelt. (Rietdorf u. a. 2001, S. 91 ff.) Die Entscheidungsstruktur besteht aus städtischen Arbeitsgruppen zur Diskussion der städtischen Wohnungsmarktsituation sowie aus den Integrierten Stadtentwicklungskonzepten (INSEK) und unternehmerischen Sanierungskonzepten.

Vielerorts sind es jedoch die Wohnungsunternehmen, die selbst die Entscheidung darüber treffen, welche Bestände rückgebaut werden – Beispiele dafür sind die

---

[4] Ein Beispiel ist das Projekt „Freistil" der Dresdner Wohnungsgenossenschaft Johannstadt, bei dem Wohnungen in einem 17-geschossigen Hochhaus nach individuellen Wünschen und Ansprüchen für Singles, Paare, Wohngemeinschaften, Familien oder Mehrgenerationenfamilien umgestaltet werden.

Unternehmen der Städte Chemnitz, Dresden und Johanngeorgenstadt. Für die Wohnungsunternehmen sind aufgrund der ökonomischen Zwänge zuvorderst die nicht vermietbaren Bestände ohne Kreditbelastungen rückbauwürdig, denn Abriss kostet Geld und schlägt sich negativ auf die Unternehmensbewertung nieder. Die durchschnittlichen Kosten liegen zwischen 50 und 150 Euro/m² Wohnfläche. Die Rolle vieler kommunaler Planungen beim Wohnungsrückbau beschränkt sich in vielen Städten auf die Einhaltung der baurechtlichen Regularien.

Erste Erfahrungen mit Rückbauprojekten zeigen, dass es sich um einen sehr langwierigen und komplexen Prozess handelt. Für die bauliche Umsetzung stehen verschiedene Techniken des Rückbaus, Gestaltungsideen für Teilrückbau sowie Strategien der Nachnutzung von Flächen und Baustoffen zur Auswahl. Diese sollen im Folgenden nicht näher erläutert werden, da sie im Rahmen des Programms Stadtumbau Ost bereits gut dokumentiert werden. (vgl. BMVBW 2001; 2002; Rietdorf u. a. 2001)

Neben den baulichen Planungen spielt im Fall eines Rückbaus das Verhältnis zwischen Mieter und Vermieter eine wichtige Rolle. Angesprochen werden sollen daher Konzepte der Rückbaukommunikation und des Umzugsmanagements.

Werden Pläne über den Wohnungsrückbau erarbeitet, dann werden die Informationen zuerst in der Führungsetage der Unternehmen und den unmittelbar betroffenen Abteilungen des Wohnungsunternehmens diskutiert. Danach erfahren die Banken, Kreditgeber und eingebundene Unternehmensberater von diesen Plänen. Anschließend werden im Fall von Umbaumaßnahmen Gespräche mit Ver- und Entsorgern sowie Vertretern der Stadtverwaltung geführt. Als letzte erfahren die Presse, die Mieter selbst und auch die interessierten Wissenschaftler von beabsichtigten Umbauplänen.

Da sich aufgrund der bereits über drei Jahre in der Presse geführten Leerstands-Rückbau-Diskussion auch bei vielen Mietern ein Bewusstsein für das Thema entwickelt hat, merken diese aber sehr schnell, welches die potenziellen Rückbaugebiete sind. Infrage kommen aus ökonomischen Gründen nur die unsanierten und leer stehenden Bestände. In diesen Quartieren entsteht eine große Unsicherheit unter den Bewohnern und ein erhöhter Informationsbedarf. Die Mieter wollen wissen, ob sich das Bleiben lohnt. Ein Mitarbeiter eines großen Wohnungsunternehmens formulierte das folgendermaßen: „In den Quartieren, wo Luft gemacht werden soll, da merken das die Mieter schon."

Ziel der Wohnungsunternehmen ist es, möglichst viele Mieter aus potenziellen Rückbaugebieten in den eigenen Beständen zu halten. Daher müssen gezielte Kommunikationsstrukturen aufgebaut werden. Zu diesem Zweck hat der Verband Sächsischer Wohnungsunternehmen e. V. ein „Kommunikationskonzept für den Rückbau von Wohnungen" erarbeitet. (vgl. Verband Sächsischer Wohnungsunternehmen e. V. 2001) In diesem Konzept wird empfohlen, dass für den Fall eines geplanten Rückbaus Folgendes gesichert sein sollte:

- eine umfangreiche Mieterberatung,
- ein ausreichendes Angebot an Umzugsalternativen in den eigenen Beständen,
- eine Absprache mit benachbarten Wohnungsunternehmen bzw. Konkurrenten über Fairness und Stillhaltevereinbarungen und
- ein ausreichendes Finanzvolumen, um die mit den Umzügen anfallenden Aufwendungen wie Übernahme der Umzugskosten, Übernahme von Gebühren und Verwaltungskosten für An- und Ummeldungen sowie mögliche Schadenersatz- und Abstandszahlungen finanzieren zu können.

Eine weitere Strategie der Bestandsreduzierung ist der Verkauf von Wohnungsbeständen. Große Wohnungsunternehmen bieten vor allem Einzelobjekte in Altbaubeständen zum Verkauf an, die aufgrund lange laufender Restitutionsverfahren einen Sanierungsrückstand aufweisen und durch ihre Streulagen weit weniger effektiv zu bewirtschaften sind. Mit den Verkäufen können die Unternehmen ihre Bilanzen entlasten und die Liquidität erhöhen.

3.5 Veränderungen der Unternehmensstruktur

Die Situation eines Mietermarktes führt auch zum Nachdenken über Veränderungen in den Strukturen der Wohnungsunternehmen. Für die entstehenden ökonomischen Belastungen sehen die meisten Wohnungsunternehmen als erstes Einsparungspotenziale bei den Personalkosten.

In einigen Städten, wie z. B. in Wolfen (Erneuerungsgesellschaft Wolfen-Nord GmbH) und Chemnitz (Stadtumbau-GmbH Chemnitz) hat man zur Steuerung des Wohnungsrückbaus so genannte Rückbaugesellschaften gegründet. An den Gesellschaften beteiligt sind die großen Wohnungsunternehmen der Städte, aber auch Akteure der Kommunal- und Landesbehörden. Die Finanzierung der Gesellschaften erfolgt über Mittel der Rückbauförderung, der Stadtentwicklungsförderung (Umlenkung aus anderen Programmen) und, so ist es vorgesehen, aus Ausgleichszahlungen der Gewinner, d. h. jener Unternehmen, die nicht zurückbauen dafür aber neue Mieter gewinnen. Die Hauptaufgaben der Rückbaugesellschaften bestehen in:

- der Organisation und Koordination des Rückbaus,
- der Organisation des Umzugsmanagements für Rückbaugebiete,
- der Finanzierung des Rückbaus sowie
- der Nachnutzungsregelung.

Ob das Ziel, mithilfe der Gesellschaften einen echten Lastenausgleich zu erlangen, erreicht werden kann, ist bisher noch unklar und wird zum Teil bezweifelt. (vgl. Harms, Jacobs 2002, S. 34)

Eine Alternative sehen viele Wohnungswirtschaftler in der Fusion von Wohnungsunternehmen. So werden bspw. in Dresden die drei kommunalen Wohnungsgesellschaften Wohnbau NordWest, SÜDOST WOBA und STESAD zusammengeführt. Um dabei die im Falle einer echten Fusion entstehenden Kosten der Grunderwerbssteuer zu umgehen, geht man den Weg der Bildung einer Holding. Die Gesellschaften bleiben im betriebswirtschaftlichen Sinne selbstständig, werden aber durch eine gemeinsame Geschäftsführung geleitet.

Eine gefährliche Strategie ist die des Inkaufnehmens von Insolvenzen. Für 2002 befürchtete der GdW, dass die Zahl der bisher bestehenden sechs Insolvenzen auf 20 ansteigt. Eine Gefahr von Insolvenzen besteht darin, dass im Fall der Zahlungsunfähigkeit und einer möglichen Zwangsversteigerung der Wohnungsbestand zu sehr geringen Preisen an den neuen Eigentümer wechselt. (GdW 2001, S. 3 f.) Dieser kann dann aufgrund der geringen Einstiegspreise eine geringere als die marktübliche Miete verlangen – z. B. 2 Euro/qm. Wettbewerber mit gleichwertigen Wohnungen haben jedoch wesentliche höhere Kosten – z. B. 4-5 Euro/qm. Dadurch kann ein Wechsel von Mietern in preiswertere Bestände ausgelöst werden, wodurch in den bisher nicht betroffenen Beständen Leerstände entstehen. Dadurch würden auch diese Unternehmen wirtschaftlich belastet und sich die Krise selbstverstärkend ausbreiten.[5]

4 Zusammenfassung

Aus der Perspektive der Wohnungsunternehmen ergeben sich für die Situation eines Mietermarktes sehr unterschiedliche Formen der Problemwahrnehmung und der Entwicklung von Strategien.

Die Vielzahl an vorgestellten Strategien stellen nicht die Strategien eines einzelnen Unternehmens dar, sondern das Gesamtspektrum an möglichen Handlungsansätzen. Wohnungsabriss ist aus Sicht der Wohnungsunternehmen nur eine unter vielen anderen Alternativen.

Aufgrund der knappen finanziellen Mittel und der unsicheren Marktlage werden die Strategien und Projekte nicht mehr die finanzielle und räumliche Ausdehnung haben, wie es noch in den 1990er Jahren der Fall war. Die Unternehmen werden zu-

---

[5] Dass dieser Fall keine Fiktion ist, zeigt das Beispiel der Stadt Chemnitz. Dort gab es bereits Anfang 2001 einen ruinösen Wettbewerb. Nach der Insolvenz eines Zwischenerwerbers sind aus dessen Konkursmasse vollsanierte und schuldenfreie Bestände für 650 DM/qm verkauft worden. Diese Wohnungen wurden vom neuen Eigentümer mit Gewinn für 3,80 DM/qm vermietet. Die erneute Insolvenz eines Chemnitzer Wohnungsunternehmens der Wohnungsbaugenossenschaft Chemnitz-Helbersdorf e. G. (WCH) soll daher mittels Bildung einer Aktiengesellschaft, an der sich die kommunale Grundstücks- und Gebäudewirtschaftsgesellschaft GmbH (GGG) mit 51 Prozent beteiligt, aufgefangen werden. Allerdings sollen dann 3 400 der insgesamt 7 000 Wohnungen der WCH abgerissen werden.

nehmend dazu übergehen, viele kleine Strategien zu entwickeln – Strategien für spezielle Zielgruppen und kleinere Gebäudebestände verbunden mit gezieltem Marketing.

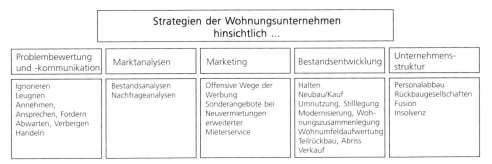

Abb. 12: Strategien der Wohnungsunternehmen auf Mietermärkten
(Quelle: Eigener Entwurf)

Literatur

Beer, Ingeborg (2002): „Wohnen und Leben im Wartestand". Ein Quartier in Schwedt zwischen Abriß und Aufwertung. In: Berliner Debatte Initial, 13, Heft 2, S. 49-58.

BMVBW – Bundesministerium für Verkehr, Bau- und Wohnungswesen (Hrsg.) (2001): Stadtumbau in den neuen Ländern. Integrierte wohnungswirtschaftliche und städtebauliche Konzepte zur Gestaltung des Strukturwandels auf dem Wohnungsmarkt der neuen Länder. Berlin.

BMVBW – Bundesministerium für Verkehr, Bau- und Wohnungswesen (Hrsg.) (2002): Fachdokumentation zum Bundeswettbewerb „Stadtumbau Ost". Expertisen zu städtebaulichen und wohnungswirtschaftlichen Aspekten des Stadtumbaus in den neuen Ländern. Bonn.

Bone-Winkel, Stephan (1998): Immobilienportfoliomanagement. In: Schulte, K.-W. u. a. (Hrsg.): Handbuch der Immobilieninvestition. Köln. S. 219 ff.

GdW – Bundesverband deutscher Wohnungsunternehmen e. V. (Hrsg.) (1999): Zukunft sichern! Programm zur nachhaltigen Stadtentwicklung und zur Sicherung des Bestandes der Wohnungsunternehmen in strukturschwachen Regionen der neuen Länder. Berlin, Köln. (=GdW-Informationen 87)

GdW – Bundesverband deutscher Wohnungsunternehmen e. V. (Hrsg.) (2001): Stadtentwicklungskonzepte als Voraussetzung für Aufwertung und Rückbau. Wie Wohnungsunternehmen und Kommunen gemeinsam den Strukturwandel der Städte und Wohnungsmärkte in den neuen Ländern gestalten können. Berlin, Köln. (=GdW Arbeitshilfe 32)

GdW – Bundesverband deutscher Wohnungsunternehmen e. V. (Hrsg.) (2002): Für die Zukunftssicherung ostdeutscher Städte und Wohnungsunternehmen. Forderungen des GdW Bundesverband deutscher Wohnungsunternehmen e. V. zur wirksamen und zügigen Umsetzung sowie Ergänzung des Stadtumbauprogramms, anlässlich des Kongresses am 11. April 2002 in Berlin.

Glatter, Jan; Killisch, Winfried; Siedhoff, Mathias (2001): Wohnlagebeurteilung im Rahmen von Mietspiegeln, dargestellt am Beispiel von Dresden. In: Killisch, Winfried; Siedhoff, Mathias (Hrsg.): Beiträge zur Wohnungsmarktentwicklung. Mietspiegel und kommunale Wohnungsmarktstrategien. Dresdener Geographische Beiträge, Heft 7, S. 33-64.

Harms, Bettina; Jacobs, Thomas (2002): Stadtumbaustrategien für Neubauquartiere. In: BMVBW (Hrsg.): Fachdokumentation zum Bundeswettbewerb „Stadtumbau Ost". Expertisen zu städtebaulichen und wohnungswirtschaftlichen Aspekten des Stadtumbaus in den neuen Ländern. Bonn. S. 25-36.

Kofer, Stefan; Kook, Heiner; Sydow, Manfred (2001): Ein Portfoliomodell für Wohnungsunternehmen. In: Die Wohnungswirtschaft Heft 7, S. 77-78.

Landeshauptstadt München, Referat für Stadtplanung und Bauordnung (2001): Wohnen in München. III. Wohnungspolitisches Handlungsprogramm 2001-2005. In: http://www.muenchen.de/plan/11.11.02

Massey, Douglas S.; Denton, Nancy A. (1993): American apartheid: Segregation and the making of the underclass. Cambridge, Mass.

MSWV Brandenburg (2000): Umgestaltung der Wohngebiete auf der oberen Talsandstraße in Schwedt/Oder. Potsdam.

Oertel, Holger (2002): Untersuchung zur Entwicklung und Charakteristik der Wohnmobilität in Dresden 1990 bis 2000 unter der besonderen Problematik des Überganges vom Wohnungsmangel zum Wohnungsüberangebot. Dresden. (unveröffentlichte Diplomarbeit am Institut für Geographie der TU Dresden)

Reichart, Thomas (2001): Entvölkerte Städte – Überkapazitäten auf den ostdeutschen Wohnungsmärkten. In: Petermanns Geographische Mitteilungen, 145, Heft 5, S. 42-50.

Rietdorf, Werner; Haller, Christoph; Liebmann, Heike (2001): Läuft die Platte leer? Möglichkeiten und Grenzen von Strategien zur Leerstandsbekämpfung in Großsiedlungen. Berlin.

Verband Sächsischer Wohnungsunternehmen e. V. (2001): Kommunikationskonzept für den Abriss/Rückbau. Dresden.

Wiest, Karin (2002): Die Stabilität von Wohngebieten in schrumpfenden Städten Sachsens. Eine Analyse charakteristischer Problemkonstellationen. In: Europa Regional, 9. Jg., Heft 4, S. 192-203.

Implementierungsprobleme des Programms „Stadtumbau Ost"

Peter Franz

1   Vorbemerkung

Mit der Verabschiedung des Programms „Stadtumbau Ost" hat die Bundesregierung auf die Leerstandsproblematik in den ostdeutschen Städten reagiert.

Die folgenden Einschätzungen der bisherigen Umsetzung dieses Programms stellen eine Momentaufnahme zum Jahresende 2002 dar und erheben insofern nicht den Anspruch, einer wissenschaftlich fundierten Evaluierung des Programms vorzugreifen. Eine solche Evaluierung ist von der Bundesregierung vorgesehen, und für diesen Zweck ist ausdrücklich ein Teil der finanziellen Programmressourcen reserviert. Nichtsdestoweniger erscheint es angesichts der Dringlichkeit der Problematik gerechtfertigt, den Anspruch des Programms und dessen Umsetzungsrealität bereits in einer frühen Einführungsphase kritisch zu beleuchten. Rückmeldungen dieser Art können in politischen Prozessen wertvolle Orientierungshilfen darstellen, solange Steuerungs- und Korrekturmöglichkeiten bestehen.

2   Sind politische Interventionen in den Wohnungsmarkt gerechtfertigt?

Aus volkswirtschaftlicher Sicht stellen große Teile des Programms „Stadtumbau Ost" eine Subventionierung der Wohnungswirtschaft dar, was dazu führt, dass Nachfrage- und Angebotssignale auf dem Wohnungsmarkt verzerrt werden. Unter dem Aspekt der Subventionen stellt das Programm „Stadtumbau Ost" insofern eine Steigerung oder neue Qualität dar, als mit seinem In-Kraft-treten nun Neubau und Abriss gleichzeitig gefördert werden, was ein Außenstehender ohne Kenntnisse der Besonderheiten ostdeutscher Stadtentwicklung nach 1990 eigentlich nur noch als Endstadium einer um sich greifenden „Subventionitis" begreifen kann.

Bei näherer Betrachtung der derzeit in vielen ostdeutschen Städten stattfindenden Entleerungs- und Verfallsprozesse wird das Anliegen des Programms verständlicher; aber aus ökonomischer Sicht bedarf es trotzdem guter Argumente, um staatliche Eingriffe dieses Ausmaßes und dieser Richtung zu rechtfertigen. Solche Rechtfertigungs-Argumente sind nach Ansicht des Autors in zweierlei Hinsicht gegeben:

Zum Ersten kann man sich nicht der Tatsache verschließen, dass den mit der Vereinigung neu gegründeten Wohnungsunternehmen der Start in die Marktwirtschaft durch die Entscheidung der Regierung erschwert wurde, die Unternehmen mit der Zahlung von Altschulden zu belasten (vgl. dazu Sander 2001). Aus dieser Belastung lassen sich gewisse Ansprüche nach weitergehender Hilfe ableiten, sollten sich die Unternehmen in Zahlungsschwierigkeiten befinden. Wenn man von Kostenbelastung spricht, darf man auch nicht unerwähnt lassen, dass den kommunalen Wohnungsunternehmen die Verwaltung derjenigen Immobilien übertragen wurde, die mit Restitutionsansprüchen und damit praktisch mit einer Investitionssperre belegt waren. Die Zahl dieser Immobilien ist zwar zwischenzeitlich stark abgeschmolzen, liegt aber in vielen Kommunen noch nicht bei Null.[1]

Ein zweites, noch triftigeres, Argument ergibt sich aus dem Umstand, dass Wohnungsleerstände negative externe Effekte nach sich ziehen. Diese externen Effekte entstehen *für Wohnungseigentümer* dadurch, dass sie sich in ihren Investitionsentscheidungen auch vom Zustand benachbarter Wohngebäude lenken lassen. In Wohnquartieren mit hohem Leerstand verstärkt sich die Tendenz bei den Wohnungseigentümern, nicht in Wohnungen, Gebäude und Außenanlagen zu investieren, womit häufig der Einstieg in eine Abwärtsspirale der Vernachlässigung vollzogen wird. Führen Leerstände zu Zurückhaltung bei Investitionen, so verschlechtert sich das Wohnumfeld in der betreffenden Gegend, und es kommt früher oder später auch auf Seite der Mieter bzw. potenziellen Käufer gehäuft zu ablehnenden Entscheidungen: Sei es, dass Mieter wegziehen bzw. nicht dorthin ziehen wollen, sei es, dass potenzielle Selbstnutzer auf den Wohnungskauf verzichten und Wohneigentum woanders erwerben. Von Wegzugs-, Nicht-Zuzugs- und Nicht-Investitions-Entscheidungen getragene Abwertungsspiralen bewirken die allmähliche soziale „Aussortierung" der Bewohner, bis im Endstadium der Abwertungsspirale ein Rest erzwungen immobiler Haushalte übrig bleibt – u. U. ergänzt durch Gruppen von Aussiedlern, Ausländern und anderswo aus der Wohnung geklagten Haushalten. Sozial selektiv verlaufende Wanderungen verändern die Zusammensetzung einer Quartiersbevölkerung nach diesen Merkmalen umso schneller, je geringer die Gesamtbevölkerung wächst bzw. je schneller sie schrumpft und je stärker der Angebotsüberhang auf dem Wohnungsmarkt ausfällt (Franz 2001, 31).

Das Auftreten solcher spezifischer negativer externer Effekte rechtfertigt staatliche Eingriffe in den Wohnungsmarkt. Nach der Sichtung verschiedener Argumente zum Pro und Kontra einer staatlichen Intervention am Wohnungsmarkt stehen im Folgenden die Ausgestaltungsmerkmale des Interventionsprogramms „Stadtumbau Ost" selbst im Blickpunkt.

---

[1] In der Stadt Leipzig verwaltet die städtische Wohnungsbaugesellschaft (LWB) derzeit noch 577 Objekte aus Restitutionsbeständen von vormals 7 344 zu Beginn der 1990er Jahre (Tappert 2002).

3 Überblick über das Programm „Stadtumbau Ost" und den Stand seiner Umsetzung Ende 2002

Zur Erinnerung: Ende 2000 erschien der Endbericht der vom Bauminister eingesetzten Kommission „Wohnungswirtschaftlicher Strukturwandel in den neuen Ländern". Acht Monate später wurde im Spätsommer 2001 auf der Grundlage der politischen Empfehlungen in diesem Bericht von der rot-grünen Bundesregierung für den Zeitraum von 2002 bis 2009 ein Maßnahmenprogramm aufgelegt, dass sechs getrennte Maßnahmenbündel enthält:

- zum Ersten die *Erstellung von Stadtentwicklungskonzepten:* Ostdeutsche Städte erhalten Zuschüsse, wenn sie ein Stadtentwicklungskonzept erstellen und werden hierzu zusätzlich durch Auslobung eines Wettbewerbs motiviert,
- zum Zweiten *pauschale Zuschüsse für den Rückbau:* In Städten mit schlüssigen Stadtentwicklungskonzepten werden Wohnungsunternehmen pauschale Zuschüsse zum Rückbau leer stehender und langfristig nicht mehr benötigter Wohngebäude gewährt, sofern bestimmte Voraussetzungen vorliegen.
- zum Dritten Zuschüsse für *Neugestaltung und Aufwertung rückbaubetroffener Stadtquartiere:* Ebenso viele Mittel wie in den Rückbau sollen in Aufwertungsmaßnahmen in jene Stadtquartiere fließen, die für Rückbaumaßnahmen ausgewählt worden sind.
- zum Vierten Gewährung von *Krediten für Wohnungsunternehmen zur Finanzierung von Rückbaumaßnahmen*
- zum Fünften *eine Investitionsförderung für Erwerber selbstgenutzten Wohneigentums in innerstädtischen Altbauquartieren*
- zum Sechsten eine *Erhöhung der Investitionszulage für Mietwohnungsinvestoren in Altbaubeständen*

Die folgenden Ausführungen beziehen sich auf diese sechs Maßnahmen-Kategorien. Von den sechs genannten Maßnahmen-Kategorien ist nur der zuerst genannte Programmteil der Erstellung von Stadtentwicklungskonzepten inzwischen mit der Nennung der Preisträger-Städte abgeschlossen. Alle anderen Maßnahmen-Kategorien befinden sich derzeit noch in der Anfangsphase ihrer Anwendung.

3.1 Erstellung von Stadtentwicklungskonzepten

Mit der Grundentscheidung, nur in solche Städte Rückbaumittel fließen zu lassen, die ein integriertes Stadtentwicklungskonzept vorlegen, hat die Bundesregierung einer Empfehlung der Kommission „Wohnungswirtschaftlicher Strukturwandel in den neuen Bundesländern" (auch: „Leerstands-Kommission") (2000) entsprochen. Die vorgelegten Konzepte haben umfangreichen inhaltlichen Anforderungen zu genügen.[2] Man kann den Tatbestand, dass im Rahmen des Wettbewerbs 269 Stadtentwicklungskonzepte eingereicht wurden, als Indiz dafür werten, dass die Anreize zur Beteiligung richtig gesetzt wurden.

Trotz des anscheinenden Erfolgs dieser Maßnahme muss man allerdings kritisch die Frage stellen, ob denn die Forderung nach derartigen Konzepten angemessen für die diagnostizierte Problemlage von Städten und Wohnungsunternehmen ist. Immerhin sind damit weitere neun Monate ins Land gegangen – ein Zeitraum, in dem der Leerstand insgesamt weiter gestiegen ist, aber kaum Rückbaumaßnahmen in Angriff genommen wurden, da natürlich Städte und Wohnungseigentümer die in Aussicht gestellte Förderung „mitnehmen" wollen.

Erste kritische Anmerkung: Die Erstellung von Stadtentwicklungskonzepten benötigt viel Zeit, während der zur Verringerung des Leerstands-Problems nichts geschieht.

Weiter gilt zu fragen, ob denn das Instrument „Stadtentwicklungskonzept" richtig gewählt, d. h. problemadäquat ist. Sicherlich stellt diese Forderung gerade für diejenigen Städte einen heilsamen Zwang dar, die bisher Defizite bei Vorstellungen über ihre weitere Entwicklung aufgewiesen haben und nun Ressourcen des Bundes nutzen konnten, um dieses Defizit zu verringern. Es ist allerdings die Frage, ob die Eingrenzung auf die Erstellung stadtweiter *wohnungspolitischer* Konzepte nicht die gleichen Dienste erwiesen hätte und zeitlich schneller umzusetzen gewesen wäre. Stadtentwicklungskonzepte dienen in der Regel als Instrument einer langfristigen Zielplanung und sind nicht auf kurzfristige Umsetzung angelegt (Bernt 2002, 11).

Auch für anspruchsvolle wohnungspolitische Konzepte gilt, dass sie ihre Vorstellungen zur zukünftigen Bevölkerungsentwicklung zu präzisieren haben, dass – wie gefordert – einzelne Schwerpunktgebiete für den Rückbau abgegrenzt werden, dass die wichtigsten Akteure mit einbezogen sowie Interessenausgleiche zwischen unterschiedlichen Interessen ausgehandelt und festgehalten werden müssen.[3] Lediglich die Planung mit Blick auf die Neunutzung der durch Abriss neu verfügbaren Flächen wäre eine genuine Aufgabe für die Stadtentwicklungspolitik. Jedoch dürfte es – realistisch gesehen – in der Mehrzahl der Städte derzeit kaum Überlegungen zur weiteren Nutzung von Abrissflächen in Plattenbausiedlungen geben, die über ihre Nutzung als Grün-, Frei- oder Kfz-Abstellflächen hinausgehen. Ob für derartige Nutzungsänderungen umfangreiche Stadtentwicklungskonzepte notwendig sind, erscheint zweifelhaft.

---

[2] Der GdW führt allein 17 verschiedene Anforderungen an integrierte Stadtentwicklungskonzepte auf (GdW 2002a, 32 f.).

[3] Von den ostdeutschen Städten verfügt z. B. die Stadt Leipzig (2002a) über ein wohnungspolitisches Konzept.

Zweite kritische Anmerkung: Weniger umfassende und weniger anspruchsvolle wohnungspolitische Konzepte könnten den gleichen Zweck wie die geforderten Stadtentwicklungskonzepte erfüllen und erscheinen schneller umsetzbar.

Die Fokussierung der Kommunen auf ein wohnungspolitisches Konzept hätte den zusätzlichen Vorteil, dass darin die problematische betriebswirtschaftliche Situation vieler Wohnungsunternehmen und mögliche organisationsbezogene Abhilfemaßnahmen stärkere Beachtung finden könnten. Man muss z. B. nicht als unveränderbar hinnehmen, dass der Wohnungsbestand einer Stadt von einer fixen Zahl von Unternehmen verwaltet wird. Unternehmen, die fusionieren oder gemeinsam eine andere Betriebsform finden, könnten Rationalisierungseffekte erzielen und kostengünstiger wirtschaften.

Leider stehen entsprechenden Bestrebungen Hindernisse im Wege wie der Umstand, dass beim Zusammenschluss zweier Unternehmen von neuem Grunderwerbssteuer anfallen würde. Auf dieses Hindernis wurde bereits im Bericht der „Leerstands-Kommission" (2000, 76) und später wiederholt von den Dachverbänden der Wohnungswirtschaft hingewiesen, wobei dies mit der Forderung verbunden wurde, die Erhebung der Grunderwerbssteuer für Fusionsfälle auszusetzen (GdW 2002b; Verband Thüringer Wohnungsunternehmen 2002). Diese Forderung erscheint insbesondere in jenen Fällen plausibel, wo durch Rückbau die Wohnungsbestände einzelner Wohnungsunternehmen so stark schmelzen, dass eine rentable Bewirtschaftung erschwert wird.

Dritte kritische Anmerkung: Das Programm „Stadtumbau Ost" bleibt blind gegenüber der Möglichkeit, dass Wohnungsunternehmen ihre betriebswirtschaftlichen Probleme eigenaktiv auch dadurch mit verringern könnten, indem sie Rationalisierungseffekte hinsichtlich ihrer Verwaltung und Organisationsform realisieren.

Für die Erstellung der Stadtentwicklungskonzepte wurde den Kommunen u. a. zur Auflage gemacht, sich ernsthaft darum zu bemühen, die von den ins Auge gefassten Stadtumbaumaßnahmen betroffenen Wohnungseigentümer mit in die Konzeptplanung einzubeziehen. Dies sollte auch für die privaten Eigentümer einzelner Wohngebäude gelten. Da Letzteres aber viel schwieriger zu bewerkstelligen ist als die Kommunikation mit den großen Wohnungsunternehmen, insbesondere wenn diese unter kommunaler Leitung stehen, so ist zu erwarten, dass die Konstellation der Akteure auf den städtischen Wohnungsmärkten Rückbaulösungen in Plattenbausiedlungen begünstigt.

Mit einer überschaubaren Zahl von Unternehmen sind Verhandlungen leichter zu führen und Interessenausgleiche eher möglich.[4] Im Unterschied dazu stehen die

---

[4] Anhand verschiedener Beispiele verdeutlicht Bernt (2002, 16 ff.) die generellen Hindernisse, die vor dem Zustandekommen eines Interessenausgleichs konkurrierender Wohnungsunternehmen liegen. Vgl. dazu auch Haller et al. (2001, 150 f.).

Chancen für Rückbaulösungen in den von Leerständen betroffenen Altbaubeständen wesentlich schlechter. Dazu kommt, dass sich solche Altbaubestände überwiegend in Innenstadtlagen befinden und somit größere Anforderungen an die Kooperation von Kommunalverwaltung und Wohnungseigentümern und an sinnvolle Nachnutzungskonzepte stellen.[5] Nur wenige Städte, wie z. B. die Stadt Leipzig, planen derzeit auch Abrissmaßnahmen im Altbaubestand. Ob es in nächster Zeit dazu kommen wird, ist allerdings fraglich, da sowohl Abriss als auch Nachnutzungskonzepte politisch umstritten sind (vgl. Guratzsch 2002).

Vierte kritische Anmerkung: Aufgrund von Verwaltungsbestimmungen und der Akteurskonstellation auf den städtischen Wohnungsmärkten haben Rückbaulösungen für Plattenbausiedlungen größere Chancen, in die Stadtentwicklungskonzepte aufgenommen zu werden als Rückbaulösungen im Altbaubestand, obwohl dort insgesamt die Leerstände höher sind.

3.2 Zuschüsse für Rückbau und Aufwertung

Neben der Förderung von Stadtentwicklungskonzepten sieht das Programm „Stadtumbau Ost" pauschale Zuschüsse für die Bereiche Rückbau und Aufwertung vor. Hinter der Entscheidung des Bundes, die bereit gestellten Mittel zu gleichen Teilen in den Rückbau wie in die Aufwertung von Wohnungsbeständen fließen zu lassen, steht neben der Reduktion des Wohnungsangebots die Intension, die Städte wieder attraktiver zu machen. Die hälftige Aufteilung braucht dabei nicht für jede einzelne Stadt, muss aber auf der Ebene des jeweiligen Landes eingehalten werden. Dies bedeutet, dass die Länder hier eine Steuerungsaufgabe unter den antragstellenden Städten zu übernehmen haben.

Die Regelungen für die Gewährung von Zuschüssen für Rückbau und Aufwertung scheinen auf den ersten Blick klar und übersichtlich zu sein. Bei genauerer Betrachtung der Ausführungsbestimmungen ist jedoch zu erkennen, dass die Umsetzung mit einem erheblichen bürokratischen Aufwand verbunden ist. Dies hängt vor allem damit zusammen, dass vor einem tatsächlichen Fluss der Mittel an ein abreißendes Unternehmen viele Einzelentscheidungen und Koordinierungen zu treffen sowie Ausschluss-Tatbestände zu berücksichtigen sind.

---

[5] „Die planerische Vorbereitung von Rückbau- und Aufwertungsmaßnahmen ... ist ... am einfachsten ... für randstädtische Wohngebiete mit wenigen Eigentümern realisierbar, da hier informelle städtebauliche Rahmenpläne, auf die sich alle Beteiligten einigen, ausreichen. Der Abriss von Gebäuden ist nämlich aus planungsrechtlicher Sicht nicht genehmigungsbedürftig, es sei denn, die Gebäude liegen in einem Sanierungsgebiet, im Gebiet einer Erhaltungssatzung oder sie sind über den Denkmalschutz besonders geschützt. In solchen, meist innerstädtischen Gebieten, ist die Situation komplizierter und die Kooperation zwischen Kommune und Wohnungseigentümer ist bis in Detailfragen erforderlich" (GdW 2001, 21).

Gemäß der Programmrichtlinien beteiligt sich der Bund an der Förderung von Rückbaumaßnahmen mit 30 EUR pro qm, wobei vom Land mindestens die gleiche Summe gegenfinanziert werden muss. Gegenwärtig wird der Rückbau von Wohnungen in Sachsen-Anhalt mit 60 EUR, in Sachsen mit 70 EUR und in Thüringen mit 75 EUR pro qm gefördert. Diese Kooperation und Kofinanzierung von Bund und Ländern wird im Rahmen einer gemeinsam unterzeichneten Verwaltungsvereinbarung geregelt, die im April 2002 in Kraft getreten ist (BMVBW 2002). Antrags- und Auszahlungsverfahren werden wiederum durch spezielle Richtlinien festgelegt, die jedes Land für sich aufstellen muss. Am schnellsten war hier das Land Sachsen-Anhalt, das bereits im Februar 2002 über solche Richtlinien verfügte. In den anderen neuen Ländern hat die Aufstellung dieser Richtlinien wesentlich mehr Zeit beansprucht.

Die Anträge für die Zuschussförderung von *Rückbaumaßnahmen* sind nicht von den Wohnungsunternehmen, sondern von den Kommunen zu stellen, welche zunächst auch als Zuwendungsempfänger (Erstempfänger) fungieren. Die Anträge werden von den Regierungspräsidien bearbeitet, und die bewilligten Gelder werden von den Kommunen an die rückbauenden Wohnungseigentümer (Letztempfänger) weitergereicht. Hierbei hat die Kommune das Recht, auf der Grundlage des von ihr beschlossenen Stadtentwicklungskonzepts unter den zu fördernden Rückbaumaßnahmen eine Auswahl zu treffen und Förderbescheide zu erstellen.

Während die Kommunen die Rückbauförderung nicht kofinanzieren müssen, haben sie sich an der Förderung von Aufwertungsmaßnahmen wie Bund und Länder zu je einem Drittel zu beteiligen. Zuschüsse für die Maßnahmen müssen die Bauherrn selbst beantragen; Letztere sind auch die Zuwendungsempfänger. Für die antragstellenden Bauherrn ist eine Vielzahl von Zuwendungsvoraussetzungen zu beachten, die in umfangreichen Förderrichtlinien enthalten sind (vgl. z. B. Ministerium Sachsen-Anhalt 2002b).[6] Vor dem eigentlichen Antrag haben die Antragsteller einen Vorantrag bei der Kommune einzureichen, um eine Entscheidung der Kommune herbeizuführen, ob das Vorhaben nach den Zielen des Stadtentwicklungskonzeptes förderfähig ist.

Allein schon die Aufführung der verschiedenen Vereinbarungen, Richtlinien und Besonderheiten der Antragstellung ist ein deutlicher Hinweis darauf, dass mit dem Vollzug dieses Teils des Programms „Stadtumbau Ost" ein weiterer bürokratischer Wasserkopf errichtet worden ist, durch dessen Windungen sich zu kämpfen noch einige Anspruchsberechtigte und Antragsteller demotivieren wird. Als besonders bedenklich ist die Zwischenschaltung der Kommunen bei der Gewährung von Rück-

---

[6] Dazu zählen z. B. Nachweise über die Zuverlässigkeit und Leistungsfähigkeit des Bauherrn; Beginn der Maßnahme erst nach Förderungsbescheid; keine Förderung für Eigentümergemeinschaften; Förderobjekte müssen barrierefrei zugänglich sein; bei Gebäuden mit mehr als 10 Wohneinheiten ist dem Antrag eine Vermietungsprognose beizufügen (Ministerium Sachsen-Anhalt 2002b).

bauzuschüssen anzusehen, da es hier leicht zu Bevorzugungen kommunaler Wohnungsgesellschaften kommen kann. Es gibt für ein antragstellendes Wohnungsunternehmen keinen einklagbaren Rechtsanspruch auf Abrissförderung.

Eine weitere Verzögerung und Komplizierung der Lage kann eintreten, wenn eine Landesregierung – wie im Fall von Sachsen-Anhalt – den Versuch unternimmt, Rückbauaktivitäten noch zusätzlich als Beschäftigungsmöglichkeit für Arbeitslose zu nutzen (Ministerium Sachsen-Anhalt 2002a). Sollte dies umgesetzt werden, so wären Wohnungsunternehmen gezwungen, für einfachere und vorbereitende Rückbauarbeiten Arbeitslose zu beschäftigen bzw. entsprechende Beschäftigungsgesellschaften zu beauftragen. Ob dies u. U. zu Kosteneinsparungen führt, lässt sich nur am konkreten Fall durchrechnen und beurteilen. Mit ziemlicher Sicherheit würde die Umsetzung eines solches Modell zu einer weiteren Zeitverzögerung beim Rückbau führen.

3.3 Kreditangebot für Rückbaumaßnahmen

Neben den rückzahlungsfreien Zuschüssen werden im Programm „Stadtumbau Ost" auch *Kredite für Rückbaumaßnahmen* angeboten. Die Förderkonditionen sind so festgelegt, dass maximal 125 EUR pro qm rückgebauter Wohnfläche gefördert werden können, mit einer Kreditlaufzeit bis zu 10 Jahren und einem derzeitigen Zinssatz von 3,4 % (Laufzeit 10 Jahre, tilgungsfrei 2 Jahre, Stand November 2002). Um zu derartigen Krediten zu gelangen, sind die Antrags- und Förderwege über die Kreditanstalt für Wiederaufbau (KfW) zu benutzen. Allerdings wird beim Antragsverfahren diskriminiert zwischen privaten und öffentlich-rechtlichen Antragstellern. Während sich kommunale Wohnungsunternehmen direkt an die KfW wenden können, müssen private Wohnungseigentümer den Umweg über ein Kreditinstitut gehen.

Für das Jahr 2002 war die Antragsfrist für derartige Kredite bis zum 15. November desselben Jahres terminiert. Nach Auskunft der KfW wurde das Kreditprogramm bisher in nur sehr geringem Umfang in Anspruch genommen. Dies könnte u. a. damit zusammenhängen, dass Wohnungsunternehmen Schwierigkeiten haben, Kredite ausreichend abzusichern, oder auch damit, dass sie mit Rückbaumaßnahmen erst beginnen dürfen, nachdem ihre Anträge auf Zuschussförderung des Rückbaus bewilligt worden sind. Wie bereits gesagt, haben diese Anträge auf Zuschussförderung aber zur Voraussetzung, dass Stadtentwicklungskonzepte vorliegen, sodass mit einer größeren Zahl von Anträgen – wenn überhaupt – erst ab 2003 zu rechnen ist. Nach Auskunft des Bundesbauministeriums ist es derzeit noch offen, ob ab 2003 ein Anschlussprogramm für Rückbaukredite angeboten wird. Im Klartext bedeutet dies, dass mit hoher Wahrscheinlichkeit dieser Programmteil mangels Nachfrage nicht wieder aufgelegt werden wird.

3.4 Investitionsförderung für Erwerber selbstgenutzten Wohneigentums

Der fünfte Programmteil besteht aus einer *Investitionsförderung für Erwerber selbstgenutzten Wohneigentums in innerstädtischen Altbauquartieren*. Mit dieser Maßnahme innerhalb des Programms „Stadtumbau Ost" wird das Förderziel verfolgt, die Wohnungsnachfrage von Neubauten im Stadtumland auf innerstädtische Altbauwohnungen umzulenken. Diesem Ziel gemäß soll diese Förderung auch zusätzlich zur geltenden Eigenheimzulage in Anspruch genommen werden können, wobei dieselben Einkommensgrenzen gelten. Um gefördert zu werden, muss die erworbene Wohnung mindestens 70 qm groß sein, und es müssen zusätzlich zum Erwerb Investitionen vorgenommen werden.[7] Diese Maßnahme wird aber konterkariert durch die Wirkung der höheren Eigenheimzulage für Neubau, der steuerlichen Begünstigung langer Arbeitspendelwege und der prozentual vom Grundstückspreis erhobenen Grunderwerbssteuer – alles drei Faktoren, die Anreize setzen, den geplanten Eigenheimbau auf der „grünen Wiese" vorzunehmen und nicht auf städtischem Bauland.

Wie groß sind die Chancen, dass diese Fördermaßnahme stark in Anspruch genommen wird? Erwerber von Eigentumswohnungen im *sanierten* Altbau brauchen vor dem Einzug in der Regel keine größeren Investitionen vornehmen, erfüllen also in der Regel die Förderkriterien nicht. Aufgrund der Förderbedingungen werden in erster Linie Käufer von Eigentumswohnungen im *unsanierten* oder *teilsanierten* Altbau als Förderfälle infrage kommen. Informationen über die Entwicklung in diesen Wohnungsmarktsegmenten sind rar. Eine Ausnahme bildet der Wohnungsmarktbericht der Stadt Leipzig (2002b), deren innerstädtische Gründerzeitviertel ein umfangreiches Angebot sowohl sanierter als auch teil- und unsanierter Wohnungen beinhalten.

Betrachtet man die Zahl der Verkaufsfälle, so erkennt man gegenläufige Entwicklungen: Die Verkäufe von Eigentumswohnungen im sanierten Altbau sind seit 1999 leicht gestiegen, die Verkäufe von unsanierten Altbauten sind seit 1996 kontinuierlich gesunken (Stadt Leipzig 2002b, 8 ff.). In der Regel wird man davon ausgehen müssen, dass der potenzielle Erwerber einer Wohnung in einem un- oder teilsanierten Altbau mit hohen Unsicherheiten konfrontiert ist: Wie stehen die Chancen, dass die anderen Wohnungen im Haus auch Käufer und Investoren finden? Kann die mit dem Kauf verbundene Standortentscheidung notfalls ohne große Vermögensverluste korrigiert werden? Dazu gibt der Monitoringbericht der Stadt Leipzig folgende Auskunft: „Erstmals (2000) wurden auch 13 Zweitverkäufe von Eigentumswohnungen registriert. Dabei gab es eine durchschnittliche Preisminderung zwischen Erst- und Weiterverkauf innerhalb von vier Jahren um 35 %" (Stadt Leipzig 2002b, 9).

---

[7] Als Höchstförderung ergeben sich 15.000 EUR bei einer Wohnfläche von mindestens 125 qm und mindestens 75.000 EUR Investitionskosten.

Aus diesen Tatbeständen lässt sich folgern, dass der Erwerb innerstädtischen Wohneigentums – zumal noch im unsanierten Bestand – mit hohen Risiken belastet ist, und es erscheint wenig wahrscheinlich, dass die vorgestellte Fördermaßnahme in dieser Hinsicht die derzeitigen Risiken und Risikoeinschätzungen grundsätzlich verändert. Sehr viel spricht gegenwärtig dafür, eine sanierte Altbauwohnung preisgünstig zu mieten, sehr wenig dafür, eine unsanierte Altbauwohnung zu erwerben und in ihr zusätzliche größere Investitionen zu tätigen. Erfolgversprechender erscheint eine Förderung von Eigentümer- oder Käufergemeinschaften, die gemeinsam einen unsanierten Altbau übernehmen und in ihn für eigene Wohnzwecke investieren, auch unter Einsatz von Eigenleistungen.[8] Voraussetzung dafür ist allerdings, dass die bisherigen Eigentümer bereit sind, ihre Immobilie unter dem Verkehrswert zu verkaufen – eine Praxis, zu der mehr und mehr kommunale Wohnungsgesellschaften übergehen, sodass inzwischen in verschiedenen Städten bereits Erfahrungen mit solchen Ansätzen vorliegen (vgl. z. B. Senatsverwaltung 2001).

Das Fazit zu diesem Programmteil: Die Förderkriterien dieser Maßnahme scheinen zu wenig passgenau zu sein, um den Teilmarkt teil- oder unsanierter Altbauwohnungen in den ostdeutschen Städten wirklich zu beleben.

3.5 Erhöhung der Investitionszulage für Mietwohnungsinvestoren

Mit der Maßnahme einer *Erhöhung der Investitionszulage für Mietwohnungsinvestoren in Altbaubeständen* wird dem Umstand Rechnung zu tragen versucht, dass innerstädtische Wohnungen in erster Linie Mietwohnungen sind. Seit Anfang 2002 ist der Fördersatz für die Modernisierung von Mietwohnungen bei Altbauten und denkmalgeschützten Gebäuden der 1950er Jahre in bestimmten innerstädtischen Gebieten von 15 % auf 22 % erhöht worden. Gleichzeitig wurde der Maximalbetrag der förderfähigen Kosten von 600 EUR auf 1.200 EUR pro qm verdoppelt. Damit sollen zusätzliche Anreize für Investoren gesetzt werden, den Mietwohnungsbestand im Altbau attraktiv zu halten. Hier ergibt sich das Problem, dass das Investitionszulagengesetz im Jahr 2004 ausläuft und es bis jetzt offen ist, ob es eine Nachfolgeregelung geben wird und falls ja, wie sie aussehen wird. Über das bisherige Ausmaß der Inanspruchnahme dieses Programmteils liegen dem Autor keine Informationen vor.

4 Fazit und Schlussbemerkung

Das Fazit zu den sechs Programmpunkten des Programms „Stadtumbau Ost" lautet, dass in der bisherigen Umsetzung des Programms nur wenige Pluspunkte zu

---

[8] Dies wird auch von Kofner (2001, 586) gefordert.

erkennen sind. Die Kritik betrifft sowohl das Tempo der Umsetzung als auch die Ausgestaltung einzelner Maßnahmen.

Das zu geringe Tempo hat bereits zu politischen Reaktionen auf politischer Ebene geführt, indem bspw. die CDU- und die FDP-Fraktion im Landtag von Sachsen-Anhalt im November 2002 einen Beschlussantrag eingebracht haben mit dem Wortlaut: „Die Landesregierung wird gebeten, ein Begleitkonzept für ein höheres Tempo beim Stadtumbau zu erstellen" (Landtag 2002). Anschließend werden acht Ansatzpunkte für eine Beschleunigung genannt. Ob allerdings die oben in Abschnitt 3.2 erwähnte Absicht der Landesregierung, Arbeitslose für Abrissarbeiten einzusetzen, zu einer Beschleunigung führen wird, darf bezweifelt werden.

Im Hinblick auf die Ausgestaltung des Programms ist festzustellen, dass das Kreditprogramm auf unsicheren Füßen steht und es höchst unsicher erscheint, ob dieser Programmteil fortgeführt wird. Im Rahmen des Programms „Stadtumbau Ost" sind auch Mittel für eine begleitende wissenschaftliche Evaluierung vorgesehen, und es ist zu hoffen, dass erste Ergebnisse bereits vor Ablauf des Programms bekannt gemacht und Konsequenzen aus den Ergebnissen gezogen werden.

Betrachtet man das Programm „Stadtumbau Ost" aus einer etwas abstrakteren Perspektive als ein Beispiel für die Ausgestaltung wohnungspolitischer Maßnahmen, so kann man darin einen ersten Schritt in Richtung auf eine *regionale Differenzierung* des wohnungspolitischen Instrumentariums erkennen. Die Wohnungsmarktlage ist in den alten und in den neuen Ländern so unterschiedlich, dass eine Differenzierung durch die Verhältnisse quasi „erzwungen" wurde. Es wäre zu überlegen, ob nicht anstelle der zahlreichen steuerlichen Förderungen von Mietwohnungsbau und Investitionen in den Bestand eine einheitliche Investitionszulage gesetzt werden könnte, die den Kommunen je nach regionalem Bedarf in Form von Kontingenten durch die Länder zugeteilt wird. Dafür spricht, dass die Problemlagen vor Ort bei den Kommunen und den Ländern besser bekannt sind als auf Bundesebene. Nach Ansicht des Autors wird auf lange Sicht kein Weg an einer stärkeren Dezentralisierung wohnungspolitischer Kompetenzen und eine Delegierung auf die kommunale Ebene vorbeiführen.

Literatur

Bernt, M. (2002): Risiken und Nebenwirkungen des „Stadtumbaus Ost". Leipzig = UFZ-Diskussionspapiere der Sektion Ökonomie, Soziologie und Recht, Nr. 5/2002.

BMVBW (Bundesministerium für Verkehr, Bau- und Wohnungswesen) (2002): Verwaltungsvereinbarung über die Gewährung von Finanzhilfen des Bundes an die Länder nach Artikel 104 a Absatz 4 des Grundgesetzes zur Förderung städtebaulicher Maßnahmen (VV-Städtebauförderung 2002) vom 19.12.2001/09.04.2002. (www.bmvbw.de).

Dohse, D.; Krieger-Boden, C.; Sander, B.; Soltwedel, R. (2002): Vom Mangel zum Überfluss – der ostdeutsche Wohnungsmarkt in der Subventionsfalle, Kiel = Kieler Diskussionsbeiträge 395.

Franz, P. (2001): Leerstände in ostdeutschen Städten: keineswegs nur ein wohnungspolitisches Problem. In: Wirtschaft im Wandel, 7. Jg., H. 2, 27-34.

GdW Bundesverband deutscher Wohnungsunternehmen (2001): Stadtentwicklungskonzepte als Voraussetzung für Aufwertung und Rückbau, Berlin = GdW Arbeitshilfe 32.

GdW Bundesverband deutscher Wohnungsunternehmen (2002a): Stadtumbau Ost – Ausgewählte Fragen der praktischen Umsetzung, Berlin = GdW Arbeitshilfe 39.

GdW Bundesverband deutscher Wohnungsunternehmen (2002b): Stadtumbau-Ost muss nun unverzüglich beginnen = Pressemeldung 38/2002 vom 05.09.2002.

Guratzsch, D. (2000): Weite und Grün in der Stadt sollen Enge und Ruinen verdrängen. In: Die Welt, 17.12.2002.

Haller, C.; Liebmann, H.; Rietdorf, W.; Aehnelt, R. (2001): Grundsätzliche Zielsetzungen und erste Erfahrungen bei der Erarbeitung Integrierter Stadtentwicklungskonzepte für die ostdeutschen Städte. In: Keim, K.-D. (Hrsg.): Regenerierung schrumpfender Städte – zur Umbaudebatte in Ostdeutschland. 125-158, Erkner.

Iwanow, I.; Franz, P. (2003): „Wir haben keine Chance – also nutzen wir sie!" – Herausforderungen und Handlungsspielräume für ostdeutsche Kommunen und Wohnungsunternehmen angesichts zunehmenden Wohnungsleerstands. In: Müller, B.; Pohle, H.; Siedentop, St. (Hrsg.): Raumentwicklung unter Schrumpfungsbedingungen, ARL-Arbeitsmaterial, Hannover (im Erscheinen).

Kofner, S. (2001): Wohnungspolitische Einschätzung der Initiative der Bundesregierung zur Verbesserung der Stadt- und Wohnungsmarktentwicklung in den neuen Ländern (Programm „Stadtumbau Ost"). In: Wohnungswirtschaft und Mietrecht, 54. Jg., H. 12, S. 585-589.

Kommission „Wohnungswirtschaftlicher Strukturwandel in den neuen Bundesländern" (2000): Bericht der Kommission (im Auftrag des Bundesministeriums für Verkehr, Bauwesen und Raumordnung).

Landtag von Sachsen-Anhalt (2002): Drucksache 4/305 vom 06.11.2002 (Beschlussantrag der Fraktionen der CDU und der FDP „Begleitkonzept Stadtumbau Ost").

Ministerium für Wohnungswesen, Städtebau und Verkehr des Landes Sachsen-Anhalt (2002a): Stadtumbau: Daehre will Arbeitslose bei Abriss von dauerhaft leer stehenden Wohnungen einsetzen = Pressemitteilung Nr. 226/02.

Ministerium für Wohnungswesen, Städtebau und Verkehr des Landes Sachsen-Anhalt (2002b): Richtlinie über die Gewährung von Zuwendungen zur Aufwertung von Wohngebäuden und der Verbesserung des Wohnumfeldes in nach Stadtentwicklungskonzepten umzustrukturierenden Stadtteilen/Stadtquartieren mit vorrangiger Priorität in Sachsen-Anhalt („Stadtumbau-Ost Wohnungsaufwertungs-Richtlinien") vom 22.02.2002 (www.lfi-lsa.de).

Sander, B. (2001): Wohnungspolitik im Dilemma von Glaubwürdigkeit und Erpressbarkeit. Das Beispiel des Altschuldenkompromisses in der ostdeutschen Wohnungswirtschaft. Kiel.

Senatsverwaltung für Stadtentwicklung Berlin (Hrsg.) (2001): Strategien der Privatisierung und Eigentumsbildung als ein Baustein zur Leerstandsvermeidung. Berlin (www.buergerstadt.de).

Stadt Leipzig (2002a) (Hrsg.): Wohnungspolitisches Konzept der Stadt Leipzig – Neufassung 2001 (www.leipzig.de).

Stadt Leipzig (2002b) (Hrsg.): Monitoringbericht 2001. Beobachtung des Leipziger Wohnungsmarktes und der Entwicklung in den Untersuchungsräumen des Stadtentwicklungsplans Wohnungsbau und Stadterneuerung, Leipzig (www.leipzig.de).

Tappert, A. (2002): Wohnungsgigant LWB freut sich über Verlust von zehn Millionen Euro. In: Leipziger Volkszeitung, 22.11.2002.

Verband Thüringer Wohnungsunternehmen (2002): Daten und Fakten 2002 (www.vtw.de).

Wissensbasierte Kooperation von Kommunen und Wohnungsunternehmen für eine nachhaltige Bestandsentwicklung

Gérard Hutter

1 Einführung

Die Wissenschaft stellt bereits seit längerer Zeit die Bedeutung demographischer Wandelungsprozesse für die Gesellschaft und die Notwendigkeit des pro-aktiven politischen Handelns heraus (z. B. Birg 1998). Mit Forschungsergebnissen, die den Herausforderungen an Strategien der Bestandsentwicklung Rechnung tragen, ist angesichts zahlreicher laufender Forschungsaktivitäten vor allem mittelfristig zu rechnen. Es zeichnet sich allerdings bereits ein differenziert zu betrachtendes Nebeneinander von Wachstums- und Schrumpfungsprozessen (Herfert 2002) sowie eine deutliche „Überalterung" der Bevölkerung Deutschlands im internationalen Vergleich ab (Birg 2001). Die Antworten auf diesen demographischen Wandel werden vielfältig sein, je nach den spezifischen lokalen und regionalen Rahmenbedingungen sowie dem Verständnis öffentlicher und privater Akteure hinsichtlich der Ausgestaltung von Strategien mit hohen Erfolgschancen.

Der vorliegende Band zeigt das Spektrum möglicher Strategien der Bestandsentwicklung bei demographischem Wandel auf. Für Einschätzungen, unter welchen Rahmenbedingungen eine bestimmte Strategie die höchsten Erfolgsaussichten hat, ist es noch zu früh (vgl. Hollbach-Grömig 2002, S. 103). Gegenwärtig sollten die Strategien der Bestandsentwicklung von Kommunen und Wohnungsunternehmen im Einzelnen erfasst und auf übergeordnete Forschungsperspektiven bezogen werden. Ziel dieses Beitrags ist es, eine mögliche Perspektive in Form des Themas wissensintensiver Kooperation von Kommunen und Wohnungsunternehmen zu entwickeln.

Ausgangspunkt ist dabei ein Verständnis nachhaltiger Bestandsentwicklung als Wandel des dominanten Planungsparadigmas öffentlicher und privater Akteure. Mit einem solchen Wandel sind notwendigerweise sozioökonomische, aber auch kognitive Unsicherheiten verknüpft *(Abschnitt 2)*. Wissensbasierte Kooperation zwischen Kommunen und Wohnungsunternehmen ist ein Weg, mit kognitiven Unsicherheiten umzugehen und Expertenwissen zur Entwicklung von Ansätzen der Bestandsentwicklung zu kombinieren *(Abschnitt 3)*. Insbesondere Kooperation für eine umweltbezogene Entwicklung des Siedlungsbestands ist in komplexe lokale Steuerungsmuster eingebettet. Der Wissenschaft kommt deshalb die Aufgabe zu, diese Muster selbst komplex und vergleichend zu beschreiben und alternative Handlungsmöglichkeiten für Kommunen und Wohnungsunternehmen aufzuzeigen *(Abschnitt 4)*. Aufgrund aktueller Publikationen, insbesondere aus dem angelsächsischen Sprachraum, und laufender Forschungsprojekte sind die Voraussetzungen gut, vergleichende Strategieforschung zur Bestandsentwicklung im europäischen Kontext zu betreiben *(Abschnitt 5)*.

2 Nachhaltige Bestandsentwicklung als Wandel des Planungsparadigmas

Bestandsentwicklung in Städten und Regionen ist mit einer Vielfalt neuartiger Probleme und Zielvorstellungen verknüpft (vgl. UFZ 2002). Neben dem Umbau des Wohnungsbestands unter Beachtung der differenzierten Wohnwünsche von Lebensstilgruppen, der Förderung von Eigeninitiative privater Akteure zur Schaffung *„städtischer Kreativität"* (Keim 2002) stellt sich vor allem die Frage nach den Möglichkeiten der Weiterentwicklung des Wohnungsbestands aus infrastrukturpolitischer (Herz et al. 2002), verkehrsplanerischer (Ahrens, Heinemann 2002) sowie freiraumplanerischer (Mathey, Smaniotto Costa 2002) und stoffstrompolitischer Sicht (vgl. Deilmann in diesem Band).

Das Spektrum an Strategien der Städte und Gemeinden für eine nachhaltige Bestandsentwicklung ist gleichfalls weit gespannt. Es reicht von Ansätzen der *„Festivalisierung"* bis hin zum pragmatischen Rückbau ostdeutscher *„Entwicklungsstädte"* (vgl. Wiechmann in diesem Band). Großstädte wie Leipzig und Münster verfolgen Wettbewerbsstrategien für die Weiterentwicklung des Wohnungsbestands (vgl. Hutter, Westphal in diesem Band). Wohnungsunternehmen stehen vor der Herausforderung, in *„Mietermärkten"* ein ganzes Bündel an Maßnahmen auf die spezifischen Wohnwünsche einzelner Zielgruppen auszurichten (vgl. Glatter in diesem Band).

Strategien der Bestandsentwicklung sind *eine* mögliche Antwort auf die Herausforderung des demographischen Wandels. Grundvoraussetzung von Bestandsstrategien ist, dass eine Kommune den Siedlungsbestand auch bei sich ändernden sozioökonomischen Rahmenbedingungen gegenüber dem nicht besiedelten Bereich qualitativ aufwertet und wettbewerbsfähig gestaltet. In dieser strategischen Entscheidung liegt ein *Risiko*, weil eine Kommune vielleicht nicht in jeder Situation, aber generell auf expansive Handlungsmöglichkeiten für eine Anpassung an den Wandel der Rahmenbedingungen verzichtet, beispielsweise auf die schnelle Bereitstellung von Wohnbauland im *„Außenbereich"* im Falle unerwarteter Bedarfe (Hutter et al. 2003). Damit die Kommunen dieses Risiko auf sich nehmen, ist ein Wandel vom Paradigma der Wachstumsplanung zur qualitativen Bestandsentwicklung erforderlich.

Der Begriff „*Paradigma*" wurde von Thomas Kuhn in die Erforschung des Wandels wissenschaftlicher Tatsachen und Theorien eingeführt (Kuhn 2002). Ein Paradigma bezeichnet, vereinfacht gesprochen, ein Orientierungsmuster von Akteuren, das die Interpretation von Erfahrungen und Informationen sowie die Suche nach diesen anleitet. Paradigmen beeinflussen die Sichtweise eines Akteurs also auf der Wissens- und Handlungsebene und wirken tendenziell selbst bestätigend (Weick 2001, S. 79 ff.). Sie können aus diesem Grund nicht schnell geändert werden. Auch ist ein rationaler Übergang von einem zum anderen Paradigma nur begrenzt möglich, da ein Paradigma definiert, was Rationalität ist. Ein Paradigma enthält nicht allein abstraktes Wissen, sondern auch Beispiele von weit anerkannter Überzeugungskraft. Der Wandel von Paradigmen ist zumeist mit Konflikten und Krisen verbunden. Versteht man den Begriff des Paradigmas auf diese Weise, ist es notwendig zu klären, inwiefern Prozesse des demographischen Wandels, insbesondere der Schrumpfung (vgl. Siedentop, Kausch in diesem Band), als Auslöser für einen Wandel des Planungsparadigmas verstanden werden können.

In den Planungs- und Sozialwissenschaften hat sich keine einheitliche inhaltliche Verwendung des Schrumpfungsbegriffs herausgebildet (Welge, Hüttemann 1993). Je nach Problemstellung werden unterschiedliche Arbeitsdefinitionen verwendet. Untersuchungen zur Schrumpfung sind deshalb nur begrenzt und nach sorgfältiger Prüfung der verwendeten Definitionen miteinander vergleichbar. *Schrumpfung in einem engen Sinne* meint einen anhaltenden Bevölkerungsrückgang in Städten und Regionen. Damit bleibt offen, welche Wirkungen der anhaltende Bevölkerungsrückgang innerhalb und zwischen den Sektoren der Stadt- und Regionalentwicklung entfaltet und wie die stadtregionalen Akteure auf diese Wirkungszusammenhänge reagieren. *Schrumpfung in einem weiten Sinne* ist als allgemeiner wirtschaftlicher, demographischer und sozialer *„Niedergang"* einer Kommune bzw. Region zu verstehen, der sich letztlich baulich-physisch niederschlägt (vgl. Wood 1994 sowie Wiechmann in diesem Band).

Schrumpfung als Auslöser für einen Wandel des Planungsparadigmas hin zu einer nachhaltigen Bestandsentwicklung impliziert damit – idealtypisch gesehen – ein mittel- bis langfristig ausgerichtetes Phasenmodell, in dem Krisenphasen, von Phasen der Erneuerung und Stabilisierung unterschieden werden können. Für die Beschreibung der Entwicklungsprozesse von Organisationen sind solche Phasenmodelle bereits in Gebrauch (vgl. Hurst 1995); für den Wandel von einem Paradigma des Wachstums hin zur Bestandsentwicklung in Städten und Regionen muss es erst noch entwickelt werden.

Aus Akteurssicht stellt sich dabei vor allem die Frage, ob und wenn ja, wie das Paradigma einer nachhaltigen Bestandsentwicklung als *dominantes* Planungsparadigma öffentlicher Akteure aber auch privater Akteure gelten kann. In der Forschung ist unbestritten, dass es für eine nachhaltige Bestandsentwicklung der grundlegenden Umorientierung aller relevanten Akteure (Kommunen, Länder, Bund, private Akteure, u. a.) bedarf (z. B. ARL 1999). Unbestritten ist zugleich, dass die Entwicklung gemeinsamer grundlegender räumlicher Orientierungsmuster in einer ausdifferenzierten und dynamischen Gesellschaft auch Grenzen hat (Faludi, Korthals Altes 1994). Viele gesellschaftliche Problemlösungen können nur durch das Zusammenspiel von Akteuren mit teilweise unterschiedlichen Orientierungsmustern erreicht werden.

Damit ergibt sich die Frage, durch welchen Prozess Akteure mit spezifischen kognitiven Kompetenzen und Wissensbeständen eine gemeinsame Orientierung am Paradigma einer nachhaltigen Bestandsentwicklung finden können. Welche *„Schnittmenge"* an gemeinsamen Orientierungsmustern ist für eine nachhaltige Bestandsentwicklung erforderlich? Wie ist es möglich, diese Schnittmenge anhand von Entscheidungsmodi wie *„Kooperation"* oder *„rationale Analyse"* unter Beachtung institutioneller Rahmenbedingungen (Tonn et al. 2000) zu realisieren?

Diese übergreifenden Fragen werden im Folgenden für die lokale Ebene am Beispiel bilateraler Kooperation von Kommunen und Wohnungsunternehmen konkretisiert. Die Ausführungen fokussieren damit auf die Angebotsseite des lokalen Boden- und Wohnungsmarktes. Für das langfristige *„Projekt"* einer nachhaltigen Bestandsentwicklung dürfte von entscheidender Bedeutung sein, wie es diesen beiden Akteuren gelingt, komplexe Beziehungen des Wissensaustausches und der Verständigung auf gemeinsame Problemlösungen zu etablieren (Hunger 2002).

3 Kooperation von Kommunen und Wohnungsunternehmen

Die sozioökonomische Entwicklung von Städten und Regionen ist insbesondere in den ostdeutschen Städten und Regionen durch massive Unsicherheiten geprägt. Ostdeutsche Städte und Gemeinden verfügen über immer weniger finanzielle Ressourcen, die einen hohen Handlungsspielraum implizieren (Gebühren, Beiträge, Steuern). Förderprogramme von Bund und Ländern können die erodierende finanzielle Leistungsfähigkeit der Kommunen nur sehr begrenzt kompensieren (vgl. Franz in diesem Band). Bei Schrumpfung sind zudem kurzfristig nicht Wachstumsanteile finanzieller und infrastruktureller Natur, sondern zunächst allein Kosten mit Aussicht auf eine qualitative Weiterentwicklung des Wohnungsbestands zu verteilen (Bernt 2002).

Es liegt nahe, den lokalen Handlungsraum bei rückläufigen ökonomischen Ressourcen durch Wissensstrategien zu erhalten und möglichst zu vergrößern. Die in der Diskussion über kooperative Strategien von Kommunen und Wohnungsunternehmen oftmals angeführten notwendigen Nutzen-Lasten-Ausgleiche im Zuge des Abbaus von Überkapazitäten am Wohnungsmarkt (Stadt Leipzig 2000) sollten deshalb ergänzt werden um kooperative Lösungsansätze, die auf einen Austausch von

Wissen und die Entwicklung gemeinsamer „*intelligenter*" Lösungen abzielen. Insofern können wissensintensive kooperative Strategien sowohl die mit einem Wandel des Planungsparadigmas verknüpften kognitiven Unsicherheiten reduzieren als auch teilweise den Rückgang sozioökonomisch bestimmter Handlungsspielräume kompensieren.

Um diesen Lösungsansatz zu erläutern, hilft ein Blick in die Unternehmenspraxis. Selbst in Unternehmen als formal integrierten Organisationen hat es sich als Herausforderung erwiesen, die an verschiedenen einzelnen Stellen gewonnenen Wissensbestände kollektiv verfügbar zu machen, Lernen zu fördern und – anspruchsvoller – zu neuen Problemlösungen zu kombinieren. Als Reaktion darauf hat sich insbesondere in großen Unternehmen (Hilse 2000) ein professionelles Wissensmanagement entwickelt. Die Sammlung, Speicherung, kollektive Nutzung und Kombination von Wissen wird zunehmend als Überlebensbedingung „intelligenter Unternehmen" (Quinn 1992) interpretiert.

Auch für einen lokalen Wandel hin zu einem Paradigma der nachhaltigen Bestandsentwicklung liegt es nahe, Wissensstrategien als *Ergänzung* zu stärker finanziell ausgerichteten Kooperationsansätzen zu interpretieren. Beispielsweise erfordert die Integration neuer individueller Wohnformen mit geringer Dichte in innenstadtnahe Quartiere mit urbaner Prägung die im Ansatz integrierte Berücksichtigung komplexer Wohntypologien und städtebaulicher wie freiraumplanerischer Ansätze in Bezug auf ein angemessenes Verständnis der Marktchancen neuer Bestandskonzepte (Petzold 2001 i. V. m. Reuter 2002 und Szameitat 1999).

Kooperative Wissensstrategien von Kommunen und Wohnungsunternehmen sind vor allem für die Integration von Umweltbelangen in den Prozess der Weiterentwicklung des Wohnungsbestands von Bedeutung. Unstrittig ist, dass Kommunen Umweltziele aufgrund der nicht am Siedlungsbestand orientierten finanzpolitischen Rahmenbedingungen systematisch unterbewerten können (vgl. Bizer et al. 1998). Umweltbelange bleiben jedoch auch aufgrund fehlenden Wissens zu komplexen und schwer sichtbaren Kausalzusammenhängen außer Betracht (SRU 2002). Auch fehlt es an Wissen, wie komplexe Zusammenhänge und Indikatorensysteme im Entscheidungsprozess auf einfache Weise verfügbar gemacht werden können (Schanze, Wirth 2002). Neben sozioökonomischen Ursachenanalysen von Hemmnissen der Bestandsentwicklung kommt es deshalb auch auf die Berücksichtigung informatorischer Probleme an (Siedentop 1999).

Kommunalverwaltungen können dabei als Experten für Prozess- und Moderationswissen sowie für die Einbettung spezifischer Wohnungsangebote in einen übergeordneten Kontext sozialer und ökologischer Herausforderungen gesehen werden. Insofern geht es nicht so sehr um weitere Untersuchungen zu einzelnen Instrumenten und Methoden der kommunalen Bauleit-, Umwelt-, Verkehrs- und Lärmminderungsplanung sowie Ansätzen der Mobilisierung, sondern um kommunale Strategien, mit denen einzelne Ansätze zu verknüpfen sind (Hutter et al. 2003). Strategische Orientierungen werden oftmals beim kommunalen Handeln vermisst, nicht zuletzt aufgrund der Orientierung des politischen Handelns am Rhythmus von Wahlzyklen anstelle langfristiger Orientierungen (vgl. die Beiträge in Eichhorn, Wiechers 2001 sowie z. B. Michels, Rottmann 2001, S. 34 ff.). Welche strategischen Orientierungen können als Mindestanforderungen an eine effektive Wissenskooperation von Kommunen und Wohnungsunternehmen interpretiert werden?

Die für eine nachhaltige Bestandsentwicklung notwendige Neuorientierung kommunalen Handelns sollte angesichts der demographischen Herausforderungen auf das vorhandene Wissen der Wohnungsunternehmen abgestimmt sein. Wohnungsunternehmen sind Spezialisten für die Entwicklung von Bestandskonzepten mit Zielgruppenorientierung, zumindest dem eigenen Anspruch nach (z. B. Naehrig 2002). Sie verfügen oftmals über detailliertes Wissen hinsichtlich des Wohnverhaltens einzelner Gruppen. Die Vermutung, dass Wohnungsunternehmen entsprechend ihrer institutionellen Struktur stärker als Kommunen Bestandsstrategien mit Zielgruppenorientierung formulieren, ist eine plausible Annahme. Sie sollte in Abhängigkeit der institutionellen Rahmenbedingungen von Unternehmen spezifiziert und empirisch überprüft werden (vgl. den Beitrag von Glatter in diesem Band). In der Diskussion überwiegen bisher Beiträge aus praktisch-politischer Sicht (vgl. Eichener et al. 2000).

4 Beschreiben komplexer Steuerungsmuster und Aufzeigen von Alternativen als Aufgaben der Wissenschaft

Effektive wissensintensive Kooperation zwischen Kommunen und Wohnungsunternehmen ist nicht selbstverständlich. Kommunen und Wohnungsunternehmen müssen von ihrem Nicht-Wissen auf das Wissen des Anderen schließen können. Auch sind die Voraussetzungen für Kooperation sehr unterschiedlich, beispielsweise in Bezug auf die Akteurskonstellation bei kooperativen Vorhaben in Großwohnsiedlungen mit einer überschaubaren Anzahl von Wohneigentümer einerseits und der hohen und heterogen zusammengesetzten Anzahl von Wohnungseigentümern im Falle gründerzeitlicher Wohnungsbestände andererseits (vgl. Franz in diesem Band). Zu vermuten ist deshalb, dass Ansätze der Wissenskooperation in komplexe Steuerungsmuster eingebettet sein sollten. In diese Richtung weisen neuere Überlegungen zur Entwicklung effektiver umweltbezogener Entscheidungsprozesse (Tonn et al. 2000). Die Überlegungen betonen die zentrale Rolle der Entscheidungsmodi für die Lösung eines bestimmten Umweltproblems. *„Kooperation"* kann als ein solcher Entscheidungsmodus aufgefasst werden, für den die Verständigung der kooperierenden Akteure auf eine *„gemeinsame"* Entscheidung charakteristisch ist (Benz 1994). Ein anderer Entscheidungsmodus ist die *„Rationale Analyse"* von Umweltproblemen.

Analysen suchen im Sinne des klassischen Entscheidungsmodells die Folgen von Handlungsalternativen zu bestimmen und zu bewerten[1].

Aufgrund der spezifischen Schwächen eines bestimmten Modus ist die *Kombination* von Entscheidungsmodi für eine effektive Lösung strategischer Probleme plausibel: Strategische räumliche Planungen erfordern im Falle einer reinen Kooperationslösung die Einbeziehung zahlreicher Akteure. Kooperation wird bei steigender Teilnehmerzahl jedoch zunehmend schwieriger (Benz 1994). Rationale Analysen können zur Vorbereitung kooperativer Handlungsansätze dienen, in dem sie die Komplexität von Bestandsstrategien auf ein handhabbares Maß reduzieren. So wird beispielsweise in der Studie „*Neues Wohnen im Bestand*" der Stadt Münster ein „*Suchraum*" als Ausschnitt der Gesamtstadt anhand eines analytischen Verfahrens definiert. Für diesen Suchraum gilt es, die Potenziale für kleinteilige Maßnahmen der Nachverdichtung unter Berücksichtigung der Vorstellungen von Privathaushalten und Wohnungsunternehmen konkret zu bestimmen (vgl. Hutter, Westphal in diesem Band). Die Grenzen rationaler Analysen liegen gleichfalls auf der Hand. Akzeptanzprobleme von Maßnahmen der Bestandsentwicklung, beispielsweise bei der Nachverdichtung eines Wohnquartiers oder der Nutzung einer Freifläche als Spielfläche, können nur sehr begrenzt antizipiert werden. Sie sind weitgehend anhand kooperativer Verfahren, z. B. Maßnahmen des Konfliktmanagements für Einzelvorhaben, in Abhängigkeit der konkreten Situation zu bestimmen.

Es ist weitgehend ungeklärt, mit welchen Kombinationen von Entscheidungsmodi die Kommunen auf die konkreten Herausforderungen des demographischen Wandels reagieren bzw. mit welchen sie wirkungsvoll reagieren könnten. In der Regel wird ein bestimmter Modus in den Mittelpunkt gerückt, um die Themenstellung zu vereinfachen. Auch hier wurde der Terminus „*Wissensbasierte Kooperation*" als Ausdruck gewählt, um das Thema eindeutig zu fassen. Die weitere Forschung zu den Strategien der Bestandsentwicklung in Städten und Regionen sollte sich jedoch nicht mit einem Modus, sondern mit komplexeren Mustern beschäftigen. Von Interesse ist dabei beispielsweise, ob zur Aufwertung von Freiräumen in Erhaltungsgebieten ohne größere bauliche Maßnahmen einerseits und zum Umbau von Wohnquartieren durch Integration einfamilienhausähnlicher Wohnformen in den Bestand andererseits unterschiedliche Steuerungsmuster zwischen Kommunen und Wohnungsunternehmen zu entwickeln sind. Auch stellt sich die Frage, welche Steuerungsmuster, die sich bei der Bestimmung von Rückbau- und Aufwertungsmaßnahmen für Großwohnsiedlungen entwickeln, auf Kooperationslösungen für den Altbaubestand übertragen werden können.

---

[1] James G. March bezeichnet diesen Modus auch als „Logik der Konsequenzen" und stellt dieser die „Logik der Angemessenheit'" gegenüber (1994), bei der Regeln auf der Basis von Lernerfahrungen zur Situationsbestimmung und zur Entscheidung über das angemessene Verhalten verwendet werden.

Eine vergleichende Strategieforschung zur Kooperation von Kommunen und Wohnungsunternehmen für eine nachhaltige Bestandsentwicklung liegt bisher in Ansätzen vor (z. B. Brech, Mühlbauer 2002). Mittels des differenzierten methodischen und theoretischen Instrumentariums der vor allem angelsächsisch geprägten Strategieforschung sollten vertiefende Vergleichsstudien in Form von Fallstudien durchgeführt werden. Aufgabe der Forschung ist es dabei nicht so sehr, konkretes, direkt umsetzbares Handlungswissen für die Akteure vor Ort zu generieren, denn die Akteure der Praxis sind in aller Regel besser über lokalspezifische Handlungsmöglichkeiten informiert (Benz 1994). Aufgabe der Wissenschaft ist es vielmehr, die Handlungsmuster der Praxis zu verstehen und zu reflektieren sowie alternative Strategien in Bezug auf die Problemstellung einer nachhaltigen Bestandsentwicklung aufzuzeigen (Hutter, Wiechmann 2003). Insofern bedarf es nicht nur eines Übergangs von der Theorie zur Praxis (Thurn 2001), sondern auch eines Weges von der Praxis zur Theorie.

5   Schlussbemerkung

Entleerung und Schrumpfung sind bekannte Prozesse in den europäischen Industrienationen. Mit besonderer Schärfe traten sie beispielsweise in den Berggebieten der Schweiz und Österreich sowie dem französischen Zentralmassiv nach dem Zweiten Weltkrieg auf. Periphere Räume, wie Irland, haben starke Bevölkerungsverluste erlebt (Müller et al. 2002, S. 22 ff.). Schrumpfungsprozesse sind zudem seit Jahrzehnten in den großen altindustrialisierten Räumen Europas zu beobachten (z. B. in England, vgl. Wood 1994). Doch die internationale Forschung betrachtet Schrumpfung und Wachstum bisher nicht systematisch als alternative Entwicklungsmuster von Städten und Regionen. Im Rahmen von Fallstudien wird Schrumpfung zumeist als eine Randbedingung unter anderen interpretiert und dementsprechend in den Hintergrund der Analyse gerückt (Bull, Milner 1997 zu Sesto San Giovanni bei Mailand, Neuman 1997 zu Madrid, Vigar et al. 2000 zu Liverpool[2]). Aktuell gewinnt das Thema des demographischen Wandels, insbesondere der Schrumpfung, auch auf der europäischen Ebene an Bedeutung. Dies verdeutlicht vor allem der 2. Kohäsionsbericht der Europäischen Kommission (vgl. Europäische Kommission 2001). Insofern wird es zukünftig darauf ankommen, den Erfahrungsaustausch der Städte und Gemeinden in Europa in Bezug auf Fragen des demographischen Wandels und seiner strategischen Implikationen zu intensivieren, zu institutionalisieren und begleitende, größere Forschungsprojekte einzurichten, in denen die Unterschiede und Gemeinsamkeiten von Städten und Regionen im Umgang mit demographischem Wandel herausgearbeitet und sowohl lokalspezifische als auch verallgemeinerbare Handlungsstrategien mit hohen Erfolgschancen diskutiert werden (vgl. Mathey, Smaniotto Costa 2002, allgemein zur Herausforderung vergleichender Strategieforschung im internationalen Kontext Whittington et al. 2002, Berthoin Antal et al. 2001).

---

[2] Vgl. Abbildung 1 zu schrumpfenden europäischen Großstädten im Beitrag von Thorsten Wiechmann.

Literatur

Ahrens, Gerd-Axel; Heinemann, Torben (2002): Anpassung der Verkehrsinfrastruktur. In: Bundesministerium für Verkehr, Bau- und Wohnungswesen (BMVBW); Bundesamt für Bauwesen und Raumordnung (BBR) (Hrsg.): Fachdokumentation zum Bundeswettbewerb „Stadtumbau Ost". Expertisen zu städtebaulichen und wohnungswirtschaftlichen Aspekten des Stadtumbaus in den neuen Ländern. Bonn, S. 61-66.

Akademie für Raumforschung und Landesplanung (ARL) (1999): Flächenhaushaltspolitik. Feststellungen und Empfehlungen für eine zukunftsfähige Raum- und Siedlungsentwicklung. Hannover.

Benz, Arthur (1994): Kooperative Verwaltung. Funktionen, Voraussetzungen und Folgen. Baden-Baden.

Bernt, Matthias (2002): Risiken und Nebenwirkungen des „Stadtumbau Ost". UFZ-Diskussionspapiere. Leipzig.

Berthoin Antal, Ariane; Dierkes, Meinolf; Child, John; Nonaka, Ikujiro (2001): Organizational Learning and Knowledge: Reflections on the Dynamics of the Field and Challenges for the Future. In: Dierkes, Meinolf; Berthoin Antal, Ariane; Child, John; Nonaka, Ikujiro (Hrsg.): Handbook of Organizational Learning and Knowledge. Oxford, S. 921-939.

Birg, Herwig (1998): Demographisches Wissen und politische Verantwortung. In: Zeitschrift für Bevölkerungswissenschaft, Jg. 23, Nr. 3, S. 221-251.

Birg, Herwig (2001): Die demographische Zeitenwende. Der Bevölkerungsrückgang in Deutschland und Europa. München.

Bizer, Kilian; Ewringmann, Dieter; Bergmann, Eckhard; Dosch, Fabian; Einig, Klaus; Hutter, Gérard (1998): Mögliche Maßnahmen, Instrumente und Wirkungen einer Steuerung der Verkehrs- und Siedlungsflächennutzung. Berlin.

Brech, Joachim; Mühlbauer, Walter (2002): Tendenzen zu neuen Fertigungsverfahren und neuen Kooperationsformen im Wohnungsbau. In: Wüstenrot Stiftung (Hrsg.): Wohnbauen in Deutschland. Stuttgart / Zürich, S. 136-157.

Budäus, Dietrich; Finger, Stefanie (2001): Grundlagen eines strategischen Managements auf kommunaler Ebene. In: Eichhorn, Peter (Hrsg.): Strategisches Management für Kommunalverwaltungen. Baden-Baden, S. 40-51.

Bull, Anna; Milner, Susan (1997): Local Identities and Territorial Politics in Italy and France. In: European Urban and Regional Studies. Vol. 4. No. 1, S. 33-43.

Eichener, Volker (1998): Die Zukunft der Wohnungspolitik liegt in der Kooperation. In: Dialog. Heft November, S. 2-4.

Eichener, Volker; Emmerich, Horst van; Petzina, Dietmar (Hrsg.) (2000): Die unternehmerische Wohnungswirtschaft: Emanzipation einer Branche. Der Strukturwandel der deutschen Wohnungswirtschaft seit dem ausgehenden 19. Jahrhundert. Frankfurt a. M.

Europäische Kommission (2001): Einheit Europas. Solidarität der Völker. Vielfalt der Regionen. Zweiter Bericht über den wirtschaftlichen und sozialen Zusammenhalt. Luxemburg.

Faludi, Andreas; Korthals Altes, Willem (1994): Evaluating Communicative Planning: A Revised Design for Performance Research. In: European Planning Studies, Vol. 2, Nr. 4, S. 403-418.

Herfert, Günter (2002): Disurbanisierung und Reurbanisierung. Polarisierte Raumentwicklung in der ostdeutschen Schrumpfungslandschaft. In: Raumforschung und Raumordnung (RuR), H. 5/6, S. 334-344.

Herz, Raimund; Werner, Matthias; Marschke, Lars (2002): Anpassung der technischen Infrastruktur. In: Bundesministerium für Verkehr, Bau- und Wohnungswesen (BMVBW); Bundesamt für Bauwesen und Raumordnung (BBR) (Hrsg.): Fachdokumentation zum Bundeswettbewerb „Stadtumbau Ost". Expertisen zu städtebaulichen und wohnungswirtschaftlichen Aspekten des Stadtumbaus in den neuen Ländern. Bonn, S. 50-60.

Hilse, Heiko (2000): Kognitive Wende in Management und Beratung. Wiesbaden.

Hollbrach-Grömig, Beate (2002): Anpassung der kommunalen Entwicklungskonzepte an den strukturellen und demographischen Wandel. In: Dick, Eugen; Mäding, Heinrich (Hrsg.): Bevölkerungsschwund und Zuwanderungsdruck in den Regionen. Mit welchen Programmen antwortet die Politik. Ein Werkstattbericht. Münster u. a., S. 101-125.

Hunger, Bernd (2002): Wohnungswirtschaft / Stadtentwicklung. Strategische Ausrichtung und das Verhältnis zueinander. In: Die Wohnungswirtschaft, Jg. 55, Nr. 7, S. 22-24.

Hurst, David K. (1995): Crisis and Renewal. Meeting the Challenge of Organizational Change, Boston.

Hutter, Gérard; Westphal, Christiane; Siedentop, Stefan; Janssen, Gerold; Müller, Bernhard; Vormann, Michael; Ewringmann, Dieter (2003): Handlungsansätze zur Berücksichtigung der Umwelt-, Aufenthalts- und Lebensqualität im Rahmen der Innenentwicklung von Städten und Gemeinden – Fallstudien. Berlin. (In Vorbereitung)

Hutter, Gérard; Wiechmann, Thorsten (2003): Strategische Planung ökologischer Umbauprozesse – am Beispiel kommunaler Strategien für eine angemessene bauliche Dichte. Dresden. (Unveröffentlichtes Manuskript im Rahmen des Forschungsprogramms 2003/2004 des Instituts für ökologische Raumentwicklung e. V., Dresden)

Keim, Karl-Dieter (2002): Stadtumbau Ost – eine Herausforderung an die Politik zur Regenerierung der ostdeutschen Städte. (Unveröffentlichtes Manuskript)

Kuhn, Thomas S. (2002): Die Struktur wissenschaftlicher Revolutionen. Frankfurt a. M.

March, James G. (1994): A Primer on Decision Making. London.

Mathey, Juliane; Smaniotto Costa, Carlos (2002): Grünplanung aus paneuropäischer Sicht – das EU-Projekt „URGE". In: Natur und Landschaft, Jg. 77, H. 9/10, S. 415-417.

Michels, Winfried; Rottmann, Jörg (2001): Soziale Wohnraumversorgung bei sich ändernden Rahmenbedingungen in den Bedarfsschwerpunkten Nordrhein-Westfalens. In: Michels, Winfried; Rottmann, Jörg; Suntum, Ulrich van (Hrsg.): Soziale Wohnraumversorgung und kommunale Wohnungspolitik in Nordrhein-Westfalen. Münster, S. 1-122.

Müller, Bernhard; Rathmann, Jörg; Wirth, Peter (2002): Sanierung und Entwicklung umweltbelasteter Räume. Modellvorhaben in einer ehemaligen Uranbergbauregion. Frankfurt a. M.

Müller, Bernhard; Wiechmann, Thorsten (2003): Anforderungen an Steuerungsansätze der Stadt- und Regionalentwicklung unter Schrumpfungsbedingungen. In: Müller, Bernhard; Pohle, Hans; Siedentop, Stefan (Hrsg.): Raumentwicklung unter Schrumpfungsbedingungen, ARL-Arbeitsmaterial, Hannover (im Erscheinen).

Naehrig, Kuno (2002): Leipziger Wohnungs- und Baugesellschaft (LWB). Mit dem Projekt „Neues Wohnen" gegen den Leerstand. In: Die Wohnungswirtschaft, 55. Jg., Nr. 5, S. 30-31.

Neuman, Michael (1997): Images as institution builders. Metropolitan planning in Madrid. In: Healy, Patsy; Khakee, Abdul; Motte, A.; Needham, Barry (Hrsg.): Making Strategic Spatial Plans. Innovation in Europe. London, S. 77-94.

Petzold, Hans (2001): Strategien der Stadtentwicklung für schrumpfende Städte – Überlegungen zum Umgang mit dem Wohnungsleerstand. In: Petzold, Hans; Reichart, Thomas (Hrsg.): Wohnungsmarkt in Sachsen im Spannungsfeld von Schrumpfung und Wachstums. Dresden, S. 1-15.

Quinn, James Brian (1992): Intelligente Enterprise. A Knowledge and Service Based Paradigm for Industry. New York.

Rat von Sachverständigen für Umweltfragen (SRU) (2002): Umweltgutachten 2002. Für eine neue Vorreiterrolle. Stuttgart.

Reuther, Iris (2002): Leitbilder für den Stadtumbau. In: Bundesministerium für Bau- und Wohnungswesen (BMVBW); Bundesamt für Bauwesen und Raumordnung (BBR) (Hrsg.): Fachdokumentation zum Bundeswettbewerb „Stadtumbau Ost". Expertisen zu städtebaulichen und wohnungswirtschaftlichen Aspekten des Stadtumbaus in den neuen Ländern. Bonn, S. 12-24.

Schanze, Jochen; Wirth, Peter (2002): Ökologische Belange in Meinungsbildungs- und Entscheidungsprozessen. In: IÖR-Info, H. 20, S. 5.

Siedentop, Stefan (1999): Informationsinstrumente in der Raumordnung. In: Bergmann, Axel; Einig, Klaus; Hutter, Gérard; Müller, Bernhard; Siedentop, Stefan (Hrsg.): Siedlungspolitik auf neuen Wegen. Steuerungsinstrumente für eine ressourcenschonende Flächennutzung. Berlin, S. 159-180.

Stadt Leipzig (2000): Stadtentwicklungsplan Wohnungsbau und Stadterneuerung. Leipzig.

Szameitat, Renate (1999): Marktchancen für neue Wohnformen in Deutschland. In: Michels, Winfried; Suntum, Ulrich van (Hrsg.): Wohnungs- und Immobilienmärkte morgen. Münster, S. 19-45.

Thurn, Thomas (2001): Stadtumbau – von der Theorie zur Praxis. In: Die Wohnungswirtschaft, 54. Jg., Nr. 12, S. 28.

Tonn, Bruce.; English, Mary; Travis, Cheryl (2000): A Framework for Understanding and Improving Environmental Decision Making. In: Journal of Environmental Planning and Management. 43(2), S. 163-183.

Umweltforschungszentrum Leipzig-Halle GmbH (UFZ) (Hrsg.) (2002): Nachhaltige Stadtentwicklung. Integrierte Strategien zum Umgang mit dem Wohnungsleerstand. Dokumentation des Workshops – Leipzig – 5. Juni 2002. Leipzig.

Vigar, Geoff; Healy, Patsy; Hull, Angela; Davoudi, Simin (2000): Planning, Governance and Spatial Strategy in Britain. An Institutionalist Analysis. Houndmills u. a.

Weick, Karl E. (2001): Organizational Redesign as Improvisation. In: Weick, Karl E.: Making Sense of the Organization. Oxford/UK, S. 57-91.

Welge, Martin K.; Hüttemann, Hans Hermann (1993): Erfolgreiche Unternehmensführung in schrumpfenden Branchen. Stuttgart.

Whittington, Richard; Pettigrew, Andrew; Thomas, Howard (2002): Conclusion: Doing More in Strategy Research. In: Pettigrew, Andrew; Thomas, Howard; Whittington, Richard (Hrsg.): Handbook of Strategy and Management. London u. a., S. 475-488.

Wood, Gerald (1994): Die Umstrukturierung Nordost-Englands – wirtschaftlicher Wandel, Alltag und Politik in einer Altindustrieregion. Dortmund.

Verzeichnis der Herausgeber und Autoren

Benno Brandstetter, geboren 1972, Dipl.-Geograph, studentischer Mitarbeiter u. a. am Institut für ökologische Raumentwicklung e. V., Dresden. Diplomarbeit zum Thema „Kommunale Reaktion auf städtische Schrumpfungsprozesse".

Clemens Deilmann, geboren 1954, Dipl.-Ing. Architekt, Studium der Architektur in Aachen (Diplom 1979), Post-Graduate Diplom 1980 an der Architectural Association School of Architecture in London, 1981-1984 Architekt im Büro Condiseño in Medellin (Kolumbien), 1984-1992 freischaffender Architekt für umweltbewusstes Bauen in Darmstadt und Assistent an der TU Darmstadt, seit 1992 Abteilungsleiter für Bauökologie und Wohnungswesen am Institut für ökologische Raumentwicklung e. V., Dresden. Zahlreiche Veröffentlichungen zu Energie- und Ökobilanzen sowie zu Stoffströmen des Bauens und Wohnens.

Daniel Eichhorn, geboren 1973, Dipl.-Kartograph, seit 2001 Wissenschaftlicher Mitarbeiter in der Abteilung Wohnungswesen und Bauökologie am Institut für ökologische Raumentwicklung e. V., Dresden. Arbeitsschwerpunkte: kommunale Wohnungsnachfrageprognosen (Internetprogramm), Datenvisualisierung.

Ernst-Jürgen Flöthmann, geboren 1952, Diplom-Volkswirt, Dr. rer. pol., Wissenschaftlicher Geschäftsführer des Instituts für Bevölkerungsforschung und Sozialpolitik der Universität Bielefeld. Arbeitsschwerpunkte: Lehrveranstaltungen zu bevölkerungswissenschaftlichen Theorien, zu demographischen Methoden, zu Fertilitätsprozessen und zur Migration. Forschungen und Veröffentlichungen zu demographischen Analyse- und Prognosemethoden, zu regionaldemographischen Analysen sowie zu demographischen Aspekten internationaler und interregionaler Migration.

Peter Franz, geboren 1948, Diplom-Sozialwirt, Dr. rer. pol., Referent für kommunale Entwicklungspolitik in der Abteilung Regional- und Kommunalforschung am Institut für Wirtschaftsforschung Halle (IWH). Arbeitsschwerpunkte: Untersuchungen zu Entwicklungsproblemen ostdeutscher Städte und zur Relevanz des Faktors Wissen für regionales Wachstum in Deutschland.

Jan Glatter, geboren 1968, Geograph M. A., Wissenschaftlicher Mitarbeiter am Institut für Geographie der TU Dresden. Arbeitsschwerpunkte: Stadt- und Wohnungsmarktforschung.

Gérard Hutter, geboren 1966, Dipl.-Volkswirt, ist Wissenschaftlicher Mitarbeiter in der Abteilung Wohnungswesen und Bauökologie am Institut für ökologische Raumentwicklung e. V., Dresden. Seit Juli 2000 fungiert er als Koordinator des „Raumwissenschaftlichen Kompetenzzentrums Dresden". In der Anwendung der Strategischen Managementtheorie (z. B. Wettbewerbsstrategien, Organisationslernen, Wissensmanagement) auf Fragen kommunaler Bestandsstrategien liegt sein Forschungsschwerpunkt.

Irene Iwanow, geboren 1951, Diplom-Mathematikerin, Vertiefungsrichtung Wahrscheinlichkeitsrechnung und mathematische Statistik, seit 1994 Wissenschaftliche Mitarbeiterin in der Abteilung Wohnungswesen und Bauökologie am Institut für ökologische Raumentwicklung e. V., Dresden. Forschungsgebiete: Bevölkerungs- und Haushaltsentwicklung, Wohnpräferenzen, Modellentwicklung Wohnungsnachfrage-, Wohnflächen- und Siedlungsflächenprognose, regionaler Schwerpunkt Ostdeutschland.

Steffen Kausch, geboren 1962, studierte Mathematik/Statistik und ist seit 2001 Wissenschaftlicher Mitarbeiter am Institut für ökologische Raumentwicklung e. V., Dresden. Arbeitsschwerpunkte: räumliche statistische Methoden sowie empirische Analysen siedlungsstruktureller Entwicklungen unter Verwendung amtlicher Statistiken und GIS.

Bernhard Müller, geboren 1952, studierte Geographie, Mathematik und Politikwissenschaft; seit 1993 Professor an der TU Dresden. Seit 1997 ist er Direktor des Instituts für ökologische Raumentwicklung e. V., Dresden. Forschungsschwerpunkte: Ökologische Raumentwicklung, Institutionalisierung von Raumplanung und Regionalentwicklung, Kooperation und Partizipation, europäische und internationale Raumentwicklung.

Stefan Siedentop, geboren 1966, Dipl.-Ing. Raumplanung, Dr.-Ing., Projektleiter in der Abteilung Stadtentwicklung und Stadtökologie am Institut für ökologische Raumentwicklung e. V., Dresden. Forschungsschwerpunkt: Strategien und Instrumente der nachhaltigen Siedlungs- und Stadtentwicklung, Methoden der GIS-gestützten Raumbeobachtung.

Björn-Uwe Tovote, geboren 1948, hat Mathematik und Informatik studiert. Seit 1988 ist er als Wissenschaftlicher Mitarbeiter am Institut für Entwicklungsplanung und Strukturforschung GmbH an der Universität Hannover (IES) beschäftigt. Er ist dort zuständig für regionalstatistische Informationssysteme, Modellrechnungen, Demographie und kleinräumige Bevölkerungsprognosen.

Christiane Westphal, geboren 1975, Dipl.-Ing. Raumplanung, ist Wissenschaftliche Mitarbeiterin in der Abteilung Stadtentwicklung und Stadtökologie am Institut für ökologische Raumentwicklung e. V., Dresden. Seit Januar 2001 arbeitete sie am Forschungsprojekt „Handlungsansätze zur Berücksichtigung der Umwelt-, Aufenthalts- und Lebensqualität der Innenentwicklung von Städten und Gemeinden – Fallstudien" im Auftrag des Umweltbundesamts. Ihr Forschungsschwerpunkt liegt in der Bestimmung einer angemessenen baulichen Dichte (z. B. Dichtemodelle und -konzepte) im Rahmen einer bestandsorientierten Siedlungsentwicklung.

Thorsten Wiechmann, geboren 1968, Diplom-Geograph, Dr. rer. nat., ist seit 1998 Wissenschaftlicher Mitarbeiter am Institut für ökologische Raumentwicklung e. V., Dresden. Er leitet dort den Forschungsschwerpunkt „Strategien des ökologischen Umbaus von Städten und Regionen". Forschungsinteressen: Europäische Stadt- und Regionalentwicklung, Strategische Planung, Diskursive Planungsprozesse, räumliche Akteursnetzwerke, Moderationsverfahren.

IÖR-Publikationen

Herausgegeben vom Leibniz-Institut für ökologische Raumentwicklung e. V., Dresden

IÖR-Schriften

Band **33** (2000): Wandel der Planung im Wandel der Gesellschaft
Dietrich Fürst, Bernhard Müller (Hrsg.)

Band **34** (2001): Auswirkungen städtischer Nutzungsstrukturen auf Bodenversiegelung und Bodenpreis
Günter Arlt, Jörg Gössel, Bernd Heber, Jörg Hennersdorf, Iris Lehmann, Nguyen Xuan Thinh

Band **35** (2001): Wohnungsmarkt in Sachsen im Spannungsfeld von Schrumpfung und Wachstum
Hans Petzold, Thomas Reichart (Hrsg.)

Band **36** (2001): Nutzbarkeit des älteren Geschosswohnungsbestandes
Juliane Banse, Andreas Blum, Karl-Heinz Effenberger, Martina Möbius

Band **37** (2002): Kooperation in der Europäischen Raumentwicklungspolitik
Ulrich Graute

Band **38** (2002): Stofflich-energetische Gebäudesteckbriefe – Gebäudevergleiche und Hochrechnungen für Bebauungsstrukturen
Karin Gruhler, Ruth Böhm, Clemens Deilmann, Georg Schiller

Band **39** (2003): Urbane Innenentwicklung in Ökologie und Planung
Günter Arlt, Ingo Kowarik, Juliane Mathey, Franz Rebele (Hrsg.)

Band **40** (2003): Bewertung und Entwicklung der Landschaft – Ergebnisse der Jahrestagung IALE-Deutschland 2002 in Dresden
Olaf Bastian, Karsten Grunewald, Jochen Schanze, Ralf-Uwe Syrbe, Ulrich Walz (Hrsg.)

Die IÖR-Schriften sind als Einzelbestellungen (Schutzgebühr) und im Schriftentausch erhältlich.

IÖR-Texte

Die IÖR-Texte-Reihe dient der Dokumentation von Auftragsarbeiten und von Arbeiten mit unmittelbarer politischer Relevanz. Zielgruppen sind die jeweiligen Auftraggeber bzw. Entscheidungsträger und andere Partizipanten am politischen Meinungsfindungsprozess.

IÖR-INFO

Das IÖR-INFO informiert über die aktuelle Forschungstätigkeit des Instituts, enthält kurze Fachbeiträge sowie Veranstaltungs- und Publikationshinweise. Die Erscheinungsweise dieser IÖR-Publikationsreihe ist periodisch. Ein kostenloser Bezug ist möglich.

Forschungsprogramme und Jahresberichte

Zur umfassenderen Information über die Institutsarbeit veröffentlicht das IÖR regelmäßig sein Forschungsprogramm sowie den Jahresbericht. Das Forschungsprogramm sowie der Jahresbericht können kostenlos angefordert werden.

Bestellungen richten Sie bitte an:
Leibniz-Institut für ökologische Raumentwicklung e. V., Weberplatz 1, 01217 Dresden
Gisela Richter, Tel.: (0351) 4679-267, Fax: (0351) 4679-212, E-Mail: gisela.richter@ioer.de

Alle Rechte vorbehalten
Satz/DTP: Gisela Richter
Druck: Sächsisches Druck- und Verlagshaus AG

Printed in Germany

ISBN 3-933053-21-8